U0018487

THE BOOK OF DESTINIES

DISCOVER THE LIFE YOU WERE BORN TO LIVE

人類圖

輪迴交叉全書

發現你的人生使命，192種人生主題大公開

謝頓・帕金 *Chetan Parkyn*、卡蘿拉・伊斯特伍德 *Carola Eastwood* 著　王冠中 譯

帶著愛、歡笑和感恩的心，謹將本書獻給茹帕．韋斯特布魯克（Rupa Westbrook）。

——謝頓．帕金（Chetan Parkyn）

帶著愛和至高無上的尊敬，將本書獻給已故的史蒂芬．魯塞特（Stephen Rousett），感謝你為我們所有人展現的寬大胸懷，以及崇高的勇氣與智慧。

——卡蘿拉．伊斯特伍德（Carola Eastwood）

每個人都帶著特定的命運來到這世界——他或她都有某件事需要去實現、某項訊息需要去傳遞、某個課題需要去完成。你來到這世上並非意外；你的到來是有意義的。你的存在身負著某種目的，而整個人生就是要透過你來完成某件事情。

——奥修（OSHO）

目錄

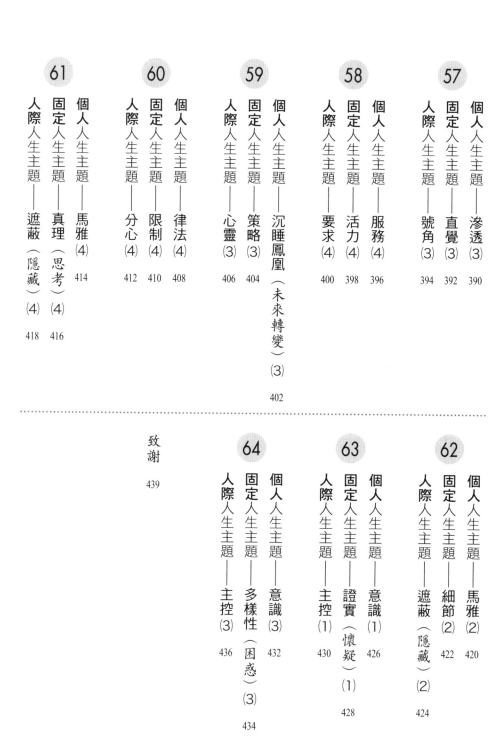

【推薦序】

探索我們尚未被訴說的故事

每個偉大的故事背後，都有一個貫穿的主題。我們從讀過的書、看過的電影、以及圍在營火旁聽到的故事中得知這個道理。而我們的人生——日復一日在現實中上演的人類故事——也都帶有一個中心主題，一個貫穿的敘事方式，決定了我們是什麼樣的人，也決定了我們要在這世界上經歷什麼樣的存在。這就是我們注定要過的人生。

美國政治家威廉·詹寧斯·布萊恩（William Jennings Bryan）曾說：「命運並不是機率偶然，而是一種選擇。命運不是等待著發生的事情，而是要去實踐的事情。」但如果我們知道自己是在往正確的方向前進、走在正確的道路上，那麼我們關鍵性的選擇也會更有依據。而這就是《人類圖輪迴交叉全書》可以幫上忙的地方了。

如同這本美好的指南會說明的，我們實際上總共有一百九十二種可能的「輪迴交叉」，或稱作「人生主題」。不論我們是屬於哪個主題，那主題都是打從我們出生的那一刻起，就和我們的特質與個性交織在一起，而我們的人生就是一段自我發掘的旅程，去探索我們能夠如何最好地運用此主題的訊息，來實踐我們來到這地球上的目的。

故事都需要意義，生而爲人也是一樣。但或早或晚，大多數人都會遭遇某種程度的自我探詢，質問內容經常會包含這類煩惱：「我是誰？我在這裡扮演什麼角色？」我也曾經歷這個過程，因爲我強烈相信每個人生來都有其目的，都有獨特的方式能解開自身最大的潛能。在我人生旅程的這個階段，作爲一個智慧的追尋者以及熱切的人類狀態研究者，每當有關於我自身的新意義揭露時，通常我都不太會感到意外。直到我發現了謝頓．帕金博大精深的作品，這也是爲什麼我會很樂意推薦這本討論一百九十二個人生主題的書籍。在書中，謝頓帶領我們每個人去探索我們尚未被訴說的內在故事。一旦發掘了我們的人生主題，它就會成爲我們靈魂深處的召喚，促使我們覺醒，看見我們生來要實現的命運。

我很榮幸能夠在二〇一四年接受謝頓一系列三部分改變人生的解讀，謝頓在解讀中點出了我的人生主題——感染的主題——而這主題完美地描述了我。它合理解釋了非常多的層面，而且也呼應了我心靈上的驅動力，這心靈驅動力一直是我人生中核心的一部分。讓人格外驚奇的是，謝頓絕對不可能知道我本質中最私密的層面，然而單純透過我的出生資訊，他卻揭露了我內在最深處的許多面向。

同樣那組資訊——出生日期、時間和地點——可以引導我們每個人瞭解自己獨特的人生主題。拜這本書所賜，我們能夠拜讀書中洞見底蘊的每一頁，進行深度的探索。如果你已經讀過他的第一本書《人類圖，找回你的原廠設定》（*Human Design: Discover the Person You Were Born to Be*），你就會很熟悉那種發掘最深沉自我的靈光乍現時刻。彷彿在我們來到這個宇宙的那一刻，同時也有一份設計圖收藏到某個神祕的卷宗裡，而謝頓就在解讀著我們的這份人生設計圖。

我很幸運能將我的作品和教學擴展觸及到全球數以百萬計的人，首先是《心靈雞湯》（*Chicken Soup for the Soul*）系列，該系列多種語言譯本合計銷售逾五億本，後來還有《成功法則》（*The Success Principles*）。我這一生都致力於賦予人們力量，透過上述每一本書中羅列出的原則、策略和技巧，論證我們每個人都有能力釋放我們最大的潛能，並達到成功與快樂。我知道謝頓也致力於達成相同的結果。如果我們想要掌握自身的成功和個人的成就滿足，那麼瞭解我們的人生目的、我們的使命任務、以及我們的天賦本質，就是獲得我們所需策略的關鍵元素，這點是不言而喻的。

請準備好透過這本無價的指南來認識你自己。因爲一旦我們被帶領進入了我們的人生主題，許多事情都會變得合理且有意義，一切都會步上正軌。生命的偉大奧祕又再揭開了一層面紗。

認識我或知道我作品的人，或許會對這段謝頓解讀我人生主題的節錄有共鳴：「你致力於做出貢獻以造福人類，而你的欲望可能會考驗或強化了你這項承諾的深度……你是典型的知識傳遞者，喜愛啓發他人去關注有共鳴的才能和理念……你喜歡把讓自己感到振奮的事物傳遞給周遭每個人……〔並且〕把信任、繁榮興盛、共同創作、以及各式各樣可能的體驗傳播給全世界。」沒錯，那聽起來就是在描述我！

我和謝頓的交流，爲我帶來獨一無二的「心靈雞湯」——我的人生目的突然間被解碼，透過簡單易懂的語言攤在陽光下了。這讓我得到一個必然的結論：早在我出生之前，我的靈魂就已經提供了完美的計畫來指引我的人生旅程。

作爲一名成功的教練和導師，我熱愛啓發他人，當他們的明燈，爲他們指引道路。而謝頓擁有成爲人類圖大師的偉大天賦，他會引導人們瞭解他們最深切的核心眞相，讓他們覺醒，去覺知並信任自身的人生目的。我極力推薦他的作品以及這套強大的成功工具，讓它們指引你的腳步。

然而，覺察我們自身的人生主題只是個開端。我們也可以欣喜地閱讀我們所愛之人的人生主題，這有助於我們更加瞭解他們並完全擁抱他們的個體性。無條件地接納我們親近的人，同時也知道他們深切地瞭解並接納我們的本質，可能會把彼此的關係帶到新的層次，有更深刻的連結與更大的滿足感。再者，知道了每位家人和事業夥伴的人生主題，也會帶來全新層次的接納和正向合作，更進一步促進我們的成功。

有句話據說是偉大的哲學家亞里斯多德說的：「認識自己，是所有智慧的開端。」既然你在閱讀這本書，就意味著你正往進一步認識自己邁出了下一步，也就是朝著智慧前進。我竭誠歡迎你踏上這趟旅程，並讚揚你的成功。現在，我要邀請你繼續閱讀下去，踏進一段更偉大的故事裡——你的人生故事。

——傑克．坎菲爾（Jack Canfield）

【作者序二】

被遺忘的人生主題

一九七九年，我二十七歲時，很幸運地在印度孟買接受一名影子解讀師（Chayyashastri）的解讀。當時我的人生正陷入危機；在那之前，我所做過的每一件事對我來說都不再有意義。這位仁慈的智者告訴我許多關於我人生的事情，包括過去、現在和未來，而他和我的連結引起非常深刻的共鳴，永遠改變了我的人生。

在此之前，我一直是個機械工程師，但他告訴我說，我會跟他做一樣的工作：引導人們重回他們已經遺忘的人生。他告訴我要做好準備，迎接一個新的系統進入我的生命，並說我會寫書把這個系統介紹給全世界，永遠改變人們的生命。在做完「影子解讀」後不到一週，有個非常有成就的印度男士跟我講解如何看手相。在簡短描述過手上的所有特徵後，他堅決要求我：「現在就開始練習！」因此我展開了爲人解讀的旅程。接下來幾年，我實驗過各種我能找到的傳統智慧，一直期待能夠找到解讀師所預言的那套「系統」。

當我在一九九三年與人類圖相遇，很顯然地，人類圖就是那套系統。然而，我必須等到二〇〇九年，也就是距離一九七九年那次解讀整整三十年後，我的第一本書《人類圖，找回你的原廠設定》才出版問世。幾年後我出版了第二本書《人類圖爻線全書》（*The Book of Lines: A 21st Century View of the I Ching, the Chinese Book of Changes*），而這是第三本書《人類圖輪迴交叉全書》。

本書中的一百九十二個人生主題，二十年來歷經了我和人生伴侶以及本書共同作者卡蘿拉・伊斯特伍德（Carola Eastwood）一同進行的十數次撰寫與修改。在經歷過數以千計的個人與伴侶解讀，加上密集的研習，每隔一段時間的深度冥想，以及偶爾靈光乍現的洞見，都讓這本書持續得到洗鍊。

一如好酒需要多年的熟成，才能讓每一口都值得細細品味，因此我會建議大家一點一點慢慢體會你自身的人生主題。你來到這世界並非偶然。宇宙中的各種主題並不會出錯。就讓你的人生主題成爲你的指引吧！

——謝頓・帕金

【作者序二】

聽見靈魂的樂章

我在十九歲時失去了我的第一個小孩，此後我開始急切地想找到我的生命意義。某年夏天我站在懸崖頂上，聽到從鄰近敞開的窗戶傳來了喬治·哈里遜（George Harrison）的歌曲《親愛的上帝》（*My Sweet Lord*），我感受到一陣平靜，並開始禱告。很神奇地，我的禱告應驗了，我的心靈完全甦醒，進入上帝的心中。我停留在這奇妙的喜樂之中整整三天。

我滿心渴望想要教導其他人，讓他們也能體驗靈魂意識的覺醒，因此我開始研究世界宗教和古老的傳統智慧。當我首次發掘占星術時，爲其準確度而驚嘆不已。經過幾年的鑽研，我成爲專業占星顧問、專欄作家和教師。

那項經歷，再加上心理諮商訓練，成爲我建構私人執業的基礎。我愛我的工作，並持續研究新的系統，也感覺到還有我沒接觸過的系統可以作爲我協助客戶的強大工具，只是我還不知道那系統是什麼。

一九九八年時，我遇到了人類圖，而我直覺地知道這就是我一直在尋找的系統。當我得知我的人類圖如何運作時，感到既氣餒又欣喜——氣餒是因爲我花了這麼多年的時間才遇到人類圖，欣喜則是因爲現在我已經掌握了關係成功的關鍵。

我對研習人類圖的追逐，引領我遇見了我的靈魂伴侶謝頓，當時我前往舊金山去參加他開設的課程！彷彿超越了冥冥之中的命運安排，我們的生命交會了，不僅進入我長久以來渴望的靈魂伴侶關係，同時也走進已持續將近二十年的工作夥伴關係，我們一同將人類圖以及這本書中的一百九十二種人生主題，以簡單易懂的方式介紹給世界，並協助讀者獲得更多啓發與滿足的人生。

親愛的讀者，這本書是爲你們而寫的，而且我滿心期待當你們在閱讀自己的人生主題時，也能聽見自己靈魂的樂章。

——卡蘿拉・伊斯特伍德

【前言】

和你獨特的命運同調

人類存在的奧義，並非僅是單純活著，而是要找到活著的意義。

——俄國文學大師杜斯妥也夫斯基
《卡拉馬助夫兄弟們》作者

你是否曾問過自己，你的人生目的是什麼？你是否曾經思考過，你來到這世界上是要做什麼，以及你是否正走在完滿人生的正軌上？

有些人相信我們的人生並沒有什麼眞正的目的。我們只是某個隨機運作過程的一部分，各種細胞群無止盡地蔓延，這些細胞群不斷地自行繁衍，最後也只是走向必然的死亡。

還有部分人相信我們是由上帝所創造，而上帝唯一的興趣就是檢視我們是不是「夠聽話」，因爲夠聽話的人才能進入祂的國度，如果我們的表現不及格，就會遭受永恆的可怕折磨，而我們只有這一生的表現機會。

在上述兩者的觀點中，人生的目標都無關成就與滿足。前者是缺乏人生目的，而在後者的概念中，人只有死後才有機會找到滿足感。

然後還有一些人相信，我們有數以千計的人生可以在許多層級的意識中慢慢進化，可是沒有方法能加快這個過程。經過萬古永世，我們創造了因果業力，這些業力必須要消除，否則我們會困在無限的人生循環中，而且我們也無能爲力，因爲一切都操控在「神的手中」。從這個觀點來看，或許人生可以達到滿足，只是我們無力確保這件事會發生。而且這個過程需要非常、非常久的時間。

然而，社會與生物科學都顯示，所有生物的一致驅動力就是要擁有「更多的生命活力」。對我們來說，這意味著擁有更多的體驗和更多的樂趣，而這些全都導向更高的滿足感。

我想起了我曾經搭乘巴士，從英國倫敦前往尼泊爾加德滿都，進行橫跨大陸的旅程。

在一個大滿月的晚上，我在加德滿都和一對瑞士夫妻共進晚餐，過程中我們注意到一位穿著橘色袍子的苦行僧站在門口。在印度、尼泊爾、以及部分國家，有個古老的傳統是，追尋靈性的修行者會拋下世俗的一切到各處去，大多是徒步行走，走遍各處土地，以獲得靈性的知識和體驗。他們被稱爲苦行僧，在徒步各地的過程中通常穿著橘袍，並且帶著缽和杖。這位苦行僧是瑞士夫妻的友人，而他也立刻被邀請來和我們一起喝杯茶。

我很快就得知這位苦行僧對生命有很深刻的研究。他在和我的瑞士友人談論的過程中，展露出高度的洞見和智慧，對他們訴說著關於他們以及他們人生的各種事情。他和他們談了非常久，完全忽視了我的存在。

那過程非常迷人，但由於我的沒耐性，所以我打斷了他，問他能不能談談關於我的事情。他轉向我，短暫地看了我一會兒，然後說：「滿月生日！」隨即又轉回去繼續他和我朋友們的談話。

當然，他說的沒錯，我確實是在滿月時出生的。

似乎又過了好久的時間，他持續向我的朋友們描述著各種美好和神祕的事物——關於他們的過去、現在和未來的人生。再一次，我又覺得完全被忽視了。

最後在惱怒之下，我再次打斷了苦行僧，堅持要他告訴我一些關於我的事情。而再一次，他又轉向我，盯著我的眼睛看，然後說：「尊敬的先生，人生有許多次，而這一生是最重要的！」

我必須說，單單這句話，就重新喚起了我內心探索的渴望，也讓我領悟到，時間一直在流逝，想要清明、臨在當下並對自己的人生負責，完全操之在我。「人生沒有目的」以及「上帝的審判日」這幾派思想全都搞錯了。是否遵循這一生的經歷，活出完滿的人生，決定權仍舊在我們手中。

你獨特的個人命運

如果人生並不是個需要解決的問題，而是個奧祕，需要親自去活出來呢？在那奧祕裡，我們被提供了一些非常獨特的線索，是關於我們個人生命道路的線索。顯然，宇宙裡並沒有重複的事物。沒有兩粒沙子是完全一樣的，沒有兩個人是完全一樣的，也沒有兩個人會過著完全相同的生活。我們有種強制機制是必須根據自身的本質來過生活。一如現代物理學近期的發現顯示，如果世界上所有發生的事物都純粹是我們內在存在狀態的反射，那麼，從這個角度來看，若我們沒有忠於自己，那就會像是透過一個扭曲的濾鏡來觀看人生，或者是試著在走音的樂器上演奏音樂。

本書的目的是要協助你發掘自身獨特的人生道路，讓你能和你的命運同調，並且學習有創意地活著，去面對生命帶來的所有挑戰，因爲深知自己是根據眞實的本質在生活，因而找到滿足感。這本書呈現了人類圖系統中很至關重要的一個層面，個別描述了全部一百九十二種人生主題，是搭配《人類圖，找回你的原廠設定》使用的書籍。你出生的時間和地點，確立了關於你的某些特質，其中一項就是你的人生主題，也就是你人生預設的故事線。我們每個人都有著其中一種主題，打從我們一出生就開始引導我們，直到人生的最後一刻，而瞭解並擁抱你的人生主題，會給你帶來一些強有力的線索，讓你知道如何讓自己確實走在你的生命旅程上。然而，由於你是生在非常特定的環境裡，其中涉及了父母、社群和環境，因此幾乎可以肯定的是，在你的性格養成過程中，你必定會習得周遭環境所呈現的信念、態度和制約。你會很自然地暴露在你所生的文化裡，並且吸收該文化所帶來的影響與模式。你可能會被鼓勵要追隨父母、祖父母、教師、手足和社會的步伐或規範，完全無視你內在的自然意向，如此，你必然會活出一個不協調的他人人生。

安養院義工布朗妮·維爾（Bronnie Ware）在部落格與她的書籍《和自己說好，生命裡只留下不後悔的選擇》（*The Top Five Regrets of the Dying: A Life Transformed by the Dearly Departing*）中，寫到她陪伴即將去世者的經歷，他們都知道自己時候已到。布朗妮發現，大多數人臨死前最大的憾事，可以用她一再重複聽到的一句話來總結：

「我多希望我能有勇氣活出忠於自己的人生，而不是活出別人對我的期望。」

《人類圖輪迴交叉全書》是設計來協助你發掘你來到這世上要過的人生。

如同神祕主義者奧修曾說的，如果「人類是自然自動進化過程的終結，是無意識進化的最終產物。當人類出現時，意識的進化也隨之展開……」。

或許這樣的覺察也讓耶穌說的話有了新的意義。耶穌在展現神蹟後說：「我所做的事，信我的人也要做，並且要做比這些更大的事。」（約翰福音十四章十二節）

如果宇宙中的所有事物都是根據宇宙法則來運作，而你也被賦予了意識能夠與這些法則直接互動，這難道不會因此讓你帶有潛能和目的，有能力來引導自身的意識演化？

如果這樣的說法是眞的，那麼覺察到你在生命展開前所做的靈魂約定，對你來說有多重要？你是否活出了那個約定，還是你因爲別人告訴你關於人生的事情而偏離了正軌，忘記了你自身的獨特目的？

事實上，你是否曾經停下來思考過你有多麼的獨特，以及你能夠給這個世界帶來什麼特別的特質？什麼是你天生得心應手能夠自然表露的呢？

就如同書本裡的故事情節，或一部電影的主題音樂，你的整個人生也有著一個獨特、一致且能識別的潛流。那就是你的人生主題，是你的旋律，是你在生命這首交響曲中的一個部分，而且只能由你來演奏。

瞭解並且接納你獨特的人生主題，確實會帶來轉變。體現這項覺察，能讓你對自己的人生目的感到安心與清明。就像一枚錢幣掉落到地上，或是燈泡亮起，你會在一瞬間「豁然開朗」。你不再需要面對他人錯置的預期，也不再需要疑惑爲何他人的人生軌道和你全然不同，因爲你會瞭解到那個默默推動著我們每個人經歷人生的祕密要素，也會瞭解到要如何直接觸及自我實現的源頭。

就像你的基因編碼一樣，你的人生主題和你的整個存在是和諧共振的，不論是在身體上、心智上、情感上或心靈層面上皆然。當你的覺知和你的人生主題同步時，你會發現自己能夠完全自然地擁抱那主題。你會終於瞭解你的人生目的和旅程，而一旦你知道了自己的人生主題，你也會著迷於瞭解你生命中其他人的人生主題。這份知識能擴展你的認同和賞識，去接納並引導周遭他人的獨特主題形式。沒有所謂的「好」主題，也沒有「壞」主題。每個主題都只是生命樂章中不同的段落。

如何確定你的人生主題

要確定你的人生主題（編按：在人類圖官方系統中稱爲「輪迴交叉」），透過計算即能找出你出生當下，太陽相對於地球的位置（關於這部分細節，會在後面「人生主題如何形成」中詳述）。換句話說，你只需要知道你的出生日期和出生地點，最理想的是可以知道確切的出生時間。

要做計算很簡單，交給我們就可以了。有了你的出生資訊，然後造訪我們的網站（www.EvolutionaryHumanDesign.com）即可。在網站首頁有個免費報告的連結，這份報告會透過電子郵件寄送給你。或者你也可以使用智慧型手機和平板應用程式（app），或是透過人生主題計算器（Life Theme Calculator）來做計算（更多細節，請參考我們的網站 www.EvolutionaryHumanDesign.com）。

你的報告裡會包含一份完整的人類圖本命圖，這份圖表會點出各項「關鍵」，也就是你活出成功人生的個人密碼。這些關鍵資訊包括你的「類型」、「內在權威」、「人生角色」和「人生主題」。這四個項目都提供了關鍵的資訊，需要被放在一起來考量。《人類圖輪迴交叉全書》專門描述全部一百九十二種人生主題，而《人類圖，找回你的原廠設定》則是討論另外三個項目。後面我們也會稍微看一下這另外三個項目（我們的網站上也有相關資訊）。

由於你的人生主題貫穿了你的整個存在，賦予關於你人生的重要意義與目的，因此它是個極爲重要的「關鍵」。

請注意，若你不清楚自己確切的出生時間，你還是能知道正確的人生主題。在我們的網站上，在「出生時間」欄位，填入你出生當天的正午時間即可。在大多數情況下，這是可以取得正確人生主題的，且會在你內心有很深的共鳴。若是你後來得知了自己確切的出生時間，你可以再次取得一份免費的人類圖本命圖，重新檢視計算的結果。

得知確切出生時間的方式，就是去申請一份你的出生證明。（譯註：在台灣，各地的戶政事務所均可申請，無須回到戶籍地申請。）

父母或親戚也可能會記得你的出生時間，或者有做紀錄，但不要只依靠記憶。我們發現，母親不一定都會正確地記得小孩的出生時間。

解密你的人類圖本命圖

你的免費人類圖本命圖會包含許多資訊，看起來會像下面這個範例：

你的人類圖基本關鍵

類型	生產者
內在權威	薦骨型權威
人生角色	5/1 人
輪迴交叉（人生主題）	人際（左角度）人生主題——精緻(4)：太陽在閘門19

在本命圖底下有四個項目，列出了你的類型、內在權威、人生角色和輪迴交叉（人生主題）。如同前面所說的，《人類圖，找回你的原廠設定》裡會完整詳細地說明類型、內在權威和人生角色（以及其他元素）；本書則主要是關於你的輪迴交叉（人生主題）。人生主題的名稱包含了該主題的類別（個人〔右角度〕、固定〔並列〕或人際〔左角度〕）、太陽閘門所屬的等分（括號內數字）、該閘門數字，以及根據太陽的位置就該主題所做的描述。

在下方的範例中，人生主題的名稱包括了描述性的標題（「精緻」）和類別（「人際」）。人生主題有三個類別：「個

你的人類圖基本關鍵

類型：　生產者

內在權威：　薦骨型權威

人生角色：　5/1 人

輪迴交叉（人生主題）：人際（左角度）人生主題——精緻(4)：太陽在閘門 19

人生主題所在等分（指向 (4)）

你的人生主題（指向「人際（左角度）人生主題——精緻」）

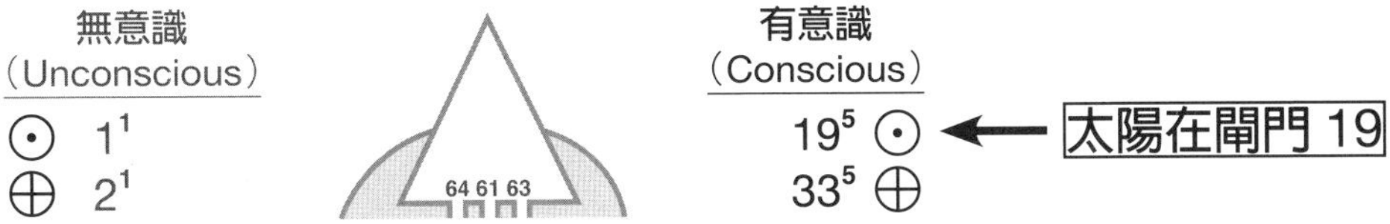

人」（右角度）、「固定」（並列），以及「人際」（左角度）。你會在後面看到，每個「個人」人生主題都有四種變化，每個「人際」人生主題有兩種變化，而每個「固定」人生主題則只會出現一次。括號內的數字(4)是太陽在天空中的位置所屬的等分。太陽的符號是（⊙），地球的符號則是（⊕）。

儘管其他的數字也會影響你的人生主題，但你可以忽視那些數字，只聚焦在你的太陽所在的閘門位置即可。要找出你的人生主題，只要確認你的太陽所在的閘門位置——在前一頁的範例，太陽是在閘門19——然後再確認你的人生主題所屬的「分組」或「類別」：個人、固定或人際。以下是人生主題資訊呈現在目錄的樣貌：

19 人際人生主題——精緻(4)

閘門右上角的上標數字（從1到6）指的是其在《易經》卦象中的爻線位置，《易經》卦象也就相對於人類圖的六十四個閘門。

三百八十四條爻線的完整描述，收錄在我的第二本書《人類圖爻線全書》中。

三種類別的人生主題

人類的六十四個遺傳密碼，也相對應於六十四個太陽閘門的位置，而且每個太陽閘門都有三種人生主題：「個人」（右角度）、「固定」（並列）和「人際」（左角度）。

如果你是屬於「個人」人生主題，你就是走在自我探索的旅程上；你追求親身的經歷，去探索生命帶給你的多元有趣事物。你會打破新的關係連結，不一定會察覺到你的行動對他人造成影響所帶來的意涵，不論是在過去、現在或未來的事件中皆然。每個個人人生主題會在一年當中以同樣的間隔出現四次，每次間隔三個月。因此在這本書中，每個個人人生主題都會有四種變化。由於相同人生主題的每個版本都有一些相同的資訊，因此這些資料每次都會提及，以方便讀者閱讀。

如果你碰巧擁有非常罕見的「固定」人生主題，那麼你就擁有人類體驗中一個非常獨特的特質。你在人生中有個非常明確且固定的軌跡，而且必須維持在那軌跡上。在一個充滿「忠告」的世界裡——充滿各種慣例和規範、教條和信念——很重要的是，這些擁有固定人生主題的少數人必須要瞭解其特質，一切以其爲優先，無論如何都要忠於該主題。六十四個固定人生主題，每個主題每年都只會出現不到兩小時的時間，因此，固定人生主題是非常特別而且非常罕見的。

擁有「人際」人生主題的人，扮演的是監督他人的角色，給予他人領導與教育，或是在他人的事務裡擔起權威的職責。你經常在幫他人善後，並且擔負起責任，你可能很樂意這麼做，因爲顯然這對你來說是很容易且自然的；或者你可能百般不願意，因爲沒有人有資格做這件事。你天生的角色就是擔任嚮導、指路者、老師、有智慧的顧問、或是負責向他人提出建議的領導者。每個人際人生主題每年會出現兩次，每次間隔六個月。因此，每個人際人生主題的兩種變化都會出現在這本書中。由於相同人生主題的每個版本都有一些相同的資訊，因此這些資料每次都會提及，以方便讀者閱讀。

必須瞭解的是，沒有哪個人生主題比其他主題更好或更重要。然而，在全球人口當中，個人人生主題出現的頻率會比人際人生主題高，而固定人生主題則罕見許多。

關鍵在於去欣賞你的人生主題是如此獨特且精確。一旦你全然擁抱你的人生主題，你自然會放棄去抗拒和做無謂的糾結。接納並沉浸在你的人生主題特質裡，將會引導你毫不費力地輕鬆擁抱你獨特的人生旅程。一旦你找到了你的人生主題，那就靜靜地與它相伴。

對於過去二十年來曾由我們提供個人解讀或指導的許多人來說，當他們第一次聽到關於他們的人生主題時，都有很深刻的認同感。我們的客戶經常會流下淚水——認同的淚水、寬心慰藉的淚水，因爲他們終於對他們心中和他們的世界裡那股長久以來的渴望有了明確的描述。

人類圖本命圖的五種類型

在人類圖系統裡，本命圖區分爲五種「類型」（編按：在人類圖官方系統中，只分成四種類型，顯示生產者併入生產者類型之中）。這些類型是根據圖表中哪些特定的部分有定義（有顏色），以及哪些部分無定義（無顏色）來區分。你的類型基本上就是對你整體本質的描述，也是你能輕鬆連結並運用能量來活出自我人生的方式。沒有哪個類型是比較好的，而所有的類型在我的另一本書《人類圖，找回你的原廠設定》裡都有更爲完整的描述。

這五個類型如下：顯示者（Manifestor）、生產者（Generator）、顯示生產者（Manifesting Generator）、投射者（Projector）和反映者（Reflector）。

顯示者

如果你的生命圖表是屬於顯示者，那麼你的人生就是關於活動，不論是你本身的行動或者是推動他人去採取行動！由於你天生擁有充沛的能量，能在你周遭的世界裡催化各種活動，因此，你呈現出的生命是持續朝著你的意向前進。

身爲顯示者，你能夠持續取用格外強大的驅動力，藉此創造結果。而當你將他人納入你的創造中，你會啓發一個相互支持合作的團隊。然而，你的行動可能非常迅速，以致你會發現你遠遠超越每個人，經常還承擔了別人的工作和責任，只是爲了「把事情完成」。而且當你把大家拋在後頭，你可能會發現他們開始對你有所埋怨。當你對他人缺乏速度和產能感到不耐煩，並且選擇接手他們的責任，你就會疏離了那些可能會對你的努力有所助益的人。

你可能已經注意到了，對於你的發起能力，其他人可能默默在擔憂、甚至恐懼著——爲何你能推動事情，他們卻做不到。他們可能會心懷憂慮，擔心你可能發起某件事完全改變了他們的生活，而且是他們不會喜歡的改變。他們甚至可能會更進一步去阻擋你的一舉一動，造成你可能必須強行穿越，把你所有的能量都用來避開他們；或者更糟的是，你屈服成爲替他們個人服務的顯示者，爲他們做所有的事情，而不是爲你自己做事。

當他人對於你接下來要做什麼有不確定感時，你可以給予他們一些資訊，讓他們知道你的打算，如此一來你會發現，他們不僅不再阻擋你，甚至還可能突然很熱切地想要協助你。在一個顯示者身邊是有很多樂趣的！誰知道接下來會發生什麼呢？

生產者

如果你的本命圖是生產者類型，那麼你擁有的是最單純的運作，你是「設計來做出回應的」——對生命帶給你的所有事物做出回應，然後投入你強大的能量。這個回應是來自你的下腹部，亦即你的薦骨中心，因此可以被描述爲「腹部的回應」。所有生產者的本命圖都有這個與生俱來的薦骨回應，然而這未必會自動成爲他們的內在權威（或做決定的過程，如後面的描述）。薦骨的回應有兩種可能性：你的回應是從下腹部升起一股能量，一種活力滿滿的「ＯＫ！」或「好的！」訊號，去承諾投入事物中；或者你也可能感覺下腹部的能量降低，能量上「不ＯＫ」，暗示著「現在不行」。當你出現「現在不行」的訊號時，就別去投入，至少暫時不要。如果你身體內完全沒有推動的能量，那就不要牽扯到事物當中。

你有明確的薦骨中心持續在產生生命能量，而此能量也總是能被你取用，等著正確的事物到來，引發那個「好！」的腹部回應。這股不可思議的生產者能量一旦投入到事物裡，便不會停止。只要你做出承諾，這股動能就會帶領你前進。一旦投入後，要放棄並不容易。要記得遵循你腹部的回應，這回應會隨時隨地告訴你，什麼人和什麼事物跟你有共鳴，以及什麼人和什麼事物跟你是沒有共鳴的。

要是你無視你內在「腹部回應」的引導系統，任由自己對任何人或任何事物做出承諾，你很可能會變得筋疲力竭，對一切都感到不滿。要是你沒能遵循你的內在指引，別人可能就會來占你便宜，取用你那看似永無止盡的能量。你可能會發現自己在不知不覺中同意了他們，願意用你巨大的能量來為他們做任何事。

由於我們都被訓練成使用我們的頭腦來做決定，因此，若要能精通善用你天生自然的運作方式，就必須要有所覺察，並且反覆練習。在做決定時，將你的覺察意識從頭腦轉移到下腹部的位置，就是你最關鍵需要練習的功課。

實際上就像聽起來那麼簡單，只要信任你的腹部回應，就能夠轉變你的人生。

顯示生產者

如果你的本命圖是屬於顯示生產者類型，你會擁有一股蠢蠢欲動的能量，經常等不及要投入事物當中——任何事物皆可，尤其當你沒事情做的時候更是如此。你不喜歡停滯和限制。在人類圖的五種類型裡，你的類型運作或許是最複雜的，你可能需要花一些時間才能掌握自身的運作。然而，一旦你瞭解自己獨特的生命運作方式，你會驚訝地發現，要在每個行動中得到滿足是多麼的容易。因爲太陽／地球位置的緣故，有一些人生主題會自然形成顯示生產者類型。

和生產者類型一樣，你也擁有下腹部的回應，可能是能量上揚的「ＯＫ！」，抑或能量下降的「不ＯＫ」或「現在不行」。先留意你的腹部回應，然後才把自己的巨大能量投入到事物裡是很重要的，尤其要注意「現在不行」的訊號。信任這些回應，並且等待你的下一個回應。你天生的特質比較急躁，所以你可能會在取得內在回應的「同意」前，就率先去發起了。然而，缺乏清晰回應的操之過急，可能會給你和周遭人帶來失望，甚至帶來嚴重的後果。

在做決定時，你有兩個步驟去獲得清明。首先，如果你得到了「ＯＫ！」的回應，那是給你一個「提醒」，顯示你被激起了一定的興趣，你現在有潛能去投入那個引發你回應的事物。這只是第一步。這個回應會帶來想要朝向引發回應事物前進的衝動。而當你做出第二步，你會感受到你是否準備好要將能量上的回應轉化爲完整的發起行動。你可能會需要經歷第二步驟數次，每次都去檢視是否要更進一步。而在行動當中會出現所謂的「決定性時刻」，在這些時刻裡，你會感受到自己是否要更進一步去發起，或者要退一步，不再投入。那感覺有點像是恍然大悟的「我明白了」時刻，你純粹「確認了能夠前進」，而你也確實清楚知道這點。

對於看著你運作並且預期你會完全投入一項行動的人來說，這個過程可能會讓他們很困惑，因爲你實際上還在測試狀態，而且隨時可能退出進一步的投入。然而，一旦你投入了某個人、事、物，你會像一陣旋風般完成各種事情，同時也感染每個人一起動起來。

儘管你有著充沛的能量，在其他人都出現疲態後，你仍能輕易地持續很長一段時間，但要小心，別預期別人也能跟上你的步調。你有能力取用自身的薦骨生命能量，那是一個幾乎取之不盡、用之不竭的能量來源，若你遵循自身自然的運作方式，你便能活出喜樂滿足的狀態，而那自然的運作方式就是：回應與測試，唯有獲得清明時才全然投入。

投射者

如果你的本命圖是屬於投射者類型，你就擁有成爲引導者的潛能，可引領他人校準他們的人生。從數據上來看，投射者屬於少數族群，約占世界人口的20%；他們被顯示者、生產者和顯示生產者所圍繞，這三個類型都有充沛的能量，能夠長時間投入事物當中。而投射者很難和這些「能量類型」一樣投入相同程度的能量。即使他們亟欲這麼做，投射者天生的運作仍是非常不同的。就如美國前總統歐巴馬和甘迺迪、以及其他人所適切展現的，投射者的設計並不意味著他們無法達成偉大的成就，而是意味著他們要有所成就的方式是不同的。

身爲投射者，你活在一個賞識和邀請的環境裡。當一項邀請來到你面前，不管是直接或間接的邀請，你都能感受到自己是受到召喚來投入其中，並且唯有你才能夠分辨自己是否對這項邀請有共鳴。

如果你對這項邀請或召喚有共鳴，那麼你個人的內在權威將會指示你是否要去投入。沒有獲得清明就跳入一個情境裡，可能會讓你感到格格不入、不受賞識和感激、甚至被拒絕。

在你瞭解你的類型之前，你可能會發現自己是如此渴望被賞識，以至於你會催促自己去發起各種事情，而這必然會導致你遭遇到困境。透過等待邀請與正確的召喚，你會自然地靠近正確的體驗，將人們、地點和活動以有益的方式連結在一起，而你也藉此提供自己天生獨特的指引。由於你缺乏源源不斷的能量，無法很長時間處於活躍狀態，而且由於你能夠置身他人能量漩渦之外去觀察，因此最適合你的情況是，你受到召喚來提供你的指引和有智慧的協助。安於旁觀，或者樂於將你的焦點在各個情境之間移轉，對你來說是一項資產，讓你有機會將自身的能量和專注力投入在眞正需要的地方。

反映者

如果你的本命圖是屬於反映者類型，你是世界上最具包容力的人之一。透過你的接納能力，你有潛能成爲智者中最有智慧的人。你所經歷的人生是在反映你的環境和周遭的人們。你就像一面鏡子，把他人的特質反照回去給他們，讓他們能夠非常清楚地看見自己，通常那種感覺就像是他們第一次認識自己。由於你是如此地開放、包容和接納，因此也存在巨大的脆弱性，特別是當你被告知要和周遭所有人有相同的行爲舉止時。反映者占全球人口不到1％，因此務必要很清楚，你是要來活出非常不同的生命型態的。

你經常會在你所處的環境裡，感受到被其他人忽略的事物。你甚至可能吸收他人的想法、感覺、動機、想望、發起和其他事物，而且你可能很容易就會被他人內在的感受給淹沒，一不小心，這些感受就會成了你的感受。每天找一些時間獨處，有助於你保持清明，並且不受他人影響，同時也要花一些時間積極地釋放那些淹沒你的人、事、物，這點非常重要。

作爲地球上最敏感的族群之一，你很可能一輩子都受到誤解，因爲你天生就是會把各種人、事、物反照回去給他們。儘管大家可能都很想要你來爲他們的人生挹注智慧，但很重要的是，你一定要設下底線。這些界線肯定涉及你的生活情況，很可能也涉及到任何工作環境。如果可能，你需要有自己的房間，而且最好是在房子裡有一方自己的區域，不要住在公寓大樓或太接近他人能量場的影響範圍。

當你每天給自己一些時間去反思你的體驗，你會發現你的一天充滿了許多極富意義與眞實的寶藏。這些寶藏成了你的智慧之庫，爾後你也能將這些智慧傳遞給世界以及前來尋求的人。這是個體現強大耐心的一生，並在其中領悟到，你的內在是和生命同調的，你能夠信任生命所帶給你的所有事物。這並不是說你無能爲力，而是要去認知到玫瑰的脆弱——如果沒有受到保護，玫瑰很容易便會被踏碎；然而當玫瑰受到珍惜、滋養和保護，其內在將蘊含無法言喻的美。

六種權威

當我們談到人類圖裡的「權威」，我們指的是每個人與生俱來的做決定過程。或許，我們能夠瞭解關於自己最重要的部分，那就是如何在任何情境下做出對自己行得通的決定。在你的設計裡就內建了這樣的工具，只要你持續去運用這個工具，你的整個人生就會出現正向且有益的改變。人類圖系統裡有六個不同的權威，而我們每個人都擁有其中一種權威來引導我們的人生。瞭解自身的權威是非常重要的，而瞭解他人的權威也能帶來啓發。

情緒型權威

只要本命圖裡的情緒中心是有定義的（有顏色），那麼此人做決定的過程就和情緒密切交織。我們都知道情緒會上下起伏，在興奮狂喜以及沮喪絕望的兩極之間擺盪。大多數人從沒覺察該如何評估自身的情緒，因此會有因衝動或制約而採取行動的傾向，而非找到情緒上的清明後再做決定，這些人也因此吃盡了苦頭。情緒清明意指找到一個不受結果左右的平靜點，這個平靜點不會受到預測結果帶來的「高點」和「低點」所拉扯，而是堅定地投入整個過程，超越了所謂的「結果」。地球上有幾乎半數的人是屬於情緒型權威，因此就算你個人並不是情緒型權威，但你和周遭許多人的關係與互動過程仍會涉及找到情緒清明，因爲情緒會壓倒幾乎所有其他做決定的過程。

薦骨型權威

如果你的情緒中心是沒有定義的（無顏色），但你的薦骨中心有定義（有顏色），你就屬於薦骨型權威。這個權威所屬的能量中心，是生產者和顯示生產者這兩種類型的核心。薦骨中心是個強大的能量中心，持續產生生命動能，需要去尋找能量的出口。薦骨權威做決定的過程，純粹是一種下腹部的直觀回應。腹部的回應是一種實際的能量移動，對某個人、事、物的能量上揚表示「OK」的回應，而能量下滑則表示「現在不行」的回應。薦骨可能發出類似「嗯！」或「嗯哼」之類的聲音。因爲薦骨能量一旦投入了就很難停下來，因此，薦骨型權威的人必須時時覺察並運用薦骨回應，這點非常重要。

直覺型權威

如果你的情緒中心和薦骨中心都沒有定義（無顏色），而你的脾中心是有定義的（有顏色），那麼你就屬於直覺型權威，這是所有權威裡做決定時速度最快的！你在一瞬間就能完成對情境的評估，在別人講完話之前就能總結出對方要講什麼，在正確的情境下，你已準備好要立即採取行動或者停下動作。直覺型權威的運作是透過品味（與眞實的食物有關，但也跟環境與人有關，可檢視環境或人是否有品味）、直覺（聲音的世界，包含聽得見和聽不見的頻率），以及本能（包含我們的嗅覺，以及相關的細胞記憶，但也包含無法用邏輯描述的預感）。每個感官都讓你能立即覺察你所處的環境或情景。

意志型權威

如果你的情緒中心、薦骨中心和脾中心都沒有定義（無顏色），而你的心臟中心是有定義的（有顏色），並且透過有定義的通道連結到喉嚨中心，那麼你就屬於這個非常獨特的意志型權威，而這也決定了「你要的事物就是需要發生的事物」。這是個顯示者的設計，暗示你是各種意志活動的催化者，而最重要的部分在於你內心非常清楚你要的是什麼。當你忠於自身的權威，你會發現，這權威不僅爲你服務，也服務他人，不管他人當下是否心存感激。

自我型權威

如果你的情緒中心、薦骨中心和脾中心是沒有定義的（無顏色），而你的自我能量中心是有定義的（有顏色），而且你的心臟中心（不論有無定義）並未透過有定義的通道連結到喉嚨中心，那麼你就是屬於自我型權威，這是最個人也可能是最敏感的權威型態。自我型權威會有來自你胸口中央的確認訊息，給你一種是否要開放去投入某個人、事、物的感受能力。你是屬於投射者的設計，在邀請的環境中運作，包含給予邀請與接受邀請，因此，辨別你被吸引要投入某事物，便純粹是種個人的體驗。被他人催促或逼迫，對你來說是行不通的，因爲你的決定必須來自你自身的清明，你需要信任這個個人的內在指引。

外在型權威

如果你是屬於反映者類型，或者你的喉嚨中心連結到心智中心，而且（或者）你的心智中心連結到你的頭頂中心，但你其他的能量中心都沒有定義，你就是屬於外在型權威。你會察覺到自己是個有同理心的人，能夠接收到周遭每個人的感覺、恐懼和意圖。很重要的是，你需要給自己時間和空間找到自己的清明，而這需透過有耐心的反思過程來達成。在做重大決定時，建議你至少要用一個月的時間來感受各個層面，最後才做出確定的結論。你會發現，如果你有耐心地去觀察和清楚的探尋，你將成爲地球上最有智慧的人之一。

十二種人生角色

有十二種人生角色，呈現出人類圖本命圖中有意識和無意識太陽和地球閘門爻線之間的組合（爻線就是閘門數字旁的上標數字）。在《人類圖，找回你的原廠設定》中有對人生角色的詳盡描述。以下是對六條爻線的個別簡短說明。

1爻

1爻必須要認同他們的人生、活出他們的人生、實際成為他們的人生。他們尋求完整的實體身分認同並深植其中。因此，養狗的人便真的會表現出像狗一樣的性格。他們受吸引而成為植物、樹木、情人、藝術品、電腦、療癒物品、電影、另一個人。

2爻

2爻受到「自然的事物」吸引。他們總是在尋找玩樂的而且本質上有趣的事物。他們會傾向忽略所有的事物，除非他們看見那事物帶有某種自然的特質。2爻可能極為天真、易受騙，同時也非常優秀傑出，但要是他們被占便宜、被打擾、或因為看起來很純真而受到嘲笑，他們會感到不悅、甚至憤怒。他們傾向尋求新的資訊和教育。

3爻

3爻必須去嘗試、去實作、去實驗。就算所有的情況都說「不行！」，他們還是會堅持繼續嘗試，有時候甚至是和各種極其不利的情境對峙，挑戰極限到了一種頑固的地步。他們可以被看作是格格不入的人，需要找到自己的逃生路線——能夠給予他們一扇總是敞開的大門的任何承諾。但他們會碰巧遇到很驚奇的發現、創新和突變。

4爻

4爻熱愛生命，深深愛著生命，他們有影響力能夠把他人聚在一起，而且他們會持續這麼做。然而一旦他們的信任遭到背叛，他們就會變得敷衍、卑劣、抽離、疏遠、防備和脆弱。4爻需要一再被提醒去對生命敞開心房。

5爻

5爻持續將所有事物概念化，有潛能成為偉大的領導者和指引者。據稱宇宙是心智的延伸，而5爻能夠擴大概念的界線。然而，他們需要經常檢視與現實的連結，否則他們就會活在一個對其潛能做投射的能量場裡。

6爻

6爻總是覺得身負重任，因爲他們比其他人對生命更有洞見，不論他們是否想要這樣的能力。

6爻可能需要抽離時時受召喚的情況，但他們又會被吸引回來擔起責任，因爲他們在這方面是天生的專家。他們周遭圍繞著各種對他們的期望，而他們必須學習放掉任何持續的義務感。

爻線結合形成各種人生角色

如同先前所說的，人生角色乃是結合了有意識與無意識的爻線數字，因此，舉例來說，1/3人生角色就是結合了有意識的1爻態度和無意識的3爻特質。

在十二種人生角色裡，有七個是屬於「個人」（右角度）人生角色，對應個人人生主題：1/3、1/4、2/4、2/5、3/5、3/6、4/6。

有一個是「固定」（並列）人生角色，對應固定人生主題：4/1。

還有四個是「人際」（左角度）人生角色，對應人際人生主題：5/1、5/2、6/2和6/3。

人生主題的四個等分

根據一年當中每個時間點，太陽相對於地球在天空中的位置，一百九十二個人生主題均分爲四個等分，或四個象限。四個等分的名稱分別爲(1)起始、(2)文明、(3)二元性、(4)突變。

在我們出生當下太陽所在的天空位置，就是我們的設計中接收到70％能量的部分。你的本命圖中「有意識的太陽」所在的等分，也決定了你這一生背後的驅動力。

1. 如果你有意識的太陽位於「起始等分」，那麼你就是一個「起始者」，總是站在最前線讓事情起步；開啓新的想法、風格、企劃、研究、提案和體驗；追逐新的知識、感覺和潛能。

2. 如果你的人生主題落在「文明等分」，你會協助開啓並建立溝通管道，讓人們能夠更好地彼此連結。這會透過建築、音樂、寫作、演講、交際、農業、藝術、旅遊、教學和許多其他方式來進行，而你對於人們互動和合作的方式，接受力是很強的。

3. 如果你的人生主題落在「二元性等分」，你會探索各種可以想到的方式來促進成長或改善。你可能會質疑男性和女性活出其人生的各種方式，以及其他的二元性觀點；你的注意力會被人生的強韌與脆弱、健康與福祉、安全議題所吸引，並且最終去質問我們生而爲人來到這世界上要做什麼。

4. 如果你的人生主題落在「突變等分」，你就是在改變與轉換的前線。你觀看著生命透過創意演化的推進而成長與擴張，有時這會是你直接介入的結果，有時你則是很驚奇地觀察著周遭生命扭轉成爲新的形式。

每個等分的開始都是某個版本的個人人生主題——方向（Direction），也就是「人面獅身」（the Sphinx），爲接下來的一季定調。

每個等分的結尾可能是人際人生主題——體現（Incarnation）或人際人生主題——精緻（Refinement）。

每個人生主題都與其中一個等分有直接連結，除了人際人生主題——體現和精緻，以及固定人生主題——合理化（Rationalization）、隱遁（Retreat）、警覺（Alertness）和需求（Need），這些主題都跨越兩個等分。

人生主題如何形成

一百九十二個人生主題有時會被稱爲「輪迴交叉」（ncarnation Crosses），因爲它是由你出生當下或某個特定事件形成的當下，天空中的四個點所組成。當這四個點透過一個輪圈連結起來，就代表我們周遭的天空，而它看起來就像是十字形交叉。這四個點是由特定的「出生時刻」太陽和地球的位置（太陽和地球正好在相對的兩邊），以及出生前太陽運行軌跡回推八十八度角的太陽與地球位置（大約出生前三個月），這四個點所組成。因此，這個「十字交叉」的角度就是八十八度角（編按：而非九十度直角）。

隨著太陽看起來一年四季繞著我們旋轉，它也會逐一經過各個人生主題，從個人主題移動到固定主題，再到人際主題，然後再回到個人主題，如此不斷地循環。

出生當下太陽的位置，代表一個本命圖裡70％可取用的能量，因此，我們將每個人生主題以太陽位置以及相關卦象／閘門的名稱或關聯來命名。在人生主題中，有意識太陽的位置帶著此生有意識的意圖，而出生前八十八度角太陽和地球的位置，則帶著人生主題中無意識的基因層面。每個人生主題都融合了有意識和無意識的特質。

你的人生主題這一生都會跟隨你，默默地提醒著：你的專注力、才能和天賦，在什麼地方能有最好的發揮。從客觀的角度來看你的人生主題是最好的——它就是如此，你越放輕鬆去接納它，它就越能為你服務，帶領你經歷你的人生旅程。

在大部分的人生主題裡，會列出部分擁有該人生主題的名人以及重大事件。由於固定人生主題非常罕見，因此我們只能找到極少數擁有固定人生主題的名人。如果你知道其他有這些罕見人生主題的人，也歡迎跟我們分享。

各閘門
的人生主題

1

The *Personal Life Theme of* DIRECTION (THE SPHINX) (4)

太陽在閘門 1

方向（人面獅身）(4)

方向是你的人生目的，不論你是在爲自己找方向，還是在爲他人指引方向。許多人會將你視爲燈塔，讓人們能夠判定自身的方向。有時，你會發現自己指向一個違反常理的方向，但如果你是忠於自己、忠於自身創意動能的，那麼那個方向就會是正確的。在我們的星球上，埃及的人面獅身象徵著已被遺忘的古老指引力量，它仍舊持續神祕地指向某種比我們更偉大的事物。而在你身體內的某處，你還記得這股指引力量。

要留意的是，雖然你有能力爲他人指引方向，但並非理所當然表示你就必須領導這些人，也不意味著你有責任或義務要帶領他人度過他們的人生，即使你是做得到的。如果你發現自己過度施惠他人，而且要持續不斷協助他人找到他們的道路，那你可能需要重新思考這些關係是否眞的健康。爲他人指出方向，然後鼓勵他們運用自身的能力投入其中，會是最好的做法。最終，每個人都要爲自己的人生旅程負責，要是你忘了這一點，可能會讓你陷入一次又一次偏離正軌的狀況。

閘門 1 /2/7/13

你的意識太陽在閘門1，因此你會以創意的方式表達自己，可能是透過與生俱來的藝術天賦，或者是爲周遭的世界提供更具創意的指引。你總是以新奇且創意的方式與生命互動。不論你是用較隱晦巧妙的方式提供指引，或是以明顯深思熟慮的準確性來給予方向，那些前來找你尋求指引的人，都會得到別出心裁的指示知道要如何前進。走較少人走過的路是你的做法，雖然你期望每個人都能夠自動理解關於你的這個面向，但你也有能力去說明你這麼做的目的和理由。要記得，你的類型和內在權威總是會讓你知道，哪些人和情況值得你的指引。

此人生主題的名人：

美國女演員莎莉・菲爾德（Sally Field）
美國男演員伊森・霍克（Ethan Hawke）
美國女演員、記者兼作家瑪麗亞・施賴弗（Maria Shriver）
法國物理學家、化學家瑪麗・居禮（Marie Curie）
美國女演員艾瑪・史東（Emma Stone）

固定人生主題

1

*The **Fixed** Life Theme of*
CREATIVE SELF-EXPRESSION (4)

太陽在閘門 1
創意的自我表達 (4)

閘門 1/2/4/49

你的人生主題就像河流從你體內流過，催促你持續不斷地傳遞出創意的自我表達。你透過關注源源不斷的創造力來源，驅策自己表達自我，而不去在意他人和周遭環境。你傾向不斷告訴每個人你所知道的事情，通常不會理會他人眞正的需求和興趣，也不會理會他人是否有能力理解你。這個傾向可能會惹惱他人，因爲那排山倒海而來的知識量，不管和他們的人生是否有關聯，都會讓他們無法招架。

別人可能會請你安靜，或者請你至少要克制住在口頭上對人生做評論，所以你會轉而透過其他的途徑來表達自己，可能是透過藝術、寫作或音樂等。你隨時隨地都在尋找方式來闡明人生能夠如何拓展，進而帶來可能的改善。你有獨特的方式與生命連結，而且你能察覺到許多不同面向以及創意的可能性。若沒有你來指出這些層面，別人是完全無法察覺到的。

你會體悟到，獨處時間可以讓你不受干擾地深入探索你體內的創意能量。其他時候，你會刻意尋找夥伴，向他們點出你所領會到的事情。有時你會發現你的夥伴無法和你一樣理解這件事，在惱怒之餘，你會再次退回到獨處狀態。當你瞭解到所有的表達都有完美的時機，並且就此對你的互動模式做出調整，你會看到自己輕易且有創意地轉變了他人的人生，同時給他們帶來很大的助益。當你信任自身的類型和內在權威，你會體悟到，你所有的創意追逐和表達都有正確的時機。你會學習到如何讓你的人生達到最高的效率與滿足。

1

人際人生主題

*The **Interpersonal** Life Theme of* DEFIANCE (4)

太陽在閘門 1

反抗 (4)

閘門 1 /2/4/49

你的人生主題是要反抗當前你生命中所面臨的事物狀態，去找到另一個或許是更高的層次；或者就算不是更高層次，也至少要是不同的道路。對於生命中任何你認爲需要重新導向的事物，你都會採用你能找到的論據和原則來扭轉其情勢。與其透過你的心智或你的情緒來勉強尋求滿足感，當你允許自己與更高的自我有深刻的內在連結，並且由你內在深處本能知道是正確的事情來推動你，你就會取得成功。

你的整個生命旅程都涉及了打破過時的「現狀」以及不適當的生活方式，讓你能自由地向周遭的世界引介並鼓勵眞誠性。你會和那些遵從並實踐你的卓越理念的人結爲朋友，也會欣賞那些願意透過你的創意概念來拓展自身視野的人。在此同時，你會悄悄地遠離那些不認同你的轉變之道的人，即使這些人非常想要得到你的關注。

你的意識太陽在閘門 1，因此如果有人想要尋找不同的做事方式，來找你就對了！這並不是說你一定要唱反調，而是你更尊重生命所帶來的各種變數。你並不適合純粹去跟隨大家的步伐，用「預期」或者「政治正確」的方式來做事情。你只會勉強配合一陣子，尤其是有人逼迫你要有特定的行爲舉止時，你大概只會短暫地勉強配合，然後你就會跑掉去做自己的事情，就好像什麼事都沒發生過一樣。你非常尊重堅守自身眞理的人，而這些人也可能會因爲你的支持、指引和創意觀點而受益，而且你也會尋找各種方式來爲他們提供你的貢獻。人們通常會想要和你有所交流，或者至少一窺你打算要做什麼。而你的類型和內在權威總是會讓你知道，哪些人和哪些事在此生對你是重要的。

此人生主題的名人與重要事件：

俄國作家費奧多爾・杜斯妥也夫斯基（Fyodor Dostoyevsky）
美國女演員布蘭妮・墨菲（Brittany Murphy）
美國男演員李奧納多・狄卡皮歐（Leonardo DiCaprio）
美國鄉村音樂創作歌手米蘭達・藍珀特（Miranda Lambert）
柏林圍牆倒塌

個人人生主題

2

The ***Personal*** *Life Theme of*
DIRECTION (THE SPHINX) (2)

太陽在閘門 2

方向（人面獅身）（2）

閘門 2/1/13/7

方向是你的人生目的，不論你是在爲自己找方向，還是在爲他人指引方向。許多人會將你視爲燈塔，讓人們能夠判定自身的方向。有時，你會發現自己指向一個違反常理的方向，但如果你是忠於自己、忠於自身創意動能的，那麼那個方向就會是正確的。在我們的星球上，埃及的人面獅身象徵著已被遺忘的古老指引力量，它仍舊持續神祕地指向某種比我們更偉大的事物。而在你身體內的某處，你還記得這股指引力量。

要留意的是，雖然你有能力爲他人指引方向，但並非理所當然代表你就必須領導這些人，也不意味著你有責任或義務要帶領他人度過他們的人生，即使你是做得到的。如果你發現自己過度施惠他人，而且要持續不斷協助他人找到他們的道路，那你可能需要重新思考這些關係是否眞的健康。爲他人指出方向，然後鼓勵他們運用自身的能力投入其中，會是最好的做法。最終，每個人都要爲自己的人生旅程負責，要是你忘了這一點，可能會讓你陷入一次又一次偏離正軌的狀況。

你的意識太陽在闇門2，你有方法得知關於生命的事情，以及你能採取或提供給他人可能的方向。這過程有時是無法解釋的，因爲你會知道這些事並沒有明確的韻律或原因，彷彿是「你知道了就是知道了」，而你並非總是能夠說明緣由。你的感受性經常和生命的走向連結，而且超越了社會明顯的「正常」假設。有時，無心的一句話就會改變一個人的人生軌跡，而你或他們在當下並不會察覺到發生了什麼事。信任你的類型和內在權威，你將會知道何時要介入去提供你的神奇指引，也會知道何時要退到一旁並保持沉默。

此人生主題的名人：

美國男演員喬治・克隆尼（George Clooney）
英國前首相東尼・布萊爾（Tony Blair）
心理學大師西格蒙德・佛洛伊德（Sigmund Freud）
德國音樂家約翰尼斯・布拉姆斯（Johannes Brahms）
德國哲學家卡爾・馬克思（Karl Marx）
阿根廷前第一夫人伊娃・裴隆（Eva Perón）
美國男演員賈利・古柏（Gary Cooper）

固定人生主題

2

*The **Fixed** Life Theme of*
THE DRIVER (2)

太陽在閘門 2

駕駛(2)

閘門 2/1/49/4

你的人生主題是關於爲自己和他人指引方向，透過你自身內在的投入，找到生命的意義。你透過平衡自身內在的兩極，確立自己的人生方向，過程中通常會廣泛延伸至世俗的活動裡，同時，你也在靜默的內在「覺知」核心裡感受到自身的眞實。這個平衡的過程可能讓你對目標變得很固定且無法改變——或許是維持穩固不動，或是投射出一條無法動搖的外在生命軌跡。

可以這樣說，「當你知道了，你就是知道了」，然而要向他人說明你知道什麼或你是如何知道的，可能性微乎其微。有些人會很樂於待在你身邊，對你想溝通的事抱持開放態度，也接納你告訴他們的事物所帶來的任何轉變。然而，仍有些人對於接受你告訴他們的事並不是那麼開放，在這些情況裡，你就必須在內心評估看看揭露這件事有多重要，因爲你無法提供任何科學知識、經歷、前例來作爲佐證。雖然你知道這件事很重要，並不意味著每個人都準備好且願意聆聽，或是據此採取行動。

如果你想要給這個世界帶來重大的改變，就要找到正確的時機，並且要確定你所尋求的改變是有創意且是務實的，而且最重要的是，這個改變也要和你內在感受的正確事物相符。只要你是根據自身的類型和內在權威來行事，那麼在正確的時機下，這個方式就能確保你的成功，並帶來個人的滿足。

2

人際人生主題

*The **Interpersonal** Life Theme of*
DEFIANCE (2)

太陽在閘門 2

反抗（2）

閘門 2/1/49/4

你的人生主題是要反抗當前你生命中所面臨的事物狀態，去找到另一個或許是更高的層次；或者就算不是更高層次，也至少要是不同的道路。對於生命中任何你認爲需要重新導向的事物，你都會採用你能找到的論據和原則來扭轉其情勢。與其透過你的心智或你的情緒來勉強尋求滿足感，當你允許自己與更高的自我有深刻的內在連結，並且由你內在深處本能知道是正確的事情來推動你，你就會取得成功。

你的整個生命旅程都涉及了打破過時的「現狀」以及不適當的生活方式，讓你能自由地向周遭的世界引介並鼓勵眞誠性。你會和那些遵從並實踐你的卓越理念的人結爲朋友，也會欣賞那些願意透過你的創意概念來拓展自身視野的人。在此同時，你會悄悄地遠離那些不認同你的轉變之道的人，即使這些人非常想要得到你的關注。

你的意識太陽在閘門2，你保持開放，接收來自你天性層面指引的方向，這些天性的層面能讓你連結到一個無法驗證的源頭，帶給你深切的覺知。當你知道時，就是知道了。當你把知道的事情或智慧傳遞給世界，他人可能無法置信，有時甚至會予以譴責，直到你所知道的事情變成眾所皆知的事。你可能會對你認爲已經過時的傳統和信仰系統做出反應，但你很清楚知道，要給人們的態度帶來明確的改變，良好的時機和清楚的表達是很重要的。務必記得你的類型和內在權威，你就會找到完美的方式來對抗這個沉睡的世界。

此人生主題的名人：

美國喜劇演員唐・里柯斯（Don Rickles）
美國女演員崔西・羅德茲（Traci Lords）
美國男歌手比利・喬（Billy Joel）
英國男演員亞伯特・芬尼（Albert Finney）
英國男歌手蓋瑞・葛里特（Gary Glitter）

個人人生主題

3

The *Personal* Life Theme of THE LAWS (1)

太陽在閘門 3

律法(1)

閘門 3/50/60/56

你的人生主題是要在一個混亂的世界裡建立律法和秩序。要做到這一點，你需要變得有所覺察，覺察到那些對你而言很重要的價值，而這些價值都是從過去經歷的教訓以及你處理周遭人、事、物的過程中，一點一滴積累下來的。在孩童時期，很重要的是你需要讓自己去順從慣例和規範，並接受這些規範所帶來的結果。時至今日，當你去評判這些結果，你會開始在社會處理事情的方式中找到缺陷，而你或許可以帶來改善，或是找到自己的方法去避開那些你認定無法改變的阻礙。由於你具有潛在的憂鬱性格，因此，你的本質帶有轉變的能力，你的生命會持續在許多不同的現實之間轉移，同時你也會去支持那些你認爲對你所生活的世界很重要的價值與律法。

你或許已經察覺到了，在最好的情況下，法律是用來提供指引並促進公平的環境。然而，法律也需要與時俱進，隨著時間而調整。強加成爲固定教條的規範，遲早都會被打破，或遭到蓄意改寫。生命並非固定不變，而隨著改變發生，法律也需要做出調整。你會發現自己一直處在這樣的調整過程中，因而瞭解到，不僅你的人生處於持續不斷的轉變狀態，每個人的人生也都是如此，包括你的家人、朋友、事業夥伴、以及客戶。有些人非常享受在你周遭會經常經歷改變的狀況，有些人則會找到一些理由來疏遠你。你是生命轉變的媒介，而這是你在人生中必須要去察覺體會的一個面向。

你的意識太陽在閘門3，你受到召喚要透過新的概念、標準和想法來進行創新。在創新的過程中，你亟需穩定與組織；若無，你會發現自己經常遭受挑戰，因而越來越不確定什麼價值觀對你最有意義。要瞭解到，你的人生是具變異性的，而且你總是給自己的人生和他人的人生帶來轉變。許多人並不熱中激進的改變，因此會對抗你，或者選擇不參與你的行動，因爲你所擁抱的創新和生活方式對他們來說轉變太大。要很清楚你需要有組織，而且也要留意你的類型和內在權威，如此一來，你會發現，你不僅會吸引到眞正賞識你的夥伴，而且你的人生也會大幅成長，帶來極大的成就和滿足。

此人生主題的名人：

英國喜劇演員查理・卓別林（Charlie Chaplin）

英國女王伊莉莎白二世（Queen Elizabeth II）

英國女歌手維多莉亞・貝克漢（Victoria (Posh) Beckham）

美國女演員珍妮佛・嘉納（Jennifer Garner）

美國馬術運動員安・羅姆尼（Ann Romney）

美國女演員凱特・哈德森（Kate Hudson）

固定人生主題

3

*The **Fixed** Life Theme of*

MUTATION/INNOVATION (1)

太陽在閘門3

突變／創新（1）

閘門 3/50/41/31

你的人生主題是要轉變你的世界，不論用什麼方式，同時也在每個人的人生裡帶來創新。你透過推翻不再符合人類福祉的慣例、舊法律或舊習俗，同時呈現新的替代方案，藉此帶來改變，不論這些方案是否已經過試驗。你在創新的方式上會非常固定，而且你很容易會吸引到允許你擔任領導角色的人，不論你可能把他們帶到什麼地方。你天生就具有影響力和領導力。伴隨領導力而來的是責任，不僅對那些追隨你的人有責任，也對你自己有責任，需要去分辨你希望吸引哪些人、事、物，以及避開哪些人、事、物。

你有很強大的想像力，而且有影響他人的強勁能力。這兩種能力都需要在清明的狀態下執行，才能給你帶來最佳的助益。通常你所面對的情況都和一些人有關聯，那些人在他們的生命中不一定有著可以被視爲最高的價值。與其受到你沒有共鳴的價值所影響，你應該在自己的人生中保持警戒，允許你的自信帶來你所知的正確創新。你要顚覆存在許久的傳統並不難，但很重要的是要清楚區分兩件事，也就是擁有這項能力，以及知道何時去使用那能力。

若你對創新的態度太過僵固，那麼當你無法成就你所堅信的改變時，就會導致失望。然而，你僵固的態度可能意外地開啓進入強力轉變領域的大門，透過完全的賦予力量以及突破性的方式，影響了你以及周遭所有人。透過聚焦在你的類型和內在權威上，清楚辨別哪些人、事、物能使你產生共鳴，你就會對生命可以給你帶來的契機、以及加入並對你的旅程做出貢獻的人感到驚奇。

3

人際人生主題

The Interpersonal Life Theme of WISHES (1)

太陽在閘門 3

希望(1)

閘門 3/50/41/31

你的人生主題要有個願景，可以改善那些掌管人類的條件、法律和規則。由於你來此是要超越所有自行強加或毫無必要的限制，因此，你會讓每個人都能取得並適用你的願景，這有時是透過公然與傳統唱反調的方式，並且把那些堅守舊道路的人拋在身後。儘管你對這世界帶著烏托邦式的憧憬，但你也體悟到，唯有透過務實的改變和能夠提供支持的價值，方能成功。試圖解決每個人糟糕的生活標準，必定會讓你筋疲力竭，而且還得不到你想要的成就和滿足。

想要超越自行強加或舊有傳統的界線，必須要有想像力，而且也要以他人能夠認同和追隨的方式來運用你的影響力。你經常發現自己超出了他人能夠理解的範疇，而你也必須孜孜不倦地擴展他們的視野，讓所有人都能達到你知道能夠達成的狀態。你的內在擁有各種方法能夠開展人們的眼界，去看見各種其自身無法看到的可能性。瞭解到你有這樣的能力，也會激勵你把你的夢想傳播到他人的生命裡。大部分人很少會認眞思考他們想要在生命中得到什麼，他們只是滿足於順從傳統，順從他們周遭普遍的景況。他們或許也有夢想，但卻從沒想過這些夢想也能成爲現實。而你有方法能提供振奮人心並且帶來轉變的替代方案，改變這一切。

你的意識太陽在閘門3，你經常在創新，並拋開帶來限制的想法和概念，擁抱你認爲可對自己和周遭人帶來正面改變的事物。儘管你能夠忍受需要邊做邊修正的計畫，但你也總是會留意最好的方法，把每個人帶向更好的生活方式和有所改善的社會。儘管你支持每個人的正面潛能，但你也知道許多人可能不願意在人生中做出改變，並且瞭解到要維持你對於「更好的世界」能夠實現的決心有多困難。在你生命中的各個層面，務必信任你的類型和內在權威，如此，你才能找到內在的指引，去帶出你認爲對於一個意識成長的世界很關鍵的改變。

此人生主題的名人：

美國女演員卡門．伊萊克特拉（Carmen Electra）
美國男演員雷恩．歐尼爾（Ryan O'Neal）
美國女演員安迪．麥杜維（Andie MacDowell）
澳洲名模米蘭達．寇兒（Miranda Kerr）
美國女演員潔西卡．蘭芝（Jessica Lange）

4

The ***Personal*** *Life Theme of*
EXPLANATION (3)

太陽在閘門 4

說明 (3)

閘門 4/49/23/43

你的生命中常有想要告知和說明的衝動。有時，你覺得能很好地傳達自己想要說的事情；而有些時候，你和你的聽眾則可能很疑惑你到底是在說什麼，並且質疑你是如何得知你說的那些事情。你的內在存在著轉變他人人生的能力。你的天賦是能夠與各式各樣的人溝通，你的挑戰則是要讓人聽懂你說的事情。你傾向把事情一股腦脫口而出，許多時候你會發現自己所說的事情，和別人在思考或表達的事情沒什麼關聯。發展出自在對話的能力是需要練習的，特別是當你有如此多的洞見需要去表達和說明時。

你的表達力量，以及你分享的能力——分享那些能轉變你的世界的洞見——不僅存在你說話的內容當中，也存在你說話的聲音裡。語調是你在溝通時至關重要的一部分。當你很放鬆並按部就班地陳述時，你的聲音語調能最清楚地傳達資訊。跳躍式的說話方式，或是任意地穿插陳述你的洞見，特別是當你想要一股腦脫口而出的時候，就可能導致誤解和疏離。因此你會發現，發展說話技巧和對自己的聲音感到自在是非常重要的，否則你會發覺大家都很疑惑你到底在說什麼，因而不確定他們是否眞的想要或需要注意聽你說話。要記得，你所說的事情可能很有權威而且無庸置疑，之所以會讓人們很困惑和擔憂，是因爲你所說的內容和他們本身或他們感興趣的事情並不相關。

你的意識太陽在閘門4，你的頭腦總是會爲各種事情想出解決方案。你甚至可能會給不存在的問題或情況找到解方，而這是沒有人會費心去思考的部分。當你衝口說出腦袋裡冒出的最新想法時，你可能會發現聽者都在遠離你。另一方面，如果你給自己一些時間去觀察頭腦的思緒，觀察腦袋如何透過檢視所有理論上的可能性來組織想法，你就能用出色的方式來解說複雜的情境。要記得一個很重要的原則就是，儘管你有方法能夠解決任何人的問題，並不表示他們想要你爲他們解決問題！你的類型和內在權威一直都是你的基石，讓你知道當下是否是你需要去解說某件事的時機。

此人生主題的名人：

古巴政治家斐代爾・卡斯楚（Fidel Castro）
美國女演員蜜拉・庫妮絲（Mila Kunis）
美國女演員荷莉・貝瑞（Halle Berry）
美國籃球運動員魔術強森（Magic Johnson）

4

固定人生主題

*The **Fixed** Life Theme of*
SOLUTIONS (FORMULATION) (3)

太陽在閘門 4

解決問題（公式化）(3)

閘門 4/49/8/14

你的人生主題是關於爲生命中的各種問題找出解決方案。雖然你很擅長排除狀況，或是爲所有事情驗證解答，但你未必知道如何把你的解決方式付諸實行。你能夠看見公式和理論背後錯綜複雜的模式，而這會讓你陷入自己的世界裡，試著去找到方法改變社會的運作。在堅持表達與執行你提供給這世界的解決方案，以及和身邊所有人保持私人關係以維持他們對你的信任與支持兩者之間，你會發現自己持續在保持平衡。

爲所有的事情找到解決之道是你的生活方式，因爲你能夠在任何時候爲任何人解決任何事。然而只因爲你能夠找到解決方案並處理每個人的問題，未必就意味著他們眞的想要你來幫他們修正他們的人生。要小心分辨實際的需求，以及分辨何時提供你的協助與如何提供協助。

你的心智運作能夠圍繞簡單的問題，編織出複雜的思緒網絡，有時可在最迂迴的方式下得出最明確的解答。你也可以在思考的過程中構思出沒什麼人想得到的可能性。一不小心，你就會陷入妥協的情況中，找方法將最不合邏輯和最無章法的思考模式合理化，而你的腦袋也會尋求任何方法逃離妥協的狀況。當你陷入明顯無關緊要的情況，卻找不到普遍受認同的解決方案時，會感到非常心煩意亂。但只要抓住有邏輯的思緒，就能帶領你去到他人從沒思考過的面向，那會是非常讓人驚奇的。讓你的理論能被接受而且務實可行，可說是一種藝術，長期而言，在你試著轉變世界之前，要記得信任你的類型和內在權威。

4

人際人生主題

*The **Interpersonal** Life Theme of*
THE REBEL (REVOLUTION) (3)

太陽在閘門 4

反叛者（革命）(3)

閘門 4/49/8/14

你一直都在爲那些顯然比你不幸的人爭取權益，你認爲對抗世界上的不公義是你的責任。你忠於自己的原則，而且會實際採取行動，爲那些被社會拋棄或遺忘的弱勢族群找到有助益的解決方案。有必要的話，你會徹底改革停滯的景況，帶來新的秩序。你需要覺察到自己的人生並不是去做出反應，而是要能夠辨別哪些人、事、物眞正値得你的關注和投入。這樣的分辨能力將會帶來改變，讓你在自己的人生中感到成就和滿足，同時也能轉變那些你所支持之人的人生。你瞭解到反動革命的強烈欲求，也被鼓舞去支持反叛者的道路，但你最終並不認同大規模的動盪巨變，而是更傾向透過有意識的選擇來促進個人成長。

支持著你對世界上公義的擔憂的，是你協助人們理解繁榮興旺重要性的能力。你有方法能夠擴展人們的視野，讓他們可以窺見那看不清的眞相。你闡明潛在的自由，不論社會要大家相信什麼，這自由都是每個人與生俱來的一部分。當你質疑反叛的起因時，你會發現，反叛是源自對純眞的渴望，那是與生命純粹體驗匹配的純眞，超越了社會爲了控制人們而發展出的規範與限制。

你的意識太陽在閘門４，你有個非常聰明的頭腦，經常想要表達，並且想爲每個人的問題提供公式或解決方法，特別是那些涉及剝奪權利的問題。你經常在尋找方法以對抗不公義，你把人們的困境視爲自己的責任，並且找到途徑推翻腐敗的體制。你總是在以下兩者之間尋求平衡——一者是能夠改善世界的理論，特別是改善金融領域，另一則是實施確實能夠執行並帶來改善的原則。要記得，你的類型和內在權威將爲你釐清何時要表達你的考量，何時應該保持沉默。當你只有理論卻沒有務實的解方，這時去宣揚自己的想法，會削弱你給世界帶來實際改變的可能性。

此人生主題的名人：

美國男演員班・艾佛列克（Ben Affleck）
法國政治家拿破崙・波拿巴（Napoleon Bonaparte）
美國女歌手瑪丹娜（Madonna）
美國男演員勞勃・狄尼洛（Robert De Niro）
美國知名廚師茱莉亞・柴爾德（Julia Child）
美國女演員珍妮佛・勞倫斯（Jennifer Lawrence）
美國男演員史蒂夫・卡雷爾（Steve Carell）

個人人生主題

5

The *Personal* Life Theme OF CONSCIOUSNESS (4)

太陽在閘門5

意識（4）

閘門 5/35/64/63

你的人生目的是要去探詢我們來到這世界上要做什麼，並且試著去發掘一切事物的意義。透過批判性的觀察以及對過往歷史的反思，你能找出模式中的模式，也就是支撐所有生命歷程的基礎。你透過持續的見證，以及謹慎地根據自身諸多經歷來調整生活，藉此逐漸喚醒你的意識。你會觸發他人去質問，讓他們找到方法去擴展自身對生命的理解。透過喚醒你自身的意識，你也將這火炬傳遞給和你契合的人，讓他們也能發掘喚醒自身意識的方式。

你通常會向他人點出他們所忽視的自身生命重要特質。不論你是否瞭解這麼做所帶來的意涵和結果，你都藉此協助其他人理解到，他們原先以爲已經完整的思考過程，實際上缺少了至關重要的概念和領悟。意識總是處於成長的狀態，你見證了意識的成長，而且也經常促進了意識的成長。有時你會積極地宣揚新的理解，有時你則是個安靜的觀察者，觀察著周遭正在發展的擴張情況。不論是哪種狀態，你都讚賞生命中的這些體驗，甚至在某種程度上融入了體驗當中。

你的意識太陽在閘門5，你經常深入並超越時間的時節與維度。你經常在當下與過去的經歷中，發現可能帶給你安全未來的生命模式。你根據自身內在深沉的時間感，給自己創造了儀式和習慣。這些模式標誌著你每天的一部分時間，你生命的一部分時間，而且你極不願意這些習慣受到打擾。有個危險是，你可能會過度使用頭腦來檢視你的人生，說服自己需要更活躍一些，但實際上，耐心觀察對你來說才是更好的解答。要記得留意你的類型和內在權威，它們會帶領你進入眞正適合你的時機和情境。

此人生主題的名人：

美國電影製片人華特・迪士尼（Walt Disney）

美國占星師羅伯特・漢德（Robert Hand）

美國陸軍軍官喬治・卡斯特（George Custer）

美國喜劇演員趙牡丹（Margaret Cho）

固定人生主題

5

*The **Fixed** Life Theme of*
RITUALS (HABITS) (4)

太陽在閘門 5

儀式（習慣）(4)

閘門 5/35/47/22

你的人生主題是要保有可靠的模式，讓你的一生都維持在規律的流動裡。在眾多人群中，你的生命是圍繞著各種儀式和習慣在運行，這些儀式和習慣都是你認爲對自己的福祉至關重要的；你需要持續專注，才能維持這些儀式。有時，你會覺得被迫跨出你的日常慣性，在生命中努力取得進展；然而，不論你是否在生命裡納入新的模式，你都會回歸到自己的步調，不受他人的建議和壓力影響。

從你的步調當中被拉出來，感覺就像是你因爲別的事情分心而無法達成你的人生目的。你在協助他人處理他們的人生議題時，無疑會很有耐心，但到頭來，不論如何，你都要回歸到自己的韻律中。當你以自己的步調前進，你會發現自己貼近一種吻合整體自然界的宇宙時間感，而這總是能成爲你很大的慰藉來源。自然並不需要時鐘就能四季輪替，宇宙時間掌管著所有的生命形式，植物和動物世界都與這個宇宙時間同調。每當你覺得和人類世界以及其做作的模式格格不入時，請記得你還有大自然這個盟友。

當你體悟到你以自己的步調與生命互動時，將會帶來最好的機會，你也因此能體驗到最深刻的滿足感，但是要在你的內在找到耐心去等待這些機會，可能會是個挑戰。觀看世界在你的周遭東奔西跑，彷彿你位於暴風的中央，可能是個有趣的利基點。這並不是說你就和世界脫離了，而是你在觀察世界的同時，你仍舊以本身自然的韻律在經歷生命。若你能留意你的類型和內在權威，它們將會爲你指引出可以給你帶來最大意義的人、事、物與時機。

5

人際人生主題

*The **Interpersonal** Life Theme of* SEPARATION (4)

太陽在閘門 5

分離（4）

閘門 5/35/47/22

你的人生主題是要和他人分離，這樣你才能找到自己，並在各式各樣潛在的體驗中，找到自己的人生目的。不論你的生命中發生了什麼事，你都會讓自己保持平靜，放下你對生命應該給你什麼的期待，並且接納和擁抱生命所給予的一切。當你變得客觀，你便能出於自己本身的完整性去同理他人，而不是需要他人來讓你覺得完整。與他人分離，並堅守自身本質，到最後，這會帶領你達到自身的完整性。

有時，抽離對你來說是種挑戰，尤其是當你知道自己能做出多大的貢獻時。然而，習慣性地去拯救他人或者接管他人混亂的景況，會讓你分心，以致無法專注於自身的人生目的和成就滿足。當你從客觀的角度進入一個情境中，你會發現自己的存在有著巨大的實際效益。你的耐心以及在正確時機行動的能力，再加上你擁有廣泛的觀點，超越了任何對可達成事物的隱含限制，這些都是你的人生和你的能力是如此重要的原因。

你的意識太陽在閘門5，你對時間和時機的概念與他人不同。事實上，你會發現很多人會妨礙你規劃自己人生的方式，特別是當他們的要求不必要地侵入你的生活方式時。你可能會說服自己應該要去協助他們，配合他們的要求，但大多數情況下，你的意願都和你的本質相違背。雖說你能夠協助他人，但未必表示著那些即是會在你實際的人生軌道上出現、而且需要用你自身方式去成就和實現的事情。當然，他人也是你人生中的一部分，但只會在正確的時機出現，而且只會持續一段時間。要信任你的類型和內在權威，這是最快的方式，讓你知道在生命中的某個時間點，哪些人、事、物對你來說眞正具有意義。

此人生主題的名人：

美國男演員大衛・卡拉定（David Carradine）
美國女歌手妮姬・米娜（Nicki Minaj）
美國男歌手吉姆・莫里森（Jim Morrison）
美國女演員金・貝辛格（Kim Basinger）

6

*The **Personal** Life Theme of* THE GARDEN OF EDEN (3)

太陽在閘門 6

伊甸園（3）

閘門 6/36/12/11

你的人生主題是要深入探索各種情緒體驗，你這一生都帶著伴隨你出生而來的光。在你心裡，你保存的記憶是關於人生如何充滿著愛；然而在你的現實裡，你卻經常遭遇不甚完美、有時甚至很惡劣的世界帶給你的挑戰。痛苦的童年經歷，是因爲人們缺乏正直和操守，而這讓你感到震驚，也因此讓你渴望回到一個完整且有愛的狀態。你可能會透過與他人在情緒和性方面的親密關係來找尋這種愛，但結果只會令你感到失望，因爲這些都只是短暫的經歷，並無法滿足你靈魂的渴望。

你靈魂的渴望是如此深切，以至於你會花一輩子的時間來找到返回「伊甸園」的路，也就是那個有愛、有光明、有智慧的地方，你覺得這地方一定存在某個層面裡。你的尋找可能帶領你去旅遊、進出各種關係、轉換各種工作和生活環境，以及經歷各種人生體驗，直到你終於發現，這個你如此渴望想要尋找的樂園，其實一直存在你之內。當你體悟到這一點，並且在你之內找到深刻的平靜，你也就回到了「伊甸園」，而從這時起，你便能夠和他人分享你的光與喜悅。

你的意識太陽在閘門6，你可能位於人生各種摩擦的中心，經常以某種方式解決自身和他人的問題。你可能尋求把自己的焦點全然只放在親密關係上，以及放在和他人上演的戲劇化情境上，藉此避免面對你內在眞正遭遇的問題。你可能不斷擔憂著未來，以至於不願做出承諾在當下繼續前進。另一方面的你則是充滿了啓發性的想法，但卻遭到扼止，因爲你沒能讓這些想法完全實現。你能記得最重要的事，就是你自身所帶的光明，而當你釋放這道光芒讓它照耀世界，你便能夠改變一切，眞正給地球帶來樂園。生命是一齣有著許多不同舞台的戲劇，當你記得你的類型和內在權威，你便能及時好好演出你的角色。

此人生主題的名人：

英國王子哈利（Prince Harry）
都鐸王朝最後一位君主伊莉莎白一世（Queen Elizabeth I）
美國女演員洛琳・白考兒（Lauren Bacall）
俄羅斯冰上曲棍球員亞歷山大・奧維琴根（Alexander Ovechkin）
西班牙王后萊蒂西亞（Letizia of Spain）

6

固定人生主題

*The **Fixed** Life Theme of*
CONFLICT RESOLUTION (3)

太陽在閘門 6

衝突解決（3）

閘門 6/36/15/10

你的人生主題是要投入並參與各種情緒以及情緒的表達，然後在這過程中結交朋友。你感受到深切的推動力，渴望親密關係，這種關係很容易會和他人的情緒結合，有時會造成心煩意亂，但通常會開啓更緊密連結和更大創意的可能性。你總是會越過純粹與性相關的親密關係，開放並接納單純結交朋友的親密關係，因此你在這方面很容易會被誤解。然而，人們會和你有連結，你的內心存在著對整體和諧融洽的深刻追尋，而你透過給予友誼將人們聚集在一起來實踐這個渴望。

目前在地球上，對於情緒有很大的誤解。儘管我們知道我們都生活在同一個星球，基本上可說是彼此的鄰居，然而世界上的人們依然還沒學會如何有愛、有創造力、以及有效地彼此連結。你生命的重要特點就是要去探索情緒的奧祕，並且盡可能向生命中的這個領域需要教育的人們，清楚地揭露你的發現。你有意無意地付出努力去協助人們瞭解到，不論有任何差異，我們都需要和睦相處，特別是那些會受到我們情緒影響的差異。

你無疑花了許多時間去質疑生命——質疑爲何生命會如此，質疑你究竟要扮演什麼角色。你可能意識到人們可以用更好的方式來過生活，前提是他們要能學會彼此和睦相處。有時你會堅持和那些與你起衝突的人、以及那些不想要親近感的人建立友誼，但由於你能夠看穿他們反對，因此你會傾向不顧一切地投入其中。如果你對此沒有警覺，長期下來便可能會造成問題。然而如果你很謹愼，密切留意你的類型和內在權威，你就會知道何時以及如何最有效地與他人連結，以及何時要退到一邊並保持沉默。

人際人生主題

6

太陽在閘門6 (地球) 層面 (3)

*The **Interpersonal** Life Theme of* THE (EARTH) PLANE (3)

閘門6/36/15/10

你的人生主題是要在處理人生較困難的層面上有所成就和智慧。你會遇到挑戰，同時也會在挑戰中創造新的選項，將劣勢轉爲優勢。最終，當他人遭遇人生中較艱難的歷程時，你能夠指引他們做出正向且有益的改變。你可以成爲所有人的朋友，你會吸引弱勢者，也會吸引到較有能力的人，而你也會爲每個人梳理他們的道路，使其變得平順。

通常你會發現自己擔任交涉者或顧問的角色，協助他人的人生恢復秩序。你會被召喚進入各種情緒化的情境，有時是充滿慈愛，有時則需要給人當頭棒喝，讓他們明理。你的挑戰是要在情緒化的情境中保持客觀，這樣你自身才能有情緒上的清明。你的天賦是要讓人能欣賞他們自己以及他們生命中的人，這些人都會影響到他們的情緒健康。

你的意識太陽在閘門6，你會發現，在享樂與痛苦、狂喜與苦惱、喜悅與災難、性、食物、藥物、成癮、以及生命中各種高點與低點的情緒領域中，調停者的角色總是落在你身上。透過你自身的方式，你會引導許多人將他們的困境轉變爲優勢，將他們的試煉轉變爲成就，以及將他們的缺乏轉變爲獲利。你有方法能把苦難變成體驗，有時會向每個人傳達出對生命中各種試煉的深度接納，認爲這些試煉是讓我們的力量與能力得以成長的方式。你的設計讓你比世界上大多數人更有能力，而當你有智慧地去投入，並且遵循自身的類型和內在權威，你自然會爲自己和他人帶來助益，而且也會避開那些必須由他人自行解決的情境。

此人生主題的名人：

義大利女演員蘇菲亞・羅蘭（Sophia Loren）
美國作家史蒂芬・金（Stephen King）
日本女歌手安室奈美惠（Namie Amuro）
香港女演員張曼玉（Maggie Cheung）

個人人生主題

7

*The **Personal** Life Theme of*
DIRECTION (THE SPHINX) (3)

太陽在閘門7

方向（人面獅身）(3)

閘門 7/13/2/1

方向是你的人生目的，不論你是在爲自己找方向，還是在爲他人指引方向。許多人會將你視爲燈塔，讓人們能夠判定自身的方向。有時，你會發現自己指向一個違反常理的方向，但如果你是忠於自己、忠於自身創意動能的，那麼那個方向就會是正確的。在我們的星球上，埃及的人面獅身象徵著已被遺忘的古老指引力量，它仍舊持續神祕地指向某種比我們更偉大的事物。而在你身體內的某處，你還記得這股指引力量。

要留意的是，雖然你有能力爲他人指引方向，但並非理所當然表示你就必須領導這些人，也不意味著你有責任或義務要帶領他人度過他們的人生，即使你是做得到的。如果你發現自己過度施惠他人，而且要持續不斷協助他人找到他們的道路，那你可能需要重新思考這些關係是否眞的健康。爲他人指出方向，然後鼓勵他們運用自身的能力投入其中，會是最好的做法。最終，每個人都要爲自己的人生旅程負責，要是你忘了這一點，可能會讓你陷入一次又一次偏離正軌的狀況。

你的意識太陽在閘門7，你能提供符合邏輯的指引，目的是要讓每個人走向你看到的確定未來。你可能認爲自己有責任要接管某個情境或提供指引，這些指引通常是來自你自身的經歷。到最後，你會尋求要擁有影響力，即便你在提供自己的貢獻後就會抽離。閘門7有許多不同的方式可「指引方向」（根據決定你人生角色的爻線而定），但不論你是屬於哪種方式，對於那些擔憂未來福祉的人來說，你都是一盞明燈。要記得，你的類型和內在權威會告訴你，哪些人需獲得你的指引以及何時給予指引，也會讓你知道何時要站出來引領路途，以及何時要退到一邊，讓他人找尋自己的道路。

此人生主題的名人：

英國生物學家亞歷山大・弗萊明（Alexander Fleming）
美國女歌手惠妮・休斯頓（Whitney Houston）
美國男演員達斯汀・霍夫曼（Dustin Hoffman）
瑞士網球運動員羅傑・費德勒（Roger Federer）

7

固定人生主題

*The **Fixed** Life Theme of*
INTERACTION (3)

太陽在閘門7

互動(3)

閘門7/13/23/43

你的人生主題是要身處在社交互動的中心。你在各處都能發現建立關係的機會，而在這些關係中，你能夠提供某種形式的帶領和引導。透過你的友誼和互動，你會傾聽人們非常深層的分享與人生經歷，而這通常會增進你的洞見和知識。如果你發現自己所分享的事物並未受到賞識，你就會抽離，然後找到新的地點和圈子去進行互動。你通常是那個聚集許多人和集結眾多觀點的人，但你隨後就會離開，讓大家獨自繼續進行。

你與人溝通的方式非常直接，有時說出來的話會讓人很難立即理解。這有可能是因爲你談論到別人從未思考過的事情。你的觀點打破了人們舊有的模式和生活型態，但有時這對他們來說太過「不同」，讓他們難以立即採行，或者甚至拉長了時間也難以採行。的確，你有能力深入傾聽他人的人生煩惱，並且同理他們。你可能會變得比某些人更了解他們自己，但在幫助他人解決問題時，介入多深對你才是健康的，則是有界線的。要留意你聲音的力量，特別是你講話的音調。當你處於放鬆狀態，並且依序有條理的表達，你所說的話才會達到最大的效果。

你傾向擁有策略性，會在意社交和商業互動能帶來什麼樣的未來成就。你有著眞實的天賦，能介入並提升他人的覺察，點出透過清晰的互動造福公共利益，將會帶來人類繁榮的前景。然而，你的思想經常會超前所處的時代，而且對那些有著強大自得利益和安全疑慮的人來說，你的想法可能太過理想主義。當人們對你的指引無法開放地接納時，你有時會感到失望，但如果你花時間培養良好的說話技巧和時機，你會在生命中帶來最大的影響力。要很清楚自身的類型和內在權威，知道何時該投入，以及何時與如何光榮身退。

7

人際人生主題

裝模作樣（面具）(3)

太陽在閘門 7

*The **Interpersonal** Life Theme of* CHARADES (MASKS) (3)

閘門 7/13/23/43

你這一生是來扮演許多角色的，以因應持續改變的各種情況。你會給所有和你互動的人帶來人生轉變，這過程通常很神祕，而且他人通常不知道你已經觸及了他們的人生。你擁有不可思議的能力，能夠適應任何角色，以實現你當下的目的。但你必須小心，不要過度認同任何特定的角色，例如那些和大學學位、公眾頭銜、以及與其他「官方認可」身分相關的角色。大家可能都想要你成爲他們人生中的一部分，然而是否要和他們互動，是由你決定的。尤其是，你有種傾向會一直把自己放在一個具有權威性的「拯救者」角色裡。

你有天賦能爲他人解決幾乎所有的難題，很快地你就會發現，在那些很容易引來危機的族群裡，你特別受到歡迎。能如此輕易地處理他人的問題，或許讓你感覺非常心滿意足，但如果你覺得讓他人的人生能和諧運行成了你的專職工作，那麼你自己的人生可能很快就會變得不自在和不安。知道如何優雅地遊走在各種問題情境之間，是一種你需要熟練精通的藝術形式。

你的意識太陽在閘門7，你知道只要自己投入，沒什麼情況是你不能修正或恢復秩序的，就算有也不多。問題在於，在這個混亂的世界裡，你要接管哪些人、事、物呢？短暫扮演「救世主」的角色或許很有意思，但當這變成了例行工作，你就會開始尋找透過遠距離的方式來爲他人整頓他們的人生。只要一切進行順利，「救世主」就能獲得尊敬；但當事情不順利時，這個角色很快就會失去可信度。留意你的類型和內在權威，能讓你清楚意識到妥協和折衷的情況，而且也會讓你更貼近最能準備好接受你提供的天賦並因其而受益的人和情境。如此一來，當你的工作完成時，你也就能不受阻礙地自由移動至下一個目標。

此人生主題的名人：

美國女演員梅蘭妮・葛莉芬（Melanie Griffith）

西班牙男演員安東尼奧・班德拉斯（Antonio Banderas）

蘋果共同創辦人史蒂夫・沃茲尼克（Steve Wozniak）

美國電視名人凱莉・詹娜（Kylie Jenner）

個人人生主題

8

*The **Personal** Life Theme of*
TRANSFERENCE (CONTAGION) (2)

太陽在閘門 8
轉移（感染）（2）

閘門 8/14/30/29

你有個轉移的人生主題，有方法能將具潛在利益的概念傳達給幾乎每一個人。你有強烈的決心要對人類做出有益的貢獻，而這樣的決心可能會因爲你的欲望而受到考驗或強化。留意你自身的欲望，會讓你敞開去體驗能擴展感官的經歷，使你和生命有親密的接觸，並轉變他人的人生，不論你是否有意識到自己所帶來的影響。清楚覺察你自身眞正的驅動力，會強化你的安全感，也讓你要向世界傳達的事情能夠不受阻礙地傳遞出去。

你是典型的啓蒙者，喜愛啓發他人去關注與你有共鳴的資產和理念，不論那些資產和理念是屬於個人、家庭或企業。你樂於將讓你振奮的事物分享給周遭每個人。有時，你會把信任、榮景、共同創作、以及各種潛在的回饋體驗擴及整個世界。在你做這些事的時候，要保持你內在的平衡有時會是個挑戰，尤其是當你身邊的人還沒準備好與你同行時，他們可能不像你感覺的那樣全心投入。

你的意識太陽在閘門 8，你對於貢獻的品質有著恆久的興趣，特別是源自於你和周遭每個人的創意貢獻。合作是你達到成就的關鍵。你確實喜愛立下典範，而讓你愉快的情況是，人們互相合作、彼此信任，針對你想做的事情，在不需要過多說明或給予太多細節的情況下，即能契合你感興趣的事物。你有方法能夠擴展每個人的財富，只要大家都把自身的意向和努力與你結合，而且準備好對你的各種建議說「好！」，但是你也必須預期來自他人有建設性的建議。當你守住自己的高標準，並且能夠發覺和勸阻堅守社會一般慣例的意圖，而不是盡一切努力去超越他們，你就能確保你的成功和滿足。信任你的類型和內在權威，你便能知道何時要對哪些人、事、物做出承諾，特別是在你傾向認爲每個人都應該自動感激你的情況下。

此人生主題的名人：

美國女演員梅根・福克斯（Megan Fox）
英國樂手麥克・歐菲爾德（Mike Oldfield）
愛爾蘭裔男演員皮爾斯・布洛斯南（Pierce Brosnan）
美國女歌手珍娜・傑克森（Janet Jackson）

固定人生主題

8

*The **Fixed** Life Theme of*
CONTRIBUTION (2)

太陽在閘門8

貢獻(2)

閘門 8/14/55/59

你的人生主題是要付出自己，做出對社會和世界有長遠價值的貢獻。你天生具有以身作則的能力，而這可以賦予力量去啓發你和其他人，前提是你要忠於自己，以及忠於自身獨特的道路。你在呈現自己時所展現的眞誠與素質，是一種鮮明的典範，能協助他人提升自身的標準。

以身作則是賦予他人力量最有效的方式，能讓人們積極爲自己、爲自己的人生、爲自己所處的世界負責。這並不表示你就必須過著「政治正確」的生活，而是要根據對你自然不做作的方式來過生活。這涉及了欣賞你自身與眾不同之處，並且以正面有建設性的方式來珍愛這些差異。透過你充滿活力的本質，你能夠影響他人的人生。然而，很重要的是，你要學會分辨將你的能量和注意力投注在什麼地方。在你和他人的互動中建立相互信任是至關重要的！

你持續給予他人機會來加入你的努力，而且你也讓人很難拒絕，因爲你的內在有著很強烈的合作精神。由於你強烈渴望合作，因此你可能會有受到他人過度影響、猶豫不決的危險，甚至可能在執行對你來說眞正重要的事情時，表現得過度自滿，而這可能會限制了你貢獻的價値，使得你的個人標準必須妥協或捨棄。你會透過深刻的個人特質去觸及他人，因此最重要的是要忠於自己。務必信任你的類型和內在權威，藉此得知哪些人、事、物眞正和你有共鳴，如此一來，你才能一直做出最好的貢獻。

8

人際人生主題

The ***Interpersonal*** *Life Theme of*
UNCERTAINTY (2)

太陽在閘門 8

不確定(2)

閘門 8/14/55/59

你的人生主題是要安撫世界，讓世界瞭解到沒有什麼問題是無法克服的，同時也瞭解到生命是要去活出來的奧祕，而不是一個需要解決的問題。你能夠提供資源，以帶給他人安全感，並且深知你在物質上取得的任何成功，都是存在意志的一種象徵。在充滿恐懼的世界裡，你發現自己會持續提醒人們，黑暗顯然只是缺乏光明，只要堅持不懈，總有方法可以度過難關。

你是天生會帶來光明的好手，爲那些迷失或消沉的人照亮道路。你充滿生氣的特質，讓你能提振他人去投入眞實的人生旅程，不論他們是否意識到你在拉他們一把。你透過堅定的態度去揭顯人們最好的特質，駁斥或排除任何明顯的阻礙和錯誤信念，讓他們的眞實本質和能力不再受到遮蔽，藉此賦予人們力量。你的重大挑戰是要決定將自己的注意力投入給哪些人、事、物，否則，你肯定會處於一種經常筋疲力竭的狀態。

你的意識太陽在閘門8，你是貢獻的好典範，能夠連結許多與你契合之人的人生，而在你帶來慰藉與賦予力量的存在下，這些人也能夠團結起來。你能夠告知並提醒人們關於他們天生的長處，協助他們培養超越恐懼的覺察意識，並且鼓勵他們持續地投入人生。你帶來合作的精神，讓人們更容易透過共同的目的而結合，提升他們的目標和連結。在你自己的人生裡，你的挑戰是要忠於自己，默默地信任自身的類型和內在權威，並且記得，你能做的事是有限的。

此人生主題的名人：

美國女歌手和演員雪兒（Cher）

英國男歌手喬・科克爾（Joe Cocker）

美國賽車手東尼・史都華（Tony Stewart）

美國前第一夫人多莉・麥迪遜（Dolley Madison）

個人人生主題

9

*The **Personal** Life Theme of*
PLANNING (4)

太陽在閘門 9

計畫（4）

閘門 9/16/40/37

你的人生主題涉及制定計畫來確保家庭與社區的安全，以及未來福祉。你人生中最重要的特質，或許是會爲那些最親近你的人做考量——不論是情人、親屬、客戶、摯友、商業夥伴或是社區成員。你最大的滿足來源，是將你的技藝以及專注細節的能力帶入你自己「家庭」的事務裡，促使其茁壯。你的天賦之一是能夠覺察到你生命裡重要人士的需求，並且有能力透過與整個世界互動，來計畫如何讓對你而言最重要之人的生活情況獲得改善。在所有的事務中，你偏好當面握手成交的方式，清楚的協議通常是在飯桌上談成的，但你經常也需要書面合約，以確保各方都能完全瞭解你的承諾。當你和你的家庭或社區處於健康快樂的狀態，你就會感到滿足，覺得自己達成了人生目的。

制定計畫是你與生俱來的能力，但要制定廣泛全面的計畫，既適用你自己、也適用那些對你最重要的人，可能就像試圖同時騎兩匹馬一樣困難，而這樣的形容並不誇張。生命對你來說可能會變

得像是在走鋼索一樣，讓你經常在兩種選項中拉扯，充滿挫折。你可能會想迫使他人接受你的觀點，卻發現這麼做會干擾你想達成的事情，讓情況失衡。到頭來，你必須信任你的感覺。要達到清明和情緒上的平靜，通常需要很大的耐心與決心，而這也能帶來最豐盛的結果。

你的意識太陽在閘門9，你擅長發覺細節。你能夠注意到他人要花許多時間才能看見的事物，而這天賦也給予你時間去謀略該如何前進。當你蒐集了所有的細節，也因執行所需而集結自身與他人的所有能量，你的計畫工作就完成了，而你的方案也同時啟動上路了。在制定計畫以及自行完成必要的工作之間，你經常發現自己處於一種微妙的平衡，所以很重要的是要瞭解你是代替誰在行動。當你有家人和社群的支持時，你就是滿足的；當你必須孤軍奮戰或是獨自掌握所有的可能性時，你就會感到挫折和失望。你的類型和內在權威將會引導你知道哪些人是和你站在一起的，而哪些人不是。最終，你也會知道要在哪裡尋找你的成就和滿足。

此人生主題的名人：

英國前首相溫斯頓・邱吉爾（Winston Churchill）

美國作家馬克・吐溫（Mark Twain）

美國電影導演伍迪・艾倫（Woody Allen）

英國詩人威廉・布萊克（William Blake）

美國籍希臘女聲樂家瑪麗亞・卡拉絲（Maria Callas）

固定人生主題

9

The *Fixed* Life Theme of FOCUS (4)

太陽在閘門9

聚焦(4)

閘門9/16/64/63

你的人生主題是要維持聚焦，不受生命帶到你面前的干擾所影響。你有能力給予清楚的引導，遠在投入任何活動前就做了良好的計畫。當你體悟到自身對生命的全面觀點，你便有能力爲幾乎所有的可能結果做好計畫。你組織相關細節的天賦，讓你能像雷射般聚焦在標的上。然而要是你不小心，很容易就會失序混亂，在這過程當中，你會開始重新思考、猜測、以及重新決定某些事物的重要性。

大家都喜歡受到鼓勵，而你也會給人們的努力帶來鼓舞和穩定感，前提是你被引導要這麼做。就如同飛機的機翼能確保飛行的穩定，你則是能爲你所投入的計畫維持穩定性。在你協助他人之後，你會發覺自己能夠組織必要的細節來協助任何人維持在正確的行動軌道上，同時也能持續聚焦在你自身生命的重要元素當中。

你有天賦能向他人點出他們錯過或忽略的細節和議題。你能夠爲任何企劃或努力提供多種實行方式，但在此同時，你也可能會做太多分析，以至於你自己無法做出明確的選擇。要小心你過度思考的傾向，也要記得，你的頭腦是消化吸收想法時很棒的工具，但它永遠無法達到一個平靜的狀態去做出決定。當你發現你眞正在尋找的事物已包含了所有的可能性，而且你也透過專注的聚焦能力將所有的可能性整合起來，那麼你就會知道你是在正確的軌道上。如果你留意自身的類型和內在權威，你就會很清楚哪些人、事、物眞正值得你投入注意力和寶貴的智慧。

此人生主題的名人：

義大利服裝設計師吉安尼・凡賽斯（Gianni Versace）

美國女歌手和演員貝蒂・蜜勒（Bette Midler）

9

人際人生主題

*The **Interpersonal** Life Theme of*
IDENTIFICATION (4)

太陽在閘門9
辨識(4)

閘門9/16/64/63

你的人生主題是要在與他人連結之前，全然清楚對你而言重要的事物是什麼。雖說你有個聰明的頭腦，但並不意味著你已經發展出智慧去運用頭腦造福所有人；隨著你在生命中持續不斷地實驗，你的智慧才會逐漸增長。當你腳踏實地站在務實和穩固的層面，而不是聚焦在滿足自我或取悅他人上，你才會獲得他人更大的支持及授權。你的人生歷程必定會經歷一些失誤和彌補的過程。

話雖如此，你確實擁有與生俱來的能力，透過投入決心與機智，你會在此生擁有許多成就。你能夠在看似完美的計畫中，發掘被遺漏的環節，而你會沉住氣，不急著完成某事，直到一切到位、萬事俱備。你可能會一針見血地打擊不切實際的空想者，直到他們體悟到你是在引導他們走向更好的結果。因此，你的挑戰是要在以下兩者之間做區別：你的內在指引告訴你人們需要的事物，以及人們說他們想要的事物。一旦你達成了他們想要的，接著就要給予他們所需的。

你的意識太陽在閘門9，你能就你的努力，注入極大的專注力與專業計畫。你在制定計畫時，肯定會運用頭腦裡的策略，但如果你只根據頭腦的認知來行動，而不是以你天生對實際細節的專注能力為基礎，那麼你會發現，不論你試著要做什麼，都不會帶給你成就和滿足。很重要的是，在你對任何人、事、物做出承諾前，必須要獲得清明。當你認知到你的類型和內在權威會持續引導你去接觸眞正需要你關注的人們、企劃和資源，清明便會顯現。務必隨時準備好去讚頌人生所有的成就，不論成就大或小。

此人生主題的名人：

英國籍奧地利心理學家安娜．佛洛伊德（Anna Freud）
美國女歌手布蘭妮．斯皮爾斯（小甜甜布蘭妮）（Britney Spears）
美國美式足球員阿隆．羅傑斯（Aaron Rodgers）
英國男歌手奧齊．奧斯本（Ozzy Osbourne）

個人人生主題

10

*The **Personal** Life Theme of*
THE VESSEL OF LOVE (4)

太陽在閘門 10
愛的化身（4）

閘門 10/15/46/25

你的人生主題是要成爲愛的典範，展現所有愛的表達形式。對生命的愛、對自我的愛、對感官享受的愛、以及去愛你的人生歷程與一路上遇見的人們，這些都是你人生道路的一部分。如果你在孩童時期受過傷害，你對愛自然純眞的表達可能就會受到侷限。生命總是一次又一次要求你去信任愛的律動，這些愛的律動會從你的內心或在你身旁源源不斷湧現，且會跟隨你到任何地方。「愛」是宇宙中流動能量的固有本質，而你天生就是愛在地球上傳達的管道和媒介。

不論你有沒有覺察到，你總是會影響你所接觸的每一個人。你會讓人們敞開心房，讓他們的生命更爲輕鬆自在，並且提醒他們，我們所有人本就是相互連結的。你會促使人們意識到並且牢記，讚頌「愛」這個美妙的人生禮物是很重要的，而且你就是那個推手，讓人們能感受到彼此的連結、認同和珍惜。你協助人們度過試煉，安撫那些弱勢、邊緣和被社會排斥的人。愛是充滿光輝的，而你就是愛的使者。學著接受各種不同形式的愛的表現，不論你在那角色中是否總是感到自在。

你的意識太陽在閘門10，你能夠成爲他人的典範，讓他們知道在人生的旅程中要如何表現，特別是當情況變得艱困時。你喜歡這趟旅程嗎，不論途中遭遇到什麼樣的試煉和磨難？你是否能找到有創意的方式去看待和度過挑戰？你是否能說你愛上了自己的人生？如果你能這樣說，那麼你就能把這種「生命之愛」傳達給你遇見的每個人，協助他們找到彼此的連結。你最終的追尋是自我之愛，而你也會瞭解到這並不是他人能夠給你的；你必須自行實現自我之愛。你確實能夠將愛帶入周遭每個人的人生當中，而你的類型和內在權威會引導你朝向那些能夠全然反射你純眞本質的情境。

此人生主題的名人：

美國網球運動員克里斯・艾芙特（Chris Evert）
美國女演員珍・芳達（Jane Fonda）
法國女歌手凡妮莎・帕拉迪絲（Vanessa Paradis）
法國籍義大利女歌手卡拉・布魯尼（Carla Bruni）

固定人生主題

10

*The **Fixed** Life Theme of*
OPPORTUNITIES (BEHAVIOR) (4)

太陽在閘門10

機會（行爲）（4）

閘門10/15/18/17

你的人生主題是要持續尋找能推動生命向前進的機會。你對身邊每個人都有很大的影響力，但你可能會發現自己在評論他人的行爲，不論你是否受到邀請來做此評論。在你所有互動的核心裡，你有著深切的渴望想要與人連結，但你在做出稱讚和批評時都要很謹慎。要記得，他人的不當行爲是他們自己的責任，是他們私人的事，而和直接的責難比起來，溫和的引導更能受到他們的認同和回應。

你喜歡尋找沒有受到潛在限制阻礙的機會，這讓你能輕易地運用你的能力來推動事情向前邁進。在這樣的做法下，當有值得追逐的機會出現時，你有時會試圖說服他人投入他們覺得不自在的活動。你有著強烈欲望，想要在「瞭解你」的人們當中取得個人擴張的機會，進而見到生命的進展；然而，有時你必須獨自前行。

你可能發現自己與父權傳統正面衝突，並且嘗試去檢視和確認這些傳統是否依舊符合時宜。試著依照他人的訓誡來過生活，對你而言會充滿挑戰；而試圖規範每個人「應該」如何表現，則會造成反彈。然而，你經常會注意到，簡單的改善和不複雜的調整能夠開啓巨大的機會。對你的類型和內在權威很清楚，能引導你邁向帶來滿足的關係連結和自我之愛的表達，這些都是你熱切想要尋求的。

此人生主題的名人：

蘇格蘭女王瑪麗一世（Mary Stuart (Queen of Scots)）

10 人際人生主題

The Interpersonal Life Theme OF PREVENTION (4)

太陽在閘門10

預防(4)

閘門10/15/18/17

你的人生主題是要找出生命中什麼行得通，什麼則是不確定或不安全的。你希望預防每個人犯錯、浪費了時間和精力，而這有時會讓你看起來固執己見，甚至自以爲是。你很容易捲入他人的事務中，有時他人甚至沒有請你來介入。這可能會讓你遭遇困難，特別是在你的人際關係上，你可能會在關係中限制了朋友、伴侶或小孩的生活方式。要很清楚重要的界線在哪裡。別說：「照我告訴你的方式去做就對了！」試試看這麼說：「那個做法可能不太好。這麼做或許會對你比較好。」切記，對你來說要找到某件事不值得的原因很容易，但在你認爲瑣碎不重要的事情上還要去給予鼓勵，對你會是比較困難的。

當你遇到沒有實際助益的固著想法，你很可能會跳進去做調整。你心中無疑已經有了對事情極有幫助的結果和做法，而且你也有能力改正各種潛藏的災難，但如果你持續遭遇來自相關人士的怨懟，這表示你可能正在剝奪他們犯錯的權利，因爲他們需要在這些錯誤中學習到重要的教訓。有時你必須退後一步，保持距離去觀察，而且在事後小心不要恣意說出：「我就跟你說吧！」

你的意識太陽在閘門10，你持續在關注清楚且真誠的自我表達。你很容易會擔任眾人典範的角色，而且你會挑戰人們，讓他們以更獨創、更好的規劃、或更有安全意識的方式來經歷人生。在一切的底層，你真的不喜歡失衡狀態，而且也不能容忍人們安於明顯壞習慣的情境中。你的人生可能都在提供指引，但真正的問題在於：你是否自由地過著自己的人生，還是你不滿身邊發生的所有事情，但卻選擇打安全牌？「扮白臉」與過著充實人生並鼓勵周遭的人跟進，兩者之間有很大的差異。要很清楚自身的類型和內在權威，如此你才能分辨要把自己的注意力放在什麼地方，以及要避開哪些人和情況。

此人生主題的名人：

美國商業大亨霍華・休斯（Howard Hughes）

丹麥名模海倫娜・克莉史汀森（Helena Christensen）

美國電視名人瑞安・西克雷斯特（Ryan Seacrest）

美國女演員愛娃・嘉德納（Ava Gardner）

個人人生主題

11

*The **Personal** Life Theme of*
THE GARDEN OF EDEN (4)

太陽在閘門11

伊甸園(4)

閘門11/12/6/36

你的人生主題是要深入探索各種情緒體驗，你這一生都帶著伴隨你出生而來的光。在你心裡，你保存的記憶是關於人生如何充滿著愛；然而在你的現實裡，你卻經常遭遇不甚完美、有時甚至很惡劣的世界帶給你的挑戰。痛苦的童年經歷，是因爲人們缺乏正直和操守，而這讓你感到震驚，也因此讓你渴望回到一個完整且有愛的狀態。你可能會透過與他人在情緒和性方面的親密關係來找尋這種愛，但結果只會令你感到失望，因爲這些都只是短暫的經歷，並無法滿足你靈魂的渴望。

你靈魂的渴望是如此深切，以至於你會花一輩子的時間來找到返回「伊甸園」的路，也就是那個有愛、有光明、有智慧的地方，你覺得這地方一定存在某個層面裡。你的尋找可能帶領你去旅遊、進出各種關係、轉換各種工作和生活環境，以及經歷各種人生體驗，直到你終於發現，這個你如此渴望想要尋找的樂園，其實一直存在你之內。當你體悟到這一點，並且在你之內找到深刻的平靜，你也就回到了「伊甸園」，而從這時起，你便能夠和他人分享你的光與喜悅。

你的意識太陽在閘門11，你對生命的所有層面都充滿想法。許多的想法跟社會能夠如何透過更好的溝通、以及基於平靜人生體驗的哲學來進行改善有關聯。你的許多想法能夠透過你對藝術、音樂和語言的鑑賞來向社會呈現。你會傾向看見人生更光明的可能性，期望社會能加入你的行列，但這些理念通常都很不切實際，甚至會遭到輕蔑。有時你可能很難記得，你在他人身上尋找的，其實就是你內在帶有的光。當你遇見志同道合的人，這道光就會更顯光明，因此可能會讓你以爲是他們帶有這道光，而不是你自己帶著這道光。因爲你的夥伴而感受到光明，感覺肯定很棒，但也要留意你的類型和內在權威，它們會持續提醒你，什麼對你來說才是眞實可靠的。

此人生主題的名人：

德國音樂家路德維希・范・貝多芬（Ludwig van Beethoven）
美國男演員布萊德・彼特（Brad Pitt）
英國作家珍・奧斯汀（Jane Austen）
法國女歌手愛迪・琵雅芙（Edith Piaf）
英國作家亞瑟・C・克拉克（Arthur C. Clarke）
美國實業家J・保羅・蓋蒂（J. Paul Getty）

固定人生主題

11

The *Fixed* Life Theme of
IDEAS (4)

太陽在閘門11

想法(4)

閘門11/12/46/25

你的人生主題是要形成你的想法、加以考量，並且把這些想法告訴世界。你是個天生的教師，能夠揭露深奧的思想和概念。你可以不帶任何意圖和動機去呈現想法，並認定在聽力所及範圍內的所有人都已準備好要聽你說什麼。你會想出很出色的概念，形成的思緒能和許多不同層面的信念與生命體驗連結，這點是無庸置疑的。當這些想法在正確的環境和情境下表達出來時，你會給許多人的生命帶來深刻的正面影響。然而，對於不熟悉你行事風格的人，你的想法表達便很容易會引起擔憂。

與其立即說出來，你可能會發現把想法寫下來，等到正確的時機再來揭露，會是比較好的做法。你是天生的教師，有許多讓人驚奇的概念可以分享；然而，你必須找到那些能夠因爲你所分享的想法而獲得最大助益的學生，也就是那些已經準備好要接受你的分享的人。你必須發掘何時以及如何去表達你的想法和哲學，以及哪些人準備好要聆聽並採取行動。雖說是你提出了出色的想法，但這並不意味你必須親自去實現該想法。通常你的想法更適用你周遭人們的生活。你生命中的部分樂趣是去見證這個過程。

由於你心智運作的獨特性質，以致很少人能夠擁抱你最深切的想法，所以耐心是必要的；若看不清楚這一點，可能會導致你全然受到誤解和沮喪氣餒。是的，你的想法和概念能夠運用在幾乎所有的情況裡，甚至是運用在世俗的人們身上，但你生命體驗中最深刻的部分，以及最接近你內心的信念，通常需要保守在自己心裡，作爲你和存在之間的祕密。務必要留意你的類型和內在權威，以決定何時何地去表達自己，也協助你決定某個人是否眞的準備好能夠聆聽你的表達。自然和自然的存在永遠都是你的盟友。

11

人際人生主題

The Interpersonal Life Theme of EDUCATION (4)

太陽在閘門11

教育（4）

閘門11/12/46/25

你的人生承諾是要鼓勵每個人，爲每個人提供教育，作爲他們與生俱來的權利。你的天賦是將人生各領域的知識傳播給準備好要向你學習的人，不論是身體、心智和靈性層面的知識。你具有天生的教學能力，但你的資訊傳遞未必是透過分享和討論的方式，而是透過講授的形式。然而在最純粹的形式下，教育需要運用各種可能的方式去引導出學生自身的才智，讓他們能夠取用自己與生俱來的天賦和才能。

教育是在傳達知識，而最有效的方式就是呈現帶給人們啓發的理念，讓他們能在所處的社區以及整個世界中去突破固定的社會信念。生命會進化，信仰系統也會隨之進化，而你有方法去推動世界與時俱進。知識是一回事，覺知又是另一回事。當你開啓了傾聽者的頭腦，也開啓了他們的心靈，那就是你最偉大時刻的來臨。

你的意識太陽在閘門11，你的心智能夠沉浸在非凡的想法、概念和哲學裡。你會針對人生能夠如何大幅改善，給予務實的建議。你瞭解到，當全世界的人們對於自身的經歷能相互溝通，那麼意識就能更自由迅速地演進。你不僅是在散布訊息，你更偏好分享理念，讓人類能夠成長，領悟到彼此的連結，並且有建設性且和諧地整合彼此的潛能。你憧憬著和平的地球，在這樣的地球上，每個人都能找到貢獻的方式。在你協助每個人在其人生中成長的努力下，也要記得，你的類型和內在權威總是會引導你接近能帶給你最大成就和滿足的人、事、物，並且遠離只會帶來干擾的情境。

此人生主題的名人：

美國女演員凱蒂・荷姆斯（Katie Holmes）
美國電影導演史蒂芬・史匹柏（Steven Spielberg）
瑞典女王克莉絲汀娜（Queen Christina of Sweden）
美國女歌手克莉絲汀・阿奎萊拉（Christina Aguilera）

個人人生主題

12

The ***Personal*** *Life Theme of*
THE GARDEN OF EDEN (2)

太陽在閘門12

伊甸園(2)

閘門12/11/36/6

你的人生主題是要深入探索各種情緒體驗，你這一生都帶著伴隨你出生而來的光。在你心裡，你保存的記憶是關於人生如何充滿著愛；然而在你的現實裡，你卻經常遭遇不甚完美、有時甚至很惡劣的世界帶給你的挑戰。痛苦的童年經歷，是因爲人們缺乏正直和操守，而這讓你感到震驚，也因此讓你渴望回到一個完整且有愛的狀態。你可能會透過與他人在情緒和性方面的親密關係來找尋這種愛，但結果只會讓你感到失望，因爲這些都只是短暫的經歷，並無法滿足你靈魂的渴望。

你靈魂的渴望是如此深切，以至於你會花一輩子的時間來找到返回「伊甸園」的路，也就是那個有愛、有光明、有智慧的地方，你覺得這地方一定存在某個層面裡。你的尋找可能帶領你去旅遊、進出各種關係、轉換各種工作和生活環境，以及經歷各種人生體驗，直到你終於發現，這個你如此渴望想要尋找的樂園，其實一直存在你之內。當你體悟到這一點，並且在你之內找到深刻的平靜，你也就回到了「伊甸園」，而從這時起，你便能夠和他人分享你的光與喜悅。

你的意識太陽在閘門12，你在表達自己的洞見時，有時需保持謹慎。這並不是說你不知道什麼是適當且值得表達的，而是你會越來越覺察到你的話語對人們造成的影響。有時你說的事情，是關於他人並未面臨且不想考量的情境。你的內在會聽見各種事情，但需要等待正確的時機來表達。然而，你能夠觸及很深刻的創意，遠超出他人認爲的正常程度，而你所產出的結果會讓自己和他人都感到驚奇。你希望在這世界上看到的光明，事實上你的內在已經擁有，當你找到那內在的光，要珍惜它，並且記得如何再次找到它。留意你的類型和內在權威，它們將會在你的整個人生旅程中爲你提供指引。

此人生主題的名人：

英國披頭四樂團成員保羅・麥卡尼（Paul McCartney）
美國總統唐納・川普（Donald Trump）
德國女子網球運動員施特菲・葛拉芙（Steffi Graf）
美國男演員埃迪・希布萊恩（Eddie Cibrian）

固定人生主題

12

The Fixed Life Theme of
CAUTION (ARTICULATION) (2)

太陽在閘門12

謹慎（清晰表達）(2)

閘門12/11/25/46

你的人生主題是要非常清楚你要選擇如何與人溝通。你有天賦能看見許多人視野之外的事物，所以你所表達的事情可能讓人震驚，但同樣也可能讓人著迷。你有成爲教師的潛能，啓發他人進一步深入探究生命的驚奇，而你也能夠揭露超越他人覺察範圍的議題。學習演說和語言技巧，能夠大大強化你的人生，你也會找到各種簡單的方式來表達你對生命的獨到見解。

透過你的聲音，你會改變生命周遭的環境。你是能夠揭露生命許多層面的教師，這些層面都是他人所忽略的，而你也會啓發他人去調整他們生命的志向。由於你能夠探究過去和未來領域，而你探究的方式未必符合當下的標準或現實，因此，有時你所表達的事情會超越他人認爲可能的範圍。

你瞭解到有些事情可以說，有些不能說，你在談論關於你對未來的看法時，必須要很謹慎覺察到這一點。你必須區別什麼是很重要必須表達的，以及什麼是你必須保留的，因爲這不是他人能夠消化和理解的事情。你不必一直都待在一個孤立的祕密知識泡泡裡，只不過你必須知道什麼事最好保留不說，繼續作爲你和存在之間的祕密。務必記得你的類型和內在權威會引導你，讓你知道何時適合揭露你所知道的事，以及哪些人已準備好要聆聽。自然和自然的存在永遠都是你的盟友。

12

人際人生主題

教育（2）

太陽在閘門12

The Interpersonal Life Theme of EDUCATION (2)

閘門12/11/25/46

你的人生承諾是要鼓勵每個人，爲每個人提供教育，作爲他們與生俱來的權利。你的天賦是將人生各領域的知識傳播給準備好要向你學習的人，不論是身體、心智和靈性層面的知識。你具有天生的教學能力，但你的資訊傳遞未必是透過分享和討論的方式，而是透過講授的形式。然而在最純粹的形式下，教育需要運用各種可能的方式去引導出學生自身的才智，讓他們能夠取用自己與生俱來的天賦和才能。

教育是在傳達知識，而最有效的方式就是呈現帶給人們啓發的理念，讓他們能在所處的社區以及整個世界中去突破固定的社會信念。生命會進化，信仰系統也會隨之進化，而你有方法去推動世界與時俱進。知識是一回事，覺知又是另一回事。當你開啓了傾聽者的頭腦，也開啓了他們的心靈，那就是你最偉大時刻的來臨。

你的意識太陽在閘門12，你知道自己說的話對聽者能夠產生多麼強大的效應，而你也知道貼近他們聆聽的能力以及反思你告訴他們的話，是非常重要的。你能夠扭轉情勢，透過你說的話以及你的傳達方式，轉化每個人的體驗。你能夠讓人們突破他們對自己人生的錯誤想法，並且穿越讓他們確信自己無法成功的阻礙。在他人看不見的地方開啓一扇門，是你很棒的天賦。在你急著想鼓舞人們之際，要很清楚自身的類型和內在權威，並且和當下的需求保持連結。

此人生主題的名人：

印度文學家薩爾曼・魯西迪（Salman Rushdie）
美國女歌手寶拉・阿巴杜（Paula Abdul）
緬甸政治家翁山蘇姬（Aung San Suu Kyi）
捷克前總理瓦茨拉夫・克勞斯（Václav Klaus）

個人人生主題

13

*The **Personal** Life Theme of*
DIRECTION (THE SPHINX) (1)

太陽在閘門13

方向（人面獅身）（1）

閘門13/7/1/2

方向是你的人生目的，不論你是在爲自己找方向，還是在爲他人指引方向。許多人會將你視爲燈塔，讓人們能夠判定自身的方向。有時，你會發現自己指向一個違反常理的方向，但如果你是忠於自己、忠於自身創意動能的，那麼那個方向就會是正確的。在我們的星球上，埃及的人面獅身象徵著已被遺忘的古老指引力量，它仍舊持續神祕地指向某種比我們更偉大的事物。而在你身體內的某處，你還記得這股指引力量。

要留意的是，雖然你有能力爲他人指引方向，但並非理所當然表示你就必須領導這些人，也不意味著你有責任或義務要帶領他人度過他們的人生，即使你是做得到的。如果你發現自己過度施惠他人，而且要持續不斷協助他人找到他們的道路，那你可能需要重新思考這些關係是否眞的健康。爲他人指出方向，然後鼓勵他們運用自身的能力投入其中，會是最好的做法。最終，每個人都要爲自己的人生旅程負責，要是你忘了這一點，可能會讓你陷入一次又一次偏離正軌的狀況。

你的意識太陽在閘門13，你經常傾聽人們和四周狀況，和他們有著深刻的連結。你可能很容易吸引到在人生中感到迷惘的人，他們可能是短暫的困惑，或是感覺與自己的人生目的脫鉤。讓人們覺得你隨時準備要聆聽他們說的任何事，可能會對你造成困擾，除非你很清楚所聽到的事情和你內在某個層面是有共鳴的。你通常在某個特定的故事或事件發生後，才會瞭解到它們的重要性，而你則能夠根據持續增長的人生經歷來重新調整內在的指引。務必記得，你的類型和內在權威會讓你更貼近自己的人生旅程。

此人生主題的名人：

英國人權律師艾瑪・克隆尼（Amal Clooney）

葡萄牙足球運動員克里斯蒂亞諾・羅納度（Cristiano Ronaldo）

美國作家葛楚・史坦（Gertrude Stein）

美國畫家諾曼・洛克威爾（Norman Rockwell）

固定人生主題

13

*The **Fixed** Life Theme of*
LISTENING (1)
太陽在閘門13

傾聽(1)

閘門13/7/43/23

傾聽是你的人生道路。不論你是否喜歡，你總是會從生活周遭接收到許多分享，如果你試著去吸收這些訊息或是去理解它們，你很容易就會感到筋疲力竭。不論你走到哪裡，你都會敞開自己去蒐集那些故事，人們因此認定你很有興趣聽他們的故事，然而有時你會發現自己亟欲得到平靜與安寧。

許多人在人生中因爲意外情況而脫離正軌後，會變得完全與自己的人生脫節。他們已經失去了人生目的和方向感，只想找人傾聽他們的故事，讓他們能和生命重新連結。不論你是否想要這麼做，你確實有方法能讓人們與他們的人生目的重新連結。對你來說，問題在於如何分辨你要在何時何地讓自己介入他人的人生。你能夠在許多層面上去傾聽，而你也確實能聽出人們未說出口的事情。就像能和馬或狗溝通的人，他們能夠感受動物非語言式的溝通，而你也擁有類似的天賦，能夠深層地聆聽人們的問題。因此，你能夠窺見人們的人生，而那是他們無法直接表達的部分。

你注定要成爲傾聽者。你在各種頻率上所聽見的事物，有些很明顯，有些或許和不同的時地有關聯，在這過程中，你會給世界帶來轉變。而且在整個過程中，你必須時時記得你自身的人生需求。不論你在這世界上會遇到什麼樣的阻力，你都能爲他人提供一種獨特的連結和引導形式。對於你在人生中不間斷的努力，以及你必須聆聽的事情，有時你可能會覺得自己沒有得到應有的感激，但在某些或許未被看見的層面上，人們對你是存在巨大感謝的。要信任你的類型和內在權威，讓它們來引導你接近那些符合你自身人生旅程的情境。

13

人際人生主題

裝模作樣（面具）(1)

太陽在閘門13

The Interpersonal Life Theme of CHARADES (MASKS) (1)

閘門13/7/43/23

你這一生是來扮演許多角色的，以因應持續改變的各種情況。你會給所有和你互動的人帶來人生轉變，這過程通常很神祕，而且他人通常不知道你已經觸及了他們的人生。你擁有不可思議的能力，能夠適應任何角色，以實現你當下的目的。但你必須小心，不要過度認同任何特定的角色，例如那些和大學學位、公眾頭銜、以及與其他「官方認可」身分相關的角色。大家可能都想要你成爲他們人生中的一部分，然而是否要和他們互動，是由你決定的。尤其是，你有種傾向會一直把自己放在一個具有權威性的「拯救者」角色裡。

你有天賦能爲他人解決幾乎所有的難題，很快地你就會發現，在那些很容易引來危機的族群裡，你特別受到歡迎。能如此輕易地處理他人的問題，或許讓你感覺非常心滿意足，但如果你覺得讓他人的人生能和諧運行成了你的專職工作，那麼你自己的人生可能很快就會變得不自在和不安。知道如何優雅地遊走在各種問題情境之間，是一種你需要熟練精通的藝術形式。

你的意識太陽在閘門13，如果人們迷失了方向，或是暫時無法達到成就和滿足，你能夠協助每個人和他們的人生重新連結。你有著傾聽者的耳朵，能夠清楚體會到他人的處境，並且給予鼓勵或提供方向，而這些指引是來自你對生命運作的深刻體會。你可能會傾向承接他人的重擔，因爲你能同理他們的困境，也能看到替他們解圍的方式，但你必須記得，最終，每個人都要爲自己的人生負責。有時光是聆聽某人的故事、表達你對他們本質的理解、拍拍他們的背、給予他們祝福，這樣就已經足夠了。你的類型和內在權威總是會引導你去分辨哪些人、事、物值得你的分享和協助，哪些並不值得。

此人生主題的名人：

英國作家查爾斯・狄更斯（Charles Dickens）
美國男演員艾希頓・庫奇（Ashton Kutcher）
美國女演員瑟琳娜・文森（Cerina Vincent）
美國男演員克里斯・洛克（Chris Rock）
美國男演員詹姆斯・史派德（James Spader）
法國小說家朱爾・凡爾納（Jules Verne）

個人人生主題

14

The *Personal Life Theme of* TRANSFERENCE (CONTAGION) (4)

太陽在閘門14

轉移（感染）(4)

閘門14/8/29/30

你有個轉移的人生主題，有方法能將具潛在利益的概念傳達給幾乎每一個人。你有強烈的決心要對人類做出有益的貢獻，而這樣的決心可能會因爲你的欲望而受到考驗或強化。留意你自身的欲望，會讓你敞開去體驗能擴展感官的經歷，使你和生命有親密的接觸，並轉變他人的人生，不論你是否有意識到自己所帶來的影響。清楚覺察你自身眞正的驅動力，會強化你的安全感，也讓你要向世界傳達的事情能夠不受阻礙地傳遞出去。

你是典型的啓蒙者，喜愛啓發他人去關注與你有共鳴的資產和理念，不論那些資產和理念是屬於個人、家庭或企業。你樂於將讓你振奮的事物分享給周遭每個人。有時，你會把信任、榮景、共同創作、以及各種潛在的回饋體驗擴及整個世界。在你做這些事的時候，要保持你內在的平衡有時會是個挑戰，尤其是當你身邊的人還沒準備好與你同行時，他們可能不像你感覺的那樣全心投入。

你的意識太陽在閘門14，你有能力辨別關於物質的事物，而且能夠讓這些事物變得有趣且實用。你能夠吸引人到你身邊，在財富與豐盛的議題上，結合眾人的利益。你理解財富的益處，而且也經常把焦點放在生命的這個層面上。你有能力投入任何你所遭遇的事情當中，並且讓它們成長興盛。但你有時也會有「做過頭」的傾向，在你的努力上太過忘我，使得自己筋疲力竭。然而到最後，當你停下腳步，你總是能夠放輕鬆並在你的成就中找到滿足。留意你的類型和內在權威，它們能指出哪些事物值得你的關注和行動，也讓你知道什麼時候應該要退一步旁觀。

此人生主題的名人：

美國女演員茱蒂・佛斯特（Jodie Foster）
印度前總理英迪拉・甘地（Indira Gandhi）
美國女演員梅格・萊恩（Meg Ryan）
美國媒體大亨泰德・透納（Ted Turner）
瑞士科學家納西姆・哈拉梅因（Nassim Haramein）
美國男演員丹尼・狄維托（Danny DeVito）
美國女模勞倫・赫頓（Lauren Hutton）

14

固定人生主題

*The **Fixed** Life Theme of*
PROSPERITY (EMPOWERMENT) (4)

太陽在閘門14

富足（賦予力量）（4）

閘門14/8/59/55

你的人生主題是要欣賞你自己和身邊每個人的富足。你所享有的豐盛水平，和你對生命的安全感有直接的關聯。你是否能自在地融入身邊的人們，抑或你的個性以及在生命中扮演的角色總是讓你格格不入？你有在薦骨和聖潔之間徘徊的傾向——有時透過性吸引力來與人連結，有時則投入更爲靈性的召喚。當你在性和靈性本質之間建立了內在的平衡，你便會在內心找到富足的來源，並且能輕易地將這富足擴展至外在世界。

每個人對於讓他們感到安全的事物都有不同的想法，所以清楚自己對於安全感的看法是很重要的。你在生命中這一塊若有任何失衡的狀況，會讓你在任何群體或環境裡都無法安穩。評估你的世界，並且決定什麼狀態能讓你穩固立足，如此，你才能確定擁有什麼對你來說是重要的。要確定這些特質或物品是你可以隨時取得的。

你不可能在一生中完全不引起注意，因爲不論你到什麼地方，你都會影響到幾乎每一個人。你喜歡敦促人們參與各種事物，因爲你喜愛「激勵他人」去投入你感興趣的東西，只要他們對於你帶領他們進入不同的體驗是心存感激的。一旦你的生命中有安全感，你也就準備好去面對一路上遇到的人、事、物。你生命中的最大挑戰在於：在你敦促自己去嘗試各種可能的極限後，要能找到自身內在的平衡。切記，你的類型和內在權威是很棒的盟友，能夠協助你找到平衡。

14

人際人生主題

The Interpersonal Life Theme of
UNCERTAINTY (4)

太陽在閘門14 不確定(4)

閘門14/8/59/55

你的人生主題是要安撫世界，讓世界瞭解到沒有什麼問題是無法克服的，同時也瞭解到生命是要去活出來的奧祕，而不是一個需要解決的問題。你能夠提供資源，以帶給他人安全感，並且深知你在物質上取得的任何成功，都是存在意志的一種象徵。在充滿恐懼的世界裡，你發現自己會持續提醒人們，黑暗顯然只是缺乏光明，只要堅持不懈，總有方法可以度過難關。

你是天生會帶來光明的好手，爲那些迷失或消沉的人照亮道路。你充滿生氣的本質，讓你能提振他人去投入眞實的人生旅程，不論他們是否意識到你在拉他們一把。你透過堅定的態度去揭顯人們最好的特質，駁斥或排除任何明顯的阻礙和錯誤信念，讓他們的眞實本質和能力不再受到遮蔽，藉此賦予人們力量。你的重大挑戰是要決定將自己的注意力投入給哪些人、事、物，否則，你肯定會處於一種經常筋疲力竭的狀態。

你的意識太陽在閘門14，你有方法提供資源，並且教育人們關於豐盛、財務和擁有財物的議題。你本身在這些領域可能接受過強大的教育，經歷過失去與累積財富及資產的過程。當你做出正確的區別和選擇時，金錢可能會源源不斷湧入；同樣地，當你做出不佳的選擇時，你可能會完全耗盡自身資源。當你突破難關，達成預料之外的成就，使得周遭所有的豐盛和財富更加擴張，你也因此能夠得到真正的滿足。當你遵循自身的類型和內在權威，你便能夠超越眾人的預期，給自己和他人的人生帶來更大的豐盛和財富。

此人生主題的名人與重要事件：

印度教上師沙迪亞・賽巴巴（Sathya Sai Baba）
美國女演員歌蒂・韓（Goldie Hawn）
夏威夷檀香山建立
冰島女歌手碧玉（Björk）
法國哲學家伏爾泰（Voltaire）
美國美式足球員特洛伊・艾克曼（Troy Aikman）

個人人生主題

15

The ***Personal*** *Life Theme of*
THE VESSEL OF LOVE (2)

太陽在閘門15
愛的化身（2）

閘門15/10/25/46

你的人生主題是要成爲愛的典範，展現所有愛的表達形式。對生命的愛、對自我的愛、對感官享受的愛、以及去愛你的人生歷程與一路上遇見的人們，這些都是你人生道路的一部分。如果你在孩童時期受過傷害，你對愛自然純眞的表達可能就會受到侷限。生命總是一次又一次要求你去信任愛的律動，這些愛的律動會從你內心或在你身旁源源不斷湧現，且會跟隨你到任何地方。「愛」是宇宙中流動能量的固有本質，而你天生就是愛在地球上傳達的管道和媒介。

不論你有沒有覺察到，你總是會影響你所接觸的每一個人。你會讓人們敞開心房，讓他們的生命更爲輕鬆自在，並且提醒他們，我們所有人本就是相互連結的。你會促使人們意識到並且牢記，讚頌「愛」這個美妙的人生禮物是很重要的，而且你就是那個推手，讓人們能感受到彼此的連結、認同和珍惜。你協助人們度過試煉，安撫那些弱勢、邊緣和被社會排斥的人。愛是充滿光輝的，而你就是愛的使者。學著接受各種不同形式的愛的表現，不論你在那角色中是否總是感到自在。

你的意識太陽在閘門15，你是天生博愛的人道主義者，在自己的人生中創造時間和空間給幾乎每一個人，因爲你認爲每個人在整個生命的計畫中都有其重要性。你會用某種方式關注未來，也關注著生命中每個人的福祉。你經常在調整自己，使自己更趨近流過所有生物的生命韻律。你看見周遭人們的流動，確認生命在持續前進著。人們總是會被你吸引，因爲你讓他們能和生命之流連結，而且你也給予他們愛和撫慰，讓他們知道自己是「朝著正確的方向前進」。信任你的類型和內在權威，能夠持續給予你指引和確認，讓你投入值得你緊密連結的人們與情境。

此人生主題的名人：

英國威廉王子（Prince William）
美國女演員梅莉・史翠普（Meryl Streep）
澳洲女演員妮可・基嫚（Nicole Kidman）
英國數學家艾倫・圖靈（Alan Turing）

固定人生主題

15

*The **Fixed** Life Theme of*
EXTREMES (2)

太陽在閘門15

極端（2）

閘門15/10/17/18

你的人生主題是去探索生命各個時期的極端，尤其是與人的行爲以及自然界各個階段有關的極端情形。你會探尋生而爲人的各種可能性，會去檢視對我們的純粹本質造成限制的所有情況，而這些制約情況是世世代代傳承下來的。就如同水手、園丁和大自然愛好者一樣，你能夠觀察到季節的時程並與之互動。你持續尋求在生命之流中找到平衡，並去修正任何脫節或狀態不佳的事物。在此同時，你也會尋找生命流動所帶給你的機會。

每條河流都有兩個岸。就如同河流在兩岸之間穿梭，你的人生也在人性和自然的各種不同極端情況間流動。透過你遇見的人，你會親身體驗到生命帶來的各種不同面向。你和自然越同調，表達越不做作，你就越能自在地接受發生在你身上的任何事，而你的生命歷程也會變得更輕鬆。

對於他人的人生，你能夠給予安慰，尤其是那些生活在主流社會邊緣的人。你會觀察人們以及他們的運作模式，檢視他們的行爲和生活方式，有時會因觀察到的現象而去調整自己對生命的態度。你可能會透過自己過著極端的生活，沉浸在不尋常的活動中，以期找到自己的生命流動。要記得，你眼中的正常，在別人看來未必如此。你生而爲人存在這個世界上，並不是要去認同每一個人，也不是要尋求別人認同你的爲人或你的人生目的。如果有人不認同或挑剔你的做法，要記得這不是你的問題，別把它變成是你的問題。你的類型和內在權威能讓你找到人生使命的時程和方向。

15

人際人生主題

*The **Interpersonal** Life Theme of* PREVENTION (2)

太陽在閘門15

預防(2)

閘門15/10/17/18

你的人生主題是要找出生命中什麼行得通，什麼則是不確定或不安全的。你希望預防每個人犯錯、浪費了時間和精力，而這有時會讓你看起來固執己見，甚至自以爲是。你很容易捲入他人的事務中，有時他人甚至沒有請你來介入。這可能會讓你遭遇困難，特別是在你的人際關係上，你可能會在關係中限制了朋友、伴侶或小孩的生活方式。要很清楚重要的界線在哪裡。別說：「照我告訴你的方式去做就對了！」試試看這麼說：「那個做法可能不太好。這麼做或許會對你比較好。」切記，對你來說要找到某件事不值得的原因很容易，但在你認爲瑣碎不重要的事情上還要去給予鼓勵，對你會是比較困難的。

當你遇到沒有實際助益的固著想法，你很可能會跳進去做調整。你心中無疑已經有了對事情極有幫助的結果和做法，而且你也有能力改正各種潛藏的災難，但如果你持續遭遇來自相關人士的怨懟，這表示你可能正在剝奪他們犯錯的權利，因爲他們需要在這些錯誤中學習到重要的教訓。有時你必須退後一步，保持距離去觀察，而且在事後小心不要恣意說出：「我就跟你說吧！」

你的意識太陽在閘門15，你天生會關心出現在你生命中的人，希望他們踏出正確的步伐，邁向肯定的未來。你會吸引到社會各階層的人，在許多地方都能結交朋友，並且立下典範，讓人們知道如何活出一個包含廣泛可能性的人生。你很容易就可能會扮演一個過度保護與限制的監護者角色，這會給無憂無慮的生活方式帶來侷限，但你內心其實是帶著良好意圖的。放輕鬆笑看事物，能夠消除責任過度沉重的感受，也能迅速將你的目的和好意傳達給他人。每當你懷疑自己的貢獻是否被需要時，就連結你的類型和內在權威，你會知道你的指引和撫慰能在哪裡帶來最大的效益。

此人生主題的名人：

英國搖滾吉他手傑夫・貝克（Jeff Beck）
美國音樂家米克・弗利特伍德（Mick Fleetwood）
美國女歌手卡莉・賽門（Carly Simon）
英國作家喬治・歐威爾（George Orwell）

個人人生主題

16

*The **Personal** Life Theme of*
PLANNING (2)

太陽在閘門16

計畫(2)

閘門16/9/37/40

你的人生主題涉及制定計畫來確保家庭與社區的安全，以及未來福祉。你人生中最重要的特質，或許是會為那些最親近你的人做考量——不論是情人、親屬、客戶、摯友、商業夥伴或是社區成員。你最大的滿足來源，是將你的技藝以及專注細節的能力帶入你自己「家庭」的事務裡，促使其茁壯。你的天賦之一是能夠覺察到你生命裡重要人士的需求，並且有能力透過與整個世界互動，來計畫如何讓對你而言最重要之人的生活情況獲得改善。在所有的事務中，你偏好當面握手成交的方式，清楚的協議通常是在飯桌上談成的，但你經常也需要書面合約，以確保各方都能完全瞭解你的承諾。當你和你的家庭或社區處於健康快樂的狀態，你就會感到滿足，覺得自己達成了人生目的。

制定計畫是你與生俱來的能力，但要制定廣泛全面的計畫，既適用你自己、也適用那些對你最重要的人，可能就像試圖同時騎兩匹馬一樣困難，而這樣的形容並不誇張。生命對你來說可能會變

得像是在走鋼索一樣，讓你經常在兩種選項中拉扯，充滿挫折。你可能會想迫使他人接受你的觀點，卻發現這麼做會干擾你想達成的事情，讓情況失衡。到頭來，你必須信任你的感覺。要達到清明和情緒上的平靜，通常需要很大的耐心與決心，而這也能帶來最豐盛的結果。

你的意識太陽在閘門16，你很擅長看見進入到你生命中任何事物的可能未來。你能選擇要支持的行動方針或企劃，將你的關注投入其中，並設想可能的結果；相反地，你也能夠迅速勸阻任何不值得你進一步關注與挹注能量的提案或議題。這樣的能力可能會隨著時間和練習而成長，讓你能夠熟練地挑選出對你的家庭和社群有益並符合邏輯的解方。最終，你知道你所做的決定是源自你清明的情緒，而這清明則源自你自身情緒權威的平靜。

此人生主題的名人：

美國前總統約翰・甘迺迪（John F. Kennedy）
美國女演員葛蕾蒂絲・奈特（Gladys Knight）
美國搖滾歌手梅莉莎・埃瑟里奇（Melissa Etheridge）
美國女演員安妮特・班寧（Annette Bening）
英國綠洲合唱團成員諾爾・蓋勒格（Noel Gallagher）

16

固定人生主題

*The **Fixed** Life Theme of*
EXPERIMENTATION/ENTHUSIASM (2)

太陽在閘門16

實驗／熱忱（2）

閘門16/9/63/64

你的人生主題是要發掘你想對哪些人、事、物貢獻你的技巧、注意力和能量。每個人對於什麼樣的事能讓社會進步都有自己的憧憬和想法，而你有能力即刻察覺只需要做些調整就能行得通的努力，並且也能看出不會有結果的無用作爲。當你找到對你而言正確的動機和興趣，你就會盡力去推動使其實現。

一旦你嘗試並完成實驗，要小心你會因爲內疚而一而再、再而三重複同樣的實驗。儘管你已經驗證了結果、得出了結論，但還是不甚滿意。對你來說，通常需要夠滿意，才能看見某事物的潛能，而不至於更深地涉入其結果當中。你有很棒的天賦，能爲他人點出他們所忽略的細節。當這些細節得以執行，會帶來更大的成就。

當你有踏實與清明作爲基礎時，對任何企劃的執著和入迷都會成爲你的強項；但當你需要去滿足頭腦中的疑慮和困惑時，同樣的事就成了你的弱點。過度思考問題，特別是當你已承諾要行動時，會帶來一定程度的猶豫，進而干擾並破壞你對精湛技藝的追求。你有天賦能夠辨別什麼事情需要注意，但如果你不小心，便可能會變得過度投入外來的、甚至是不相干的潛能裡。你的才能是能夠辨別要專注在哪些方面，以及如何將自己投入其中，但務必要記得，在你跳進去之前，你內在擁有的類型和權威會引導你生命歷程的各個面向。

16

人際人生主題

太陽在閘門16
The *Interpersonal* Life Theme of IDENTIFICATION (2)
辨識(2)

閘門16/9/63/64

你的人生主題是要在與他人連結之前，全然清楚對你而言重要的事物是什麼。雖說你有個聰明的頭腦，但並不意味著你已經發展出智慧去運用頭腦造福所有人；隨著你在生命中持續不斷地實驗，你的智慧才會逐漸增長。當你腳踏實地站在務實和穩固的層面，而不是聚焦在滿足自我或取悅他人上，你才會獲得他人更大的支持及授權。你的人生歷程必定會經歷一些失誤和彌補的過程。

話雖如此，你確實擁有與生俱來的能力，透過投入決心與機智，你會在此生擁有許多成就。你能夠在看似完美的計畫中，發掘被遺漏的環節，而你會沉住氣，不急著完成某事，直到一切到位、萬事俱備。你可能會一針見血地打擊不切實際的空想者，直到他們體悟到你是在引導他們走向更好的結果。因此，你的挑戰是要在以下兩者之間做區別：你的內在指引告訴你人們需要的事物，以及人們說他們想要的事物。一旦你達成了他們想要的，接著就要給予他們所需的。

你的意識太陽在閘門16，你能夠評估許多潛在的議題，並且找出具未來發展性的項目。你可能很快就會給出評論，有時會偏好迅速決定的急迫感，以致只能在事後才知道自己是否正確。因爲倉促或分心而錯失了致勝的投資，可能會導致懊悔。你越能抽離你的標的，就越能正確地判讀是否要投入，不論標的是人還是企劃。有些書在成爲暢銷書之前曾遭到數十家出版社拒絕。信任你的類型和內在權威，它們能完美地引導你度過人生。

此人生主題的名人：

美國女演員瑪麗蓮・夢露（Marilyn Monroe）
美國男演員克林・伊斯威特（Clint Eastwood）
美國女演員布魯克・雪德絲（Brooke Shields）
美國男演員摩根・費里曼（Morgan Freeman）
德裔美國名模海蒂・克隆（Heidi Klum）

個人人生主題

17

*The **Personal** Life Theme of*
SERVICE (1)
太陽在閘門17

服務(1)

閘門17/18/58/52

你的人生目的是要提供服務，讓社會變得更好。你對需要改進的情況，能夠做冷靜且合乎邏輯的評估，這是眾人所尋求的天賦。你可能傾向沉溺於只看到問題，變得過度挑剔，以致失去你所需的支持來執行必要的改善。你可能會受到誘惑去扮演一個持續耗盡自身能量的角色，努力卻得不到滿足感，在完全不合適的情況下仍奮力去服務和伸出援手。

對這件事很清楚，你就會對你的人生有重大的理解：服務是你生命的道路，而你的類型和內在權威會告訴你，什麼時候該去服務，以及如何服務。這會幫助你瞭解到，服務無關個人，而是關於改善這世界。一旦你的服務變成攸關個人，你的人生目的就喪失了純粹性。當然，你可以去關愛你生命中的人，但如果你持續清楚地理解這道理，你就能避開被視爲理所當然的情況，而不至於出現怨懟。要務實地瞭解到，完美是不可能達成的目標。你只能在你當下所做的每一件事上盡力做到最好。沒能瞭解這一點，會讓你長期陷入不滿足的情境裡。當事情出錯時，苛責自己很容易，但於事無補。

你的意識太陽在閘門17，你會對遭遇到的所有事情給出自己的觀點。視不同的情況，你的意見能夠以非常多不同的方式表達出來；你的腦袋是很有彈性的，會根據每個情況的需求來調整你的想法，這可說是一門偉大的藝術。若是太過武斷和固執己見，以及確信生命中沒有事物能適當運作，會讓你變得過度挑剔與批判。提供服務這件事，一方面可能感覺是個令人厭煩的責任，但另一方面則近乎是一種祈禱的形式。你的類型和內在權威將引導你知道要站在什麼立場。

此人生主題的名人：

美國女歌手瑪麗亞・凱莉（Mariah Carey）
美國女歌手黛安娜・羅絲（Diana Ross）
美國電影導演昆汀・塔倫提諾（Quentin Tarantino）
美國女歌手菲姬（Fergie Duhamel）
法國國王路易十七（King Louis XVII of France）

固定人生主題

17

*The **Fixed** Life Theme of*
OPINIONS (1)

太陽在閘門17

意見（1）

閘門17/18/38/39

你的人生主題是要讓自己投入，去看到想法如何形塑你周遭的世界。表達你的意見可能會讓他人改變態度，並思考要如何最好地活出他們的人生。你協助他人重新思考他們的行動和道德觀，提供他們廣泛多樣的替代觀點。由於你有很強力的見解，因此你很容易就能影響幾乎每一個你所介入的情境。在沒有你的介入下，你仍經常可以爲許多情境帶來影響。

當你在闡述觀點時，你的意見幾乎都能在與他人的討論中被接納，這使得你認爲你所倡議的任何事都是正確的，自覺你的意見高於所有其他的意見。這個態度可能導致你認爲原則比人更重要。如果這樣的態度沒有加以克制，你會發現其他人開始遠離你。

要很清楚，你是來提醒他人去實現他們自身對是非對錯的觀點，去理解到哪些想法值得分享，並在新概念出現時做出調整。如果你去觀察想法形成的方式，以及想法的流動——一個接著一個的想法形成我們所謂的邏輯——你會發覺到，所有的想法都指向所謂「確定的未來結果」。當然，你會精煉並維持你的觀點，但你能帶來最好的服務，就是去表達符合當下需求的意見，讓人們能放輕鬆，帶著信心看向未知的未來。你的類型和內在權威總是會指引你，讓你知道何時要表達你的意見，何時應該保持沉默。

此人生主題的名人：

澳洲名模艾勒・麥克法森（Elle Macpherson）

17

人際人生主題

*The **Interpersonal** Life Theme of*
UPHEAVAL (1)

太陽在閘門17

動盪(1)

閘門17/18/38/39

你的人生主題是要挑戰任何缺乏基本人類價值或價值遭到忽視的情況。他人可能認爲你是麻煩製造者，因爲你經常透過強烈的觀點、甚至是純粹的固執，在阻撓、挑釁和造成動盪。要很清楚，你的挑戰從來不是在個人的層面上，而是和體制系統以及做事情的方式有關。你在這方面能爲社會帶來重大的價值。

見到不公義的情事會讓你極度憤慨。你不喜歡讓自己感受到不必要的失衡情況，也不喜歡看到有人被強加不公義對待的情境。你很容易就會被帶入他人的故事與是非對錯的概念裡，你傾向會爲敗局已定的事情出頭，因此也會承受其後果，只因你無法接受人們沒有方法有效陳述異議的現狀。務必要記得，你是來挑戰體制，而不是來挑戰人的。當人們生活在正確的制度下，你便能賦予他們力量，運用他們自身的方式成功發展。

你的意識太陽在閘門17，你對於生命中你認爲合乎邏輯與正確的事物有著許多的意見。你能剖析你認爲無效的論點，指出對人們無益的錯誤邏輯和慣例。當你察覺到因爲無能或錯誤的認知而造成潛能無法發揮，你可能就會跳出來指出每個人處理事情的方式都是錯的。自由地表達意見或許是需要的，但若你在錯誤的時機表達，可能會讓你的人生非常難過，特別是當每個人都把你的觀點看作是人身攻擊時。要瞭解到沒有人喜歡被批評。很重要的是，你要認知到自己的偉大天賦是要修正體制和無覺知的習性，但未必是要修正那些在體制內運作或是活出那些習性的人。你的類型和內在權威將會引導你在人生中做出好的選擇。

此人生主題的名人：

美國男演員華倫・比提（Warren Beatty）

美國零售商沃爾瑪創始人山姆・沃爾頓（Sam Walton）

希臘音樂家范吉利斯（Vangelis）

紐西蘭女演員露西・洛里斯（Lucy Lawless）

個人人生主題

18

*The **Personal** Life Theme of*
SERVICE (3)

太陽在閘門18

服務(3)

閘門18/17/52/58

你的人生目的是要提供服務，讓社會變得更好。你對需要改進的情況，能夠做冷靜且合乎邏輯的評估，這是眾人所尋求的天賦。你可能傾向沉溺於只看到問題，變得過度挑剔，以致失去你所需的支持來執行必要的改善。你可能會受到誘惑去扮演一個持續耗盡自身能量的角色，努力卻得不到滿足感，在完全不合適的情況下仍奮力去服務和伸出援手。

對這件事很清楚，你就會對你的人生有重大的理解：服務是你生命的道路，而你的類型和權威會告訴你，什麼時候該去服務，以及如何服務。這會幫助你瞭解到，服務無關個人，而是關於改善這世界。一旦你的服務變成攸關個人，你的人生目的就喪失了純粹性。當然，你可以去關愛你生命中的人，但如果你持續清楚地理解這道理，你就能避開被視爲理所當然的情況，而不至於出現怨懟。要務實地瞭解到，完美是不可能達成的目標。你只能在你當下所做的每一件事上盡力做到最好。沒能瞭解這一點，會讓你長期陷入不滿足的情境裡。當事情出錯時，苛責自己很容易，但於事無補。

你的意識太陽在閘門18，你認知到社會所強加的各種規範和限制，不論這些規範和限制是以父權、母權、宗教、歷史、或其他傳統與制約的領域爲基礎。你經常有想要修正失衡的狀態、修補被破壞的制度，以及改善先前已建立的體制的衝動。你或許會感覺被迫要跳入未適當運作的情境裡，因爲你看見了要如何修正該情境，但要記得，唯有在反映你的類型和內在權威時，你的服務才是有效的，而非只是你想要「做正確的事」。人生是個奧祕，有許多所謂的規範都是不斷變換的。

此人生主題的名人與重要事件：

法國女演員碧姬．芭杜（Brigitte Bardot）
美國女演員葛妮絲．派特洛（Gwyneth Paltrow）
比利時畫家埃米爾．克勞斯（Emile Claus）
一九五八年法蘭西第五共和國建立

固定人生主題

18

The *Fixed* Life Theme of CORRECTION (3)

太陽在閘門18

修正(3)

閘門18/17/39/38

你的人生主題是要去覺察到可能干擾生命自然流動的所有缺陷。你有能力可以檢視任何情況，並且找出方法修正對成長無益的事物。如果你把你的觀察和調整定調爲針對個人的批評，你就會遭遇麻煩；相反地，透過建議或運用一些方法帶來改善，你便能夠消除人們的疑慮，而你促成改變的機會也會提高。

你有天賦能夠改善任何人的生活，前提是你沒有過度苛求。當然，生命中總是會有需要改進的地方，而你會是第一個點出如何進行這些改善的人。儘管你最擅長的是指出改善體制的方式，但唯有當你讓這些改善對個人更具吸引力時，人們才會追隨你可能帶來的修正。你的挑戰在於要把改進以吸引個人的方式呈現，同時不能讓這些改進看起來像是在做人身攻擊，因爲你自己大概也知道，你有個神奇的本領，那就是能夠不費吹灰之力激怒他人。

不論你想如何重新調整生命中的事物，你都有吸引注意力的本事，即使你只是在忙著做自己的事。有時你會吸引到不必要的注意力，把你捲入不必要的衝突局面中。每當這種情況發生時，你會試著讓一切恢復秩序，就好像這是你的責任一樣。然而，如果你停下來一會兒，你可能會發現，這些情況通常在你沒有積極處理的情況下也會自行解決。透過刻意的暫停，你可以避免讓自己陷入不必要的困境裡。信任你的類型和內在權威來告訴你，何時真的值得你投入自己去修正這世界。

18

人際人生主題

*The **Interpersonal** Life Theme of*
UPHEAVAL (3)

太陽在閘門18

動盪(3)

閘門18/17/39/38

你的人生主題是要挑戰任何缺乏基本人類價值或價值遭到忽視的情況。他人可能認爲你是麻煩製造者，因爲你經常透過強烈的觀點、甚至是純粹的固執，在阻撓、挑釁和造成動盪。要很清楚，你的挑戰從來不是在個人的層面上，而是和體制系統以及做事情的方式有關。你在這方面能爲社會帶來重大的價值。

見到不公義的情事會讓你極度憤慨。你不喜歡讓自己感受到不必要的失衡情況，也不喜歡看到有人被強加不公義對待的情境。你很容易就會被帶入他人的故事與是非對錯的概念裡，你傾向會爲敗局已定的事情出頭，因此也會承受其後果，只因你無法接受人們沒有方法有效陳述異議的現狀。務必要記得，你是來挑戰體制，而不是來挑戰人的。當人們生活在正確的制度下，你便能賦予他們力量，讓他們用自身的方式成功發展。

你的意識太陽在閘門18，你會持續在人生的所有領域裡覺察到需要做的改進——爲自己所做，也是爲身邊每個人而做。你傾向去挑戰每一件事，但除非你衡量過自身的力量以及評估好如何善用，否則不論你到哪裡都會遭遇到衝突。隨著你變得更有智慧，你會對以更細膩、更同理的方式獲取人們的注意和合作來讓這世界變得更好，表示欣賞。你有很棒的天賦，能給地球上的生活帶來很大的改善。這個天賦需要透過提供務實且有智慧的策略來滋養。如果你持續在聽眾尚未準備好的地方找問題和製造議題，人們可能會因爲你的存在而覺得倍受打擾，而不是按照你想要的方式受益。是的，這世界可以是個樂園，但你要信任自身的類型和內在權威，才能知道你何時需要對這世界做出貢獻，何時應該讓一切自行發展。

此人生主題的名人：

美國前總統吉米・卡特（Jimmy Carter）

印度國父聖雄甘地（Mahatma Gandhi）

英國男歌手史汀（Sting）

美國女演員凱莉・瑞帕（Kelly Ripa）

日本女歌手濱崎步（Ayumi Hamasaki）

19

*The **Personal** Life Theme of*

THE FOUR DIRECTIONS (WAYS) (4)

太陽在閘門19

四個方向（道路）（4）

閘門19/33/44/24

你的人生主題是要測試這世界上所有體驗的極限，然後找到內在的平靜去反思，藉此對你復甦和更新的過程提供支持。有時你可能不知道爲什麼你會被推動去投入某些體驗，或是拒絕投入某些體驗，許久之後才發現，這些全都爲你的生命帶來了意義。要注意，若試著透過你的頭腦來引導你的人生，必定會導致你感覺機會和答案都與你擦身而過。儘管你有很棒的合理解釋，但有一部分的你知道，生命很神祕，遠遠超出你的頭腦所能理解。

你這一生有許多機會能去瞭解一些深奧的眞相。你可能會回想起深鎖在記憶中的時間、地點和體驗，而這些仍持續形塑著你現在的生活。有時你很外向，會去探索與你生命交會的所有人、事、物；有些時候，你會靜坐沉思著生命和其所有令人驚嘆的事物。就像海浪有韻律地起起落落，就像月亮陰晴圓缺的不斷循環，隨著你在生命循環中成長，隨著你對生命的理解和體悟逐漸發展，你的生命模式也會持續向外和向內移動。

你的意識太陽在閘門19，你能夠感受到身邊每個人的需求，而且你經常受到吸引去和他人一起滿足他們的需求和想望。在其他時候，他人會反映你自身對連結與支持的需求，因你想尋求歸屬感。你通常比他人更清楚他們人生的必需物，但要是你不留意，這可能會成爲很大的干擾，讓你偏離了自身的人生軌道。當你很清楚自己在食物、庇護、健康、陪伴和靈性方面的需求，你就能夠先在自己的人生裡致力去擴展這些資源，接著你便能依照你的條件來聚焦在這世界上。如果你堅持要跳進每一個有需要的情境裡，雖說這過程很迷人，但你可能很快就會耗盡自身的能量。你的類型和內在權威總是會讓你清楚自己在任何情境裡的最新需求，也會讓你知道哪些人和情境能帶給你最大的成就和滿足。

此人生主題的名人：

美國電視脫口秀主持人歐普拉・溫芙蕾（Oprah Winfrey）
法國前總統尼古拉・薩科吉（Nicolas Sarkozy）
英國女演員凡妮莎・蕾格烈芙（Vanessa Redgrave）
美國男歌手亞當・藍伯特（Adam Lambert）

19

固定人生主題

*The **Fixed** Life Theme of*
NEED (4)

太陽在閘門19

需求(4)

閘門19/33/1/2

你的人生主題是要去留意你周遭所有的需求。你能夠迅速感受到你的夥伴間發生了什麼事，有時你會非常敏銳地感覺到每個人的需求，以至於你必須抽離去找到自己內在的平衡。當你和他人互動時，你能夠透過格外有創意的方式來引導他們的生活走向必要的改善，同時將他們的注意力導向生命奇妙美好的部分，這些部分是他們從未注意過的。

你非常敏銳地感受到這世界的需求，因此你會尋求進入團體和集會中，但事後回想時，你可能會認爲這些團體和集會對你並不具吸引力，甚至可能是個負擔。你的使命是要透過務實但神祕的方式，把人們帶入一個共同的目的。然而，儘管許多人會感激你的貢獻，但也有人覺得很難配合你和你的做法。你的敏感性超越了人們能夠理解的範疇，而當你發覺自己遭到忽視、拒絕、或某種程度上的嘲笑時，你很容易會受傷。你會選擇抽離，退到你覺得安全的群體裡，而當你再次被生命單純的美好觸動、或是有人看出你的困境而給予你愛和友誼時，你又會重新站出來。

你喜歡能將你的努力和他人的努力結合的情況，也喜歡大家一起做出貢獻。你經常會發現，透過你的存在，人們會更願意彼此合作。你可能是個局外人，促使其他局外人聚集在一起。信任你的類型和內在權威，你就能引導自己去遇見眞正欣賞你極具創意作爲的人。

19

人際人生主題

*The **Interpersonal** Life Theme of*
REFINEMENT (4)

太陽在閘門19

精緻(4)

閘門19/33/1/2

你的人生主題是要給雜亂無章的世界帶來精細的改進。你對於自身的環境非常講究，透過你內在的美感和創意，你感受到一股動力要讓你所到的每個地方都能重新調整、再造並恢復活力。當你對自己很清楚明晰時，你的內在感受力和創造力很容易就能讓你所處的環境更充實豐盛；而當你不穩定時，你周遭的世界也會顯得陰鬱，彷彿世界上的問題多到你解決不完。對你而言，豐盛的環境就等於豐盛的人生。

活在混亂的世界裡會讓你消沉沮喪。經常幫別人善後會消磨你的創意熱忱，因此對你很重要的課題是，要清楚分辨並慎選你的夥伴。由於你能夠深刻感受這世界可以如何改善，因此你可能會讓自己投入你所遇到的任何情境裡，隨即很快就被壓垮了，尤其是當你認定自己是唯一一個有正確想法和能力來打理事情的人時。有時，不妨停下來看看推動這股驅動力或習慣的內在因素是什麼，留意並感謝這段過程中的任何啓發。帶動精緻過程的是你的存在，因此務必把你自己放到正確的地方。

你的意識太陽在閘門19，你非凡的敏銳性能觸及每個人的人生。你能夠很迅速地評估人們和情境。你總是對你的環境和裡頭的人很敏感，因此關鍵在於要選擇讓環境對你造成多少影響，以及你要介入這環境到怎樣的程度。在某些情況裡，你會準備好要貢獻你的美感和光明；而在其他情況裡，你會試著去忽略周遭的混亂。當你做出承諾時，所有事物都會因爲你的創意而轉化；當你不去投入時，你可能會感覺你讓自己失望了。帶來精緻的過程對你來說可能像是個「工作」，但要記得，在這個雜亂無章的世界裡，你能做的事情是有限的。你的類型和內在權威會引導你去投入眞正與你契合人的人生，而不是那些只想利用你能力的人。

此人生主題的名人：

美國男歌手賈斯汀・提姆布萊克（Justin Timberlake）

奧地利音樂家法蘭茲・舒伯特（Franz Schubert）

俄羅斯前總統鮑利斯・葉爾欽（Boris Yeltsin）

美國女摔角選手龍達・魯西（Ronda Rousey）

個人人生主題

20

沉睡鳳凰（未來轉變）(2)

太陽在閘門20

*The **Personal** Life Theme of*

THE SLEEPING PHOENIX (FUTURE TRANSFORMATION) (2)

閘門20/34/55/59

你是個無可救藥的浪漫主義者，被你的探尋所驅動，想找到與生命的親密關係。除非你非常清楚自身的需求，否則你可能眞的會在所有錯誤的地方找尋愛和深刻的體驗。你總是略爲超前你所處的時代，運用各種方式追求不可能的夢想。當你伸出手去抓住夢想，在那短暫的瞬間，你不禁驚訝於它們爲何如此迷人又難以捉摸，然後就墜落燃燒，一段時間後又再度從你的經歷灰燼裡升起，接著你又再度出發，一頭栽入下一段追尋。在你的人生歷程中，你很深切地影響著他人，讓他們能體悟到你所指出的事物。

儘管你在浪漫經歷方面感到失望，但通常也因爲這些經歷，讓你進入了自我蛻變的過程。你發現隨著你的轉變，那些接近你的人，他們的人生也會跟著轉變。有些夥伴會陪伴在你的旅程裡，有些則會憤而離去，和你保持距離。不論你是否覺察到，你都會透過自身強大的魅力和充滿活力的本質吸引他人，開啓與生命的深刻連結。經過一段時間，經歷各種曇花一現的起起落落，你的天賦也因此意味著你的人生會持續蛻變。由於你的顯示生產者類型，你很可能無休止地保持活躍。然而，你的重大挑戰在於要避免只是爲了忙碌而忙碌，而是要很清楚你來到這裡是要爲了什麼而忙碌。當你開始太過嚴肅地看待生命，你就即將面臨新的啓發；當你獲得新的觀點時，記得要笑著面對。生命總是想要向你揭露更多，但當你忘了自己的幽默感時，生命便會有所保留。

你的意識太陽在閘門20，你總是需要臨在任何時刻或活動的當下——專注、沉思、甚至冥想。你很容易就會陷入眾多活動裡，這些活動會同時把你帶往許多不同的方向，而且通常沒有任何特定的焦點。因此，很重要的是你要學會擁抱當下。當你發現自己在當下保持警覺，便可指引你的行動和意圖，讓你的人生有全新的轉變。你從「沉睡」中甦醒，變得能夠與人連結，並有著驚人的創意，總是受到你自身強大的靈性本質所驅動。在這樣的時刻裡，你內在的「鳳凰」會展翅飛翔，爲你和他人帶來復甦與重生。當你提醒自己根據自身的類型（顯示生產者）與內在權威來經歷人生，你會在旅途中找到更多的意義和潛能。

此人生主題的名人：

英國作家亞瑟・柯南・道爾爵士（Sir Arthur Conan Doyle）
美國男歌手巴布・狄倫（Bob Dylan）
英國維多利亞女王（Queen Victoria）
美國爵士音樂家邁爾士・戴維斯（Miles Davis）
德國音樂家理查・華格納（Richard Wagner）

固定人生主題

20

*The **Fixed** Life Theme of* NOW (2)

太陽在閘門20 當下(2)

閘門20/34/37/40

你的人生主題是要把你自己和他人的注意力與焦點引導至當下——此時！此地！不論你去到哪裡，你會發現人們總是在追憶過去或擔心未來，而你的存在會召喚人們回到當下。你可能會極度忙碌，而你的忙碌可能影響周遭每個人，特別是當你說服他們來參與你的活動和興趣時。儘管你生命中的人都很尊重你，眞心把你當朋友和夥伴，但如果你堅持要大家一直處於忙碌狀態，那麼你終究會失去他們的支持。顯示生產者可能經常過度著迷於他們本質中「發起」的部分，但身爲這個類型，你不僅必須等待來自薦骨的下腹部回應，也要等待情緒清明，才能去投入各種事物。

當你的「此時此地」變成了「哪兒也不是」，你會迷失在周遭的世界裡，失去和最親近之人的連結，同時忘卻了對你和這些人最切身相關的事情。當這情況發生時，要在身體上和情緒上與他人分離一陣子，重新建立你和自身內在指引的連結。一旦你重新調整自身的清明，你或許會發現自己受到指引去和一個全新的群體連結。

有時，你覺得自己試圖要取悅身邊每一個人，卻犧牲了自己的成就和滿足；還有些時候，你覺得如果你沒有完全投入他人的事情中，便會讓別人感到失望。這樣的情況可能會造成你生命的嚴重失衡狀態。每個人多少都希望能在生命中得到慰藉，而你正是能夠透過鼓勵和支持來賦予他人力量的人。然而，持續這麼做可能會讓你覺得受到限制，彷彿你在放棄部分的自由。作為一個活在當下的存在主義者，檢視生命是沒問題的，但要記得，深切推動著你的那些感受，都和你所處的群體以及身邊的人有關聯。考量到這點，最終還是你的內在權威與情緒上的清明能引導你經歷整個人生。

20

人際人生主題

太陽在閘門20 二元性(2)

*The **Interpersonal** Life Theme of* DUALITY (2)

閘門20/34/37/40

你的人生主題是要覺察兩種非常強烈但有時互相衝突的需求，並在兩者間取得平衡。其中一個需求是，在這世界上身爲一個個人，能有正面、強大且動態的影響力；另一個需求則是成爲你所屬群體中，包容且有貢獻的一部分。你有強大的能力去達成你所投入的任何事情，也因此，他人會持續臆測並高度期待你會爲他們做什麼。

在你的承諾中保持清明，將會是你一生持續遭遇的難題。保持忙碌對你來說很容易，然而在忙著處理人和各種情境的過程中，能給所有相關人士帶來力量以及有建設性的支持，則是你的最終目標。你可能會覺得自己像是同時在騎兩匹馬，在致力於達到個人的成就和滿足之際，也要支持你身邊的人。當你接納了這樣的處境，並且在這不同的兩面之間找到平衡，你將會有偉大的成就。當你和遵守承諾的人達成協議，會讓人神清氣爽，因爲這會讓你感覺受到支持和賞識。然而如果你遭遇違背承諾的失望，這可能意味著你在尋求拯救他人，或是尋求接管他人的人生，而你採用的方式讓他們心生怨懟，因爲他們感覺自己被剝奪了力量。

你的意識太陽在閘門20，你經常在評估你的環境，規劃你的下一個議題，並且研究該如何執行。你可能投入他人一系列的規劃和休閒裡，卻沒能理解到這些人對你有多重要，這是因爲你太過忙碌，以致無法停下來體會這點。你透過自己做的事來協助你所屬的群體時，會帶來巨大的效益。但也要瞭解到，你的類型（顯示生產者）和情緒權威，跟你生命中的人們以及你與他們的互動品質有很深刻的連結，最終，這些因素都會決定了你在人生中任何時刻的成就和滿足程度。

此人生主題的名人：

美國女歌手史蒂薇・尼克斯（Stevie Nicks）

英國女演員海倫娜・寶漢・卡特（Helena Bonham Carter）

美國男演員約翰・韋恩（John Wayne）

美國病理學家傑克・凱沃基安（Jack Kevorkian）

21

The **Personal** *Life Theme of*
TENSION (1)

太陽在閘門21

緊張(1)

閘門21/48/38/39

你的人生目的是要帶來緊張，藉此讓你周遭的生命保持在正確的頻率上。就像樂器上的弦，如果不維持在正確的張力下，就無法發出正確的聲音，因此若沒有必要的控制，生命中重要的事物也就無法成長和維持。不論他人是否認同你，你都能察覺到他人因為制約而和他們的人生不同調之處，而要去對峙、甚至是激怒他們做出改變，對你來說是很自然的事。你經常在挑戰他人，而且你採取的方式會讓他們不自在，因為你觸及了他們生命中缺乏清明的領域。很重要的是，你不能有針對個人的惡意或批評，否則你很容易就會失去你所珍愛之人的愛與支持。

你有憂鬱傾向。當你瞭解並且順從這項特質，它便能成為你探索內在深度的途徑。你的內在深處蘊含著不同程度的創造力，而當你有覺知地表達時，便能夠緩解伴隨憂鬱而來的意志消沉。刻意允許你的創意能量流動，能夠引導你去接觸喜愛的事物，並且帶給你深度的成就和滿足。靜心冥想、按摩和運動能夠緩和過度緊繃的感覺，但有覺知地釋放自己總是需要是「對的」、總是需要掌控一切的感覺，則能帶給你最佳的舒緩。如果你能滿足於控制生命中那些你能夠控制的層面，諸如住哪裡、吃什麼、行爲舉止、穿什麼、做什麼事、以及你對生命的一貫態度，會有助於你在世界的侷限裡找到自己內在的平衡。

你的意識太陽在閘門21，你的內在有股想要掌控情勢的欲望。經過一段時間，你可能會成爲天生的領導者，成爲一個社區或家庭的大家長，試圖接管每個人的人生。然而，縱使你試圖以良好意圖去支配他人，最終若變成一種控制方式，那麼你遲早會遭到抵制。但在這個控制傾向的底層，是一種能力，能夠知道還有誰可能可以擔起責任，或是夠資格來接管生命中具挑戰性的情況。當你身處一個情境中卻無法掌控時，你或許會試著堅持自己的主張，卻沒有考量到你的類型和內在權威。但你會發現，當你對自身的承諾很清楚明晰時，人們會更樂於讓你協助他們去和對他們很重要的事物保持同調。

此人生主題的名人：

英國男歌手艾瑞克・克萊普頓（Eric Clapton）

荷蘭畫家文森・梵谷（Vincent van Gogh）

美國前副總統艾爾・高爾（Al Gore）

美國女歌手諾拉・瓊絲（Norah Jones）

英國男演員伊旺・麥奎格（Ewan McGregor）

英國電視節目主持人皮爾斯・摩根（Piers Morgan）

固定人生主題

21

The Fixed Life Theme of CONTROL (1)

太陽在閘門21

控制(1)

閘門21/48/54/53

你的人生主題是要在人生中獲得控制。在最單純的形式下，這意味著你負責掌控自己要穿什麼、吃什麼、住哪裡，還有尤其是你的個人態度。這個基礎的理解會協助你掌控你所遭遇的其他許多情況。你有強烈的衝動要在幾乎所有的情況中取得控制，不論實際上是否眞的需要你這麼做。你被驅動著要自發地跳入行動中，在其他人有任何動作之前，就先行評估整體策略，而且你也經常期待別人跟你一起跳進去，結果卻發現他們不願意這麼做，或者他們還沒準備好要這麼做。

如果你太過認眞看待他人的不認同和勸阻，你很容易就會心煩意亂，因此很重要的是，你必須在任何努力中找到自身的清明，不論別人是否認同你，是否認同你所做的事。根據你的體驗，隨著時間推進，你將學會分辨自身活動的必要性和急迫性，知道自己是否衝動行事，抑或確實根據個人的清明來行動。堅持掌控情勢可能會造成衝突，但你的眞實天賦在於謀略，以及評估哪些是最好的行動。有時這意味著你能做的最有創意和最有助益的舉動，就是把控制權交給有資格掌控的人。

當你知道自己顯然獲得了控制權，你便能有自信地給生命中的挑戰帶來創新的解方。忠於你自身的本質，你就能成爲一個不做作的掌權者，而你勇敢的行動也會激勵他人在他們的生命當中做出果斷的改變。要找到自身的清明，需要能在任何情境中留意自身的類型和內在權威。你的內在清明能夠確保外在的平衡，而當你找到這個平衡，你就成了那個當大家都陷入混亂時能夠掌控局面的人。

21

人際人生主題

*The **Interpersonal** Life Theme of*
ENDEAVOR (1)

太陽在閘門21

努力(1)

閘門21/48/54/53

你的人生主題是要做改變的先鋒，經常在催化和著手各種新的冒險行動。要是看似沒什麼事情發生，你就會設法去觸發一些事情。你內建了要有所成就的驅動力，激發你去帶領、教導、勸誘和激勵他人採取行動。你不一定總是要留下來看事情的發展和結果；你只要成爲推動企劃開跑的人就夠了。這並不是說你對於你的冒險行動如何發展不感興趣，而是因爲你很快又會投入其他的需求和企劃中。

放手以及把責任交付給有能力的幫手，對你來說是個挑戰，但這是值得的。你會收到回報，而且能在遠處關注事情的發展；但如果你選擇控制一切，如此不僅會消磨你，也會消磨和你共事的人。到頭來，每個人都必須爲自己的人生負責，因此對你和每個人來說，細緻巧妙的處理，會好過你進入「控制狂」模式。緊緊掌控你的企業和所有相關人士，以及保持客觀並相信正確的做法會帶來正確的盟友和結果，這兩者之間有著很明顯的差異。

你的意識太陽在閘門21，你亟需在內心找到智慧。如果你的心臟中心是有定義的，你就能夠連結到所需的意志力來堅定自己的立場，並且把你的努力往前推進，同時緩和你自身控制的本能，將它運用在任何情境的實質需求上。如果你的心臟中心是沒有定義的，那就要清楚意識到，想要控制一切的欲望需要很大的智慧與耐心；你需要練習管理並下放責任，而不是堅持掌控一切。當你投身在你生命中所有的企劃和情況當中，你會瞭解到，埋藏在你內心深處的價值永遠是值得追尋的。有時，眞正吸引你的是制定追求的策略，更勝於實際去奪取和達到成就。找到並活出你的勇氣來源，才能眞正帶給你成就和滿足。遵循你的類型和內在權威，能夠在你所做的每一件事情上爲你提供指引。

此人生主題的名人：

美國男演員馬龍・白蘭度（Marlon Brando）

美國作家馬雅・安傑洛（Maya Angelou）

美國男演員小勞勃・道尼（Robert Downey Jr.）

德國政治家丹尼爾・龔—本第（Daniel Cohn-Bendit）

個人人生主題

22

*The **Personal** Life Theme of*

RULERSHIP (1)

太陽在閘門22

統領（1）

閘門22/47/26/45

你的人生主題是要去統治。人們會自然地看向你，認爲你擁有知識和資源能夠擔起重責大任。你的智慧大多來自過去行得通的事情所帶給你的廣闊視野，而且你也瞭解到，要得到持久的解決方案需要時間、毅力和決心。即使你找到了解決方法，也不保證大家會立即認同和支持，而這可能導致你在堅持自己感覺是正確的立場時躊躇猶豫。

站出來領導對你來說很容易，而且也會被你希望給予好印象的人所接納；然而，若你培養魅力和優雅，你努力的成果也會加成。身爲領導者，你肯定喜歡你生命中的人們能有百分之百的共識，因爲任何未達整體的狀態都會讓你心煩意亂。在接下這個挑戰時，謙遜是關鍵。試圖對抗「你的人民」的意志，去強加你自身的意志，或許會被容忍一段時間，但遲早都會導致「不光彩」，而非讓你成爲大家都信任的領導者。領導者的位置有時是很寂寞的，特別是不同群體有著不同的觀點和偏好，而每個人都期望你做出裁決時。當你宣告你的決定時，務必要很清楚明晰，而且要堅定！

你的意識太陽在閘門22，你的存在不僅優雅，而且也十分謙遜和慷慨。你可以是個優雅的統治者，用各種形式的美來使「宮廷」耀眼燦爛，從時尚和建築，到音樂、文學及藝術。透過鼓勵「你的人民」去經歷能帶給個人力量和賞識的體驗來擴展他們的人生，你很輕易地就能超越統治者較嚴苛的任期限制。和「你的人民」有所連結並且留意他們的需求，將帶給你很大的助益，特別是在試煉的時期。要記得，你的類型和內在權威總是會引導你做出清楚的決定，最終能給你和他人帶來最大助益，不論你在決定的當下是否能立即預見結果。

此人生主題的名人：

法國女演員茱麗葉・畢諾許（Juliette Binoche）
美國西洋棋手鮑比・費雪（Bobby Fischer）
蘇聯太空人尤里・加加林（Yuri Gagarin）
韓國女歌手太妍（Kim Tae-yeon）
美國女演員莎朗・史東（Sharon Stone）

固定人生主題

22

*The **Fixed** Life Theme of* GRACE (1)

太陽在閘門22

優雅(1)

閘門22/47/11/12

你的人生主題是要體現優雅的所有特質，不論是身體上、情緒上或心靈上的特質，也不論這些特質是否明智、合適或合理。你連結了重要的脈動，遠遠超越世俗世界的脈動，進入了不合邏輯、不理性、甚至是不可能的領域。在他人只看見牆的地方，你能看見門——一個沒人看得見的開口，一個他人無法自行想像的連結。當你瞭解到你看世界的方式有多麼不同，而且沒有你的分享，他人便無法擁有相同的觀點，你會體悟到，遵循自身的本質有多麼重要。如果你讓自己對他人的反對與勸阻做出反應，很容易就會從優雅沉淪到你認爲的不光彩。

你是浪漫的人，時有不理性的情況，而且可以很熱情，不需要有好理由就能愛上任何的人、事、物。你偏好走沒人走過的路。如果你看見大家在人生中都走某條道路，你很可能就會走另一條路。這並不是說你很難相處；你只是在許多事物裡看見了別人沒注意到的潛能。你擁有接近大自然的頻率，特別是動物王國能給你帶來深刻的助益。不拘禮節並且優雅地接納所有存在，是你給予這世界的禮物。

你會敞開心胸接納沒人看見的願景和潛能，音樂、時尚、形形色色多采多姿的夢想和冒險，都可以是你生命調色盤的一部分。從群體和機構裡尋找你渴望的支持和鼓舞，可能會讓你很不自在，因爲你看到的總是超越固定的議程與規範體制。當你在面對他人時感到挫折，你總是能在動物界找到朋友，因爲動物們的感官能夠察覺到你內在的光明和優雅。信任你的類型和情緒權威，你就會持續在生命中找到有趣且激勵人心的道路。

22

人際人生主題

*The **Interpersonal** Life Theme of*
INFORMING (1)

太陽在閘門22

告知(1)

閘門22/47/11/12

你的人生主題涉及互動與溝通，交換新聞和八卦，讓每個人都能跟上變換的時代。你天生是感情豐沛的人，持續在擴展流過內在的情緒，不論這些情緒是否容易被人接受。學習引導你的情緒是你一生的課題。你會把情緒帶入你表達的話語裡，你瞭解到自己所說的話未必符合邏輯，也未必能立即讓人理解，但那些話可能是很富有詩意的。你的內心是個浪漫的人，可以的話，你會看見一個開朗的世界。無畏地表達情緒，是你生命中很關鍵的元素。有時你必須獨來獨往，因他人未必會理解驅動你的因素。

你能夠給他人帶來覺察去看見生命中隱藏的部分，藉此推動他們所面對的情境。口述傳統是人類論述的一部分，能夠賦予講者與聽者力量，去跟上變化的世界。你描繪出他人沒能看見的機會和可能性，同時也鼓舞他人在生命中加快前進的步伐。你理解他人所誤解的事物，給受壓迫的人帶來力量和啓發，並且在混亂之處散播和諧。每個人都有想要在人生中獲得保證的深切希望，而透過你的話語、你的存在和你的作為，你也確實給了人們安定感。

你的意識太陽在閘門22，你帶有內在的光輝，能夠吸引人們，甚至迷惑人們，並開啓某些生命元素的連結，這些元素通常是他人無法接觸到的。你能看見他人在生命中受困的因素，也知道透過一些推動和鼓舞，他們是能夠掙脫的。藉著訴說有趣的故事，或者堅定地握著某人的手，你就能將一個人的沉重壓迫感轉化為一種自我價值的感受。你的挑戰在於要確定自己只是提供他們能夠處理的資訊，而不是持續扮演拯救者的角色或是造成了依賴性。建立連結，釋出靈性的話語，溫柔地擁抱，然後踏上你自己的道路！要信任你的類型和內在權威將引導你去到你能發揮天賦長才的時間和地點。

此人生主題的名人：

美國參議員米特・羅姆尼（Mitt Romney）

美國女演員麗莎・明內利（Liza Minnelli）

義大利實業家吉亞尼・阿涅利（Gianni Agnelli）

美國吉他演奏家詹姆士・泰勒（James Taylor）

23

*The **Personal** Life Theme of*
EXPLANATION (2)

太陽在閘門23

說明（2）

你的生命中常有想要告知和說明的衝動。有時，你會覺得能很好地傳達自己想要說的事情；而有些時候，你和你的聽眾可能很疑惑你到底是在說什麼，並且質疑你是如何得知你說的那些事情。你的內在存在著轉變他人人生的能力。你的天賦是能夠和各式各樣的人溝通，而你的挑戰則是要讓人聽懂你說的事情。你傾向把事情一股腦脫口而出，許多時候你會發現自己所說的事情，和別人在思考或表達的事情沒什麼關聯。發展出自在對話的能力是需要練習的，特別是當你有如此多的洞見需要去表達和說明時。

你的表達力量，以及你分享洞見的能力——分享那些能轉變你的世界的洞見——不僅存在你說話的內容當中，也存在你說話的聲音裡。語調是你在溝通時至關重要的一部分。當你很放鬆並按部就班地陳述時，你的聲音語調能最清楚地傳達資訊。跳躍式的說話方式，或是任意地穿插陳述你的洞見，特別是當你想要一股腦脫口而出的時候，就可能導致誤解和疏離。因此你會發現，發展說話技巧和對自己的聲音感到自在是非常重要的，否則你會發覺大家都很疑惑你到底在說什麼，因而不

閘門23/43/49/4

確定他們是否眞的想要或需要注意聽你說話。要記得，你所說的事情可能很有權威而且不容置疑，之所以會讓人們很困惑和擔憂，是因爲你所說的內容和他們本身或他們感興趣的事情並不相關。

你的意識太陽在閘門23，你很擅長說能夠大幅改變人們對現實觀感的話。你會接收到獨特的洞見，讓你亟欲轉化成語言，權威地表達「我知道！」。由於你所說的事物出自新穎的來源，很可能超越人們曾聽過的一般看法和信念，因此你說的這些事對你的聽眾可能很具挑戰性。如果你的話語和音調沒能表達個人的確定性，你就會遭到忽視，因此也就喪失了帶來轉變的機會。對你來說，關鍵在於找到盡可能簡單的方式來表達你的洞見，讓人們能夠和你想傳達的事物有所連結。磨練你的說話技巧是你一生的課題。信任你的類型和內在權威，便能知道何時適合表達，這對你會非常有幫助，讓你能夠透過你全新表達的洞見來轉變你的世界。

此人生主題的名人：

愛爾蘭搖滾樂團U2主唱波諾（Bono）

西班牙畫家薩爾瓦多．達利（Salvador Dalí）

英國貝斯手席德．維瑟斯（Sid Vicious）

盧森堡大公夫人瑪麗亞．特麗莎（Maria Teresa, Grand Duchess of Luxembourg）

固定人生主題

23

The *Fixed* Life Theme of ASSIMILATION (2)

太陽在閘門23

同化(2)

閘門23/43/30/29

你的人生主題是要將你的「覺知」傳達給他人。然而，不論你知道什麼，你很容易會發現自己處於孤立狀態，因爲許多人都不希望自己的人生因爲你所表達的洞見而出現大幅度轉變。這並不是說你的洞見有什麼問題，而是你表達的時機和方式會導致可能的困境。人們希望在生命中有確定感，因此要是你不夠謹慎的話，你所說的話以及你所表達的方式，可能眞的會讓他們感到困擾。你不需要限制自己只說能夠讓你「融入」他人的事情，但你需要愼選措辭、時機和聽眾。如果你習慣把事情不假思索「脫口而出」，你會發現自己經常受到誤解，甚至被排擠，而他人也不會信任你想傳達的價值與重要性。

如果你想要能被聽見，那麼學習社交技巧，特別是說話技巧，對你來說就很重要。你也必須辨別哪些朋友和夥伴能夠清楚聽見你要表達的事情，而且可以把你帶入讓你能夠自由發言的環境。最終，你的聲音帶有轉變他人生命的力量，儘管措辭選擇還是很重要，但聲音品質、說話語調通常才是眞正帶來影響力的因素。當你很放鬆時，你的語調會讓人更容易聆聽和理解；當你很緊繃時，或者當你在壓力下談話，或是你覺得被迫要去傳達重要的洞見，這時你的聲音品質就會改變，讓別人比較難去聽見你要說的內容。聆聽自己講話，並且注意你的話語對他人造成的效果，這麼做對你會有很大的幫助。

如果你很氣餒，覺得沒有人想聆聽你的另類觀點，你就會孤立自己，因而限制了你的影響力以及與世界的連結。再次強調，你所表達的洞見本身並沒有問題；事實上，這些洞見可以大幅改變人們的集體觀點，開啓新的理解、信念和意識領域。然而，你需要發展出技巧，去辨別哪些人能聽見你。要覺察好的時機，以及你說話聲音的舒適語調。信任你的類型和內在權威，你就會知道要在何時去傳達你那讓人驚奇的洞見。

23

人際人生主題

*The **Interpersonal** Life Theme of*
DEDICATION (2)

太陽在閘門23

奉獻(2)

閘門23/43/30/29

你的人生主題是要提供有影響力的溝通，亦即對所有個人都有價値的強大溝通。你爲了每個人的利益而表達自己的洞見，結果就是人們會找尋你，接收你的智慧和闡釋。你傾向對改善他人的人生變得執迷，彷彿那是你的職責，因此你可能經常會去拯救他人，或是試圖爲他們接管和安排所有的事情。你的挑戰是瞭解到自己的極限，並且在你把自己繃得過緊前放手。指引他人去找到他們自身的力量和資源，這樣他們才能有自信地在自己的人生道路上前進。

你有著潛在的驚人洞見，並且尋求能夠立即表達。你的談話或許很深奧，並具有權威性且不容置疑，但除非你以他人能夠聽得進去的方式表達，否則你可能會發現你的聽眾都在疏遠你。因此，磨練你的說話技巧是至關重要的。當你學會衡量你對聽者造成的影響，並且將你的說話技巧和社交技巧結合，你會發現有人已準備好要聽你說話。你有能力用最簡單的措辭表達複雜的概念和強大的洞見，但這需要努力不懈地練習，才能有穩定一致的表現。你的奉獻是要提升人類，而你關注的是要讓你的洞見有效益，也就是能幫助人們成長，並且在他們的人生中賦予他們力量。有時，你必須親力親爲去協助；有時，你必須退居一旁，讓人們以自己的方式成長。

你的意識太陽在閘門23，你有方法透過你聲音的力量，讓人們接觸到體驗人生的全新方式。當你在自己的人生中很清明且平衡時，你的聲音品質就會吸引他人的注意；當你承受壓力或失衡時，人們就很難聽見你要表達的事物。要讓你想傳達的資訊能被聽見，除了你所說的內容外，你的語調和聲音品質也同樣重要。你的話語能夠直接切入人生的要素，但說話的時機和語調將會決定你的話語能否被聽者所吸收。當你和自己的人生同調時，你說出的洞見將有潛能可帶來巨大的轉變；而當你的表達不合時宜或者只是一股腦脫口而出時，就不會有人聆聽。如果你留意自身的類型和內在權威，你便會知道何時適合表達，你將會看見身邊上演著強大的轉變，也因此帶給你最大的成就和滿足。

此人生主題的名人：

美國電影導演喬治・盧卡斯（George Lucas）
英國男演員提姆・羅斯（Tim Roth）
美國綠黨成員吉爾・史坦（Jill Stein）
澳洲女演員凱特・布蘭琪（Cate Blanchett）
臉書創辦人馬克・祖克柏（Mark Zuckerberg）
美國電視節目主持人史蒂芬・荷伯（Stephen Colbert）

個人人生主題

24

The ***Personal*** *Life Theme of*
THE FOUR DIRECTIONS (WAYS) (1)

太陽在閘門24

四個方向（道路）(1)

閘門24/44/19/33

你的人生主題是要測試這世界上所有體驗的極限，然後找到內在的平靜去反思，藉此對你復甦和更新的過程提供支持。有時你可能不知道爲什麼你會被推動去投入某些體驗，或是拒絕投入某些體驗，許久之後才發現，這些全都爲你的生命帶來了意義。要注意，若試著透過你的頭腦來引導你的人生，必定會導致你感覺機會和答案都與你擦身而過。儘管你有很棒的合理解釋，但有一部分的你知道，生命很神祕，遠遠超出你的頭腦所能理解。

你這一生有許多機會能去瞭解一些深奧的眞相。你可能會回想起深鎖在記憶中的時間、地點和體驗，而這些仍持續形塑著你現在的生活。有時你很外向，會去探索與你生命交會的所有人、事、物；有些時候，你會靜坐沉思著生命和其所有令人驚嘆的事物。就像海浪有韻律地起起落落，就像月亮陰晴圓缺的不斷循環，隨著你在生命循環中成長，隨著你對生命的理解和體悟逐漸發展，你的生命模式也會持續向外和向內移動。

你的意識太陽在閘門24，你的頭腦經常在轉動，試著要達成完整的心智層面領悟。它透過將心智的概念反覆思索、精煉結果來達成此目的，但你的頭腦很難找到靜止點。然而，眞理是難以捉摸的，而領悟只會在寂靜的時刻到來。當你達到靜止點，亦即那個情勢翻轉的時刻，你便能連結到極爲深刻的領悟。冥想、耐心和警醒地觀察你頭腦的習慣，將會帶領你達到那種領悟。密切留意你的類型和內在權威，它們將引導你遇見當下眞正値得你關注的人們和情境。

此人生主題的名人：

美國女演員潔西卡・艾芭（Jessica Alba）

英國男演員丹尼爾・戴—路易斯（Daniel Day-Lewis）

美國金融界經理人伯尼・馬多夫（Bernie Madoff）

美國女演員蜜雪兒・菲佛（Michelle Pfeiffer）

美國女演員鄔瑪・舒曼（Uma Thurman）

英國足球員大衛・貝克漢（David Beckham）

固定人生主題

24

The *Fixed* Life Theme of RATIONALIZATION (1)

太陽在閘門24

合理化（1）

閘門24/44/13/7

你的人生主題是要持續回到你自身的真實。你會被拉入生命的各種互動中，接觸到各式各樣的人和情境。在一些情境裡，你可能選擇去同理；而在另外一些情況裡，你可能會去主導事情如何進行。你有方法能夠回顧很遠的過去，或是把眼光放向未來，藉此確認特定的指引。你的想法和觀點走向，和大部分人想的不一樣。你能夠透過非凡的洞見，釐清他人的猶豫不決，而你也總是受到歡迎，前提是你要運用自身彈性且創新的思考過程，而不是鎖定在某個教條式的思維裡。

你的挑戰是，你傾向過度思考每一件事，從來沒有得出滿意的結論，卻堅持要在心智的思辨上探究得更深入。你的頭腦經常在尋找真理，然而真理並無法透過頭腦來確認。真理既單純且完整，而且唯有在思緒停止的片刻寂靜中才能得知。你或許有個聰明絕頂的頭腦，但你想在人生中獲得滿足，就必須要讓自己連結到另一個層面的意識。

你最有力的天賦在於，你內在有能力看見每個人和每件事情在生命的計畫中都有各自的位置，而且你有方法能夠從獨特的觀點去觀察、概念化、創新和引導這個世界。你經常渴望擁有獨處的時間和空間，能夠思索生命的奧祕，辨別哪些事物和你切身相關，而哪些事物和他人有更直接的連結，以及你是否需要直接與他們有所牽連。在這一切互動之中，要記得你的類型和內在權威會引導你完美地忠於自己的人生，並帶領你邁向自身的成就和滿足。

24

人際人生主題

*The **Interpersonal** Life Theme of*

INCARNATION (1)

太陽在閘門24

體現(1)

閘門24/44/13/7

你的人生主題是要透過自身當下自發的存在，向他人展現出每個人都應根據自身內在的眞實來經歷人生。你有時可能會窺見或明顯地連結到另一個時代和維度，不論是過去或是未來，而這讓你覺察到生命持續的演化過程。你可以很清楚地覺察到他人以及所有生物，有時會超越所謂朋友和夥伴的正常界線，去追逐你對生命的著迷以及生活的藝術。你對生活方式的選擇，未必會和他人的生活方式相容，因爲你的內在帶有某種相異性和獨特性。

透過強大的觀察力，你有能力看出觸動他人的事物。你能夠預見人們的需求以及困擾他們的問題，經常預先想出能夠緩和他們所處情勢的解決方案或合理解釋。你可以是很棒的聆聽者，能夠連結他人的煩惱，必要時會建議、甚至執行極爲創新的方式來處理他們的問題，而這通常也會給他們的問題帶來解方。「體現」(化身)是一個人在身體形式裡最接近有覺察意識的狀態，而你這一生有大部分時間都在努力探索身體的能力和極限。

你的意識太陽在閘門24，你擁有心智能力去思考廣泛的人生議題，經常在創造與重新創造各種情境和可能性。隨著你的智慧發展，你能夠扮演教師的角色，向他人闡述人生並不是需要解決的問題，而是需要去親身經歷的奧祕，而且我們的人生就是活在每個當下！你的頭腦可能會遊走在眾多不必要的思緒當中，而你必須對哪些是切題且有建設性的保持警覺，以避免過度思考並造成不必要的擔憂。活在身體形式裡有時並不輕鬆，因此要時時謹記，你的類型和內在權威會完美地指引你經歷你的人生。

此人生主題的名人：

英籍美國好萊塢女演員奧黛麗・赫本（Audrey Hepburn）

美國男歌手蘭迪・特拉維斯（Randy Travis）

美國職業摔角手和男演員巨石強森（Dwayne Johnson (The Rock)）

英國女歌手莉莉・艾倫（Lily Allen）

義大利時裝設計師唐娜特拉・凡賽斯（Donatella Versace）

個人人生主題

25

太陽在閘門25

*The **Personal** Life Theme of*
THE VESSEL OF LOVE (1)

愛的化身（1）

閘門25/46/10/15

你的人生主題是要成爲愛的典範，展現所有愛的表達形式。對生命的愛、對自我的愛、對感官享受的愛、以及去愛你的人生歷程與一路上遇見的人們，這些都是你人生道路的一部分。如果你在孩童時期受過傷害，你對愛自然純眞的表達可能就會受到侷限。生命總是一次又一次要求你去信任愛的律動，這些愛的律動會從你內心或在你身旁源源不斷湧現，且會跟隨你到任何地方。「愛」是宇宙中流動能量的固有本質，而你天生就是愛在地球上傳達的管道和媒介。

不論你有沒有覺察到，你總是會影響你所接觸的每一個人。你會讓人們敞開心房，讓他們的生命更爲輕鬆自在，並且提醒他們，我們所有人本就是相互連結的。你會促使人們意識到並且牢記，讚頌「愛」這個美妙的人生禮物是很重要的，而且你就是那個推手，讓人們能感受到彼此的連結、認同和珍惜。你協助人們度過試煉，安撫那些弱勢、邊緣和被社會排斥的人。愛是充滿光輝的，而你就是愛的使者。學著接受各種不同形式的愛的表現，不論你在那角色中是否總是感到自在。

你的意識太陽在閘門25，你內心帶著純粹的純眞，有時非常無私忘我；而有時你帶著堅定的勇氣，成爲普世之愛的化身，這種愛超越了人們對愛的認知。你有時會承受讓內心深受打擊的沉重考驗，令你感到心碎，直到你找到安撫人心的擁抱。如果你無法從人身上找到合適的擁抱，「自然」永遠等著接納你。地球上的生活並不是輕鬆的旅程，而且許多人對於如何接受和表達愛有著非常奇特的想法，但你是那個可以散發光芒並把純淨的愛投射給世界的人。你會讓其他人看到，世界上的萬物都值得愛，而你就是這項珍貴特質的使者。信任你的類型和內在權威，你就會知道該置身何處。

此人生主題的名人：

美國預言家愛德加・凱西（Edgar Cayce）
美國女演員葛倫・克蘿絲（Glenn Close）
加拿大男演員威廉・薛特納（William Shatner）
英國男歌手艾爾頓・強（Elton John）
美國男演員布魯斯・威利（Bruce Willis）
美國男歌手喬治・班森（George Benson）

25

*The **Fixed** Life Theme of* INNOCENCE (1)

太陽在閘門25

純眞(1)

閘門25/46/58/52

你的人生主題是要永遠保持純眞，接納並承受世界上任何可能的腐敗影響。在所有人都放棄時，你依舊保持樂觀，而這份樂觀會帶領你總是預期會找到最好的事物。通常，你就是那個帶來最好事物的人。你的本質中有因緣際會的特質，能在正確的時間帶你到正確的地方，透過純眞去觸發不尋常的機遇。即使在人們無法賞識你的天賦而且試圖貶低你、打擊你的情況下，只要你信任自己眞誠的目的，你依舊能毫髮無傷地安然度過。

你對生命有著深深的信任，這是很少人擁有的，但你也必須辨別這項特質並給予滋養。要是你允許自己被別人的意見和批評影響，這可能會削弱你的自信，讓你偏離自身的人生目的。而你的人生目的就是要在沒人做得到的情況下，仍有自信且無可責難地經歷人生。信任你自己，信任你內心確知是正確的事情，你就能活出非凡的人生。有觀察力的人會看見你內在愛與平靜的特質，但要是你不夠謹愼，那些沒能看見你這些特質的人，就會因爲他們自身的貪求與對生命的不信任，造成你偏離正軌。

你內在有著很重要的生命火花，推動你投入許多不同的情境中，透過你自信的態度，在世界上觸發一種讚頌生命的感受。要很清楚你自身的態度，即便是在事情看似要失控的情況下，亦要如此。你能夠給身邊所有的人、事、物帶來平靜與寬慰的特質。當你花些時間退後一步，客觀地去看你的人生，你會瞭解到自己的人生有多麼獨特，即使在最單純的時刻裡，你也能經歷廣泛的冒險體驗。信任你的類型和內在權威來讓你知道什麼是可行的，有時這些事只專屬於你和你獨特的道路。

此人生主題的名人：

英國音樂劇作曲家安德魯・洛伊・韋伯（Andrew Lloyd Webber）

25

人際人生主題

*The **Interpersonal** Life Theme of*
HEALING (1)

太陽在閘門25

療癒(1)

閘門25/46/58/52

你的人生目的是要給世界帶來療癒。這有可能是以間接的方式發生，例如你自己生病，而你痊癒的過程給他人帶來了啓發。不論你是否有意識到這個效應，透過你深刻的愛與同理，你到任何地方都會給他人帶來療癒的能量。有時你單單只是走進一個房間，就能爲身邊的人觸發療癒的效應。從這個角度來看，你必須爲自身的健康福祉負責，否則你會過度承載他人的病痛，耗盡能量，甚至連你也一起生病了。你可能會認爲療癒全世界是你的責任，但如果你眞的嘗試這麼做，你會筋疲力竭，因而無法協助任何人。要記得，有時候任何人——特別是你——所能帶來的最簡單療癒，就是愉快的心情和開懷大笑。

你作爲療癒者的角色，是要給世界帶來有著愛和平靜的存在。不論你是否意識到，你都擁有潛能，能給一些當代醫療無法處理的情況帶來療癒的效果。但這並不表示你要去對任何醫療專業人士和機構發起挑戰，除非你對於要這麼做是全然清楚的。然而，你有時確實能夠帶給那些標準化程序無法治療的人幸福和撫慰。生命有非常多的層面，疾病有很多種方式能纏上我們。很有可能你並不瞭解自己帶來了什麼，但你肯定會覺察到當你介入後所發生的改變。在你生命中的所有互動裡，你都需要先照顧好自己的健康。請記得這句諺語：「醫生，請醫好自己！」如此一來，你才會夠強健，並準備好去協助他人。

你的意識太陽在閘門25，你帶有一種純眞，這項特質觸及了身體與心靈層面之間的領域。儘管你透過療癒性的存在，帶來了強大的愛的能量，但對那些不瞭解你內在特質的人來說，你可能看起來很疏遠，甚至很冷漠。透過認知到自己非凡的天賦，你能夠臣服於身處在正確環境和尊重你的人群中，有多麼重要。對於那些持續透過自身欲求來耗盡你的能量卻沒能給予任何回報的人，跟他們保持距離是絕對必要的。要瞭解並信任你的類型和內在權威，它們將指引你度過生命中的所有試煉。

此人生主題的名人：

美國男演員史提夫・麥昆（Steve McQueen）

美國女演員瑞絲・薇斯朋（Reese Witherspoon）

美國心理學家威廉・賴希（Wilhelm Reich）

紐西蘭女演員姬莎・卡索—休斯（Keisha Castle-Hughes）

個人人生主題

26

*The **Personal** Life Theme of*
RULERSHIP (4)

太陽在閘門26

統領(4)

閘門26/45/47/22

你的人生主題是要去統治。人們會自然地看向你，認爲你擁有知識和資源能夠擔起重責大任。你的智慧大多來自過去行得通的事情所帶給你的廣闊視野，而且你也瞭解到，要得到持久的解決方案需要時間、毅力和決心。即使你找到了解決方法，也不保證大家會立即認同和支持，而這可能導致你在堅持自己感覺是正確的立場時躊躇猶豫。

站出來領導對你來說很容易，而且也會被你希望給予好印象的人所接納；然而，若你培養魅力和優雅，你努力的成果也會加成。身爲領導者，你肯定喜歡你生命中的人們能有百分之百的共識，因爲任何未達整體的狀態都會讓你心煩意亂。在接下這個挑戰時，謙遜是關鍵。試圖對抗「你的人民」的意志，去強加你自身的意志，或許會被容忍一段時間，但遲早會導致「不光彩」，而非讓你成爲大家都信任的領導者。領導者的位置有時是很寂寞的，特別是在不同群體有著不同的觀點和偏好，而每個人都期望你做出裁決時。當你宣告你的決定時，務必要很清楚明晰，而且要堅定！

你的意識太陽在閘門26，你很擅長說服他人跟隨你的帶領，會提出許多跟隨並支持你可帶來的好處。有時你會想要操弄他人，因爲這對你來說是輕而易舉的事。你可能會誇大宣揚自己的能力和自己能提供的事物，特別是當你在銷售東西時。當你帶有責任感地運用時，給予人們指引是你很棒的天賦，特別是物質層面上的指引。因此，很重要的是，你必須遵守你所代表的一切，而不是去利用他人的純眞。最終，你眞正在銷售的其實是你自己，因此務必非常清楚你所代表的事物爲何。當你留意自身的類型和內在權威，你便會知道如何做出能夠帶給自己最大成就和滿足的決定。

此人生主題的名人：

印度哲學家奧修（Osho）
美國女歌手泰勒絲（Taylor Swift）
巴西賽車手埃默森・菲蒂帕爾迪（Emerson Fittipaldi）
英國詩人菲利浦・席得尼爵士（Sir Philip Sidney）

固定人生主題

26

*The **Fixed** Life Theme of*

PROCURING (THE TRICKSTER) (4)

太陽在閘門 26

獲取（詭計者）（4）

閘門26/45/6/36

你的人生主題是要跟上各種的交流與互動，特別是物質世界裡的交流與互動。你會持續發現自己受到他人的信任，這些人想要你協助他們釐清自身的價值。在這樣的角色裡，總是有可能對那些能力或資訊不如你的人占便宜，而你的道德可能會時不時受到社會以及周遭人的質疑，這可能會導致你也去質疑自身的道德觀。

在道德議題方面，你需要非常警覺，因爲你很容易就會因爲他人的要求和他人宣稱的原則與顧慮而偏離正軌。每個人對於正確與合適都有各自的概念，而對他人的概念照單全收，可能會讓你偏離自身獨特的能力與風格。你的內在有手段能夠達成事情，而你採用的方法也讓你得到了「詭計者」的稱號，因爲沒有人知道你是怎麼做到的，有時甚至連你自己也不清楚。這個能力是受到你的心臟中心的潛在意志力所驅動，讓你有途徑能夠透過被認定是「正常」的方法來完成事情，使你能達成看似不可能的事。你的運作過程可能被描述爲「巧妙的手法」，或顯示出某個非常獨特的天賦，讓你能夠成就他人做不到的事。

你有強大的天賦能滿足他人的需求，特別是當他們並不確定自己想要從人生中得到什麼時。擔任滿足他人需求的媒介，需要有很大的自信。你很容易就能辨別什麼是「好的」交易，但要在各方人馬的需求都能被滿足的情況下找到平衡，並且有能力評估人們眞正值得擁有什麼，一直會是你存疑的部分。當你留意自身的類型和內在權威，你將能找到自己所需的內在指引，讓你有自信，並且在任何情況下都能獲得成就和滿足。

26

人際人生主題

The Interpersonal Life Theme of
CONFRONTATION (4)

太陽在閘門26

對抗(4)

閘門26/45/6/36

你的人生主題是要在需要改變的情況下擔任領導的角色。你有內在的驅動力要擔負起責任，特別是在物質層面上，而你的挑戰在於需要根據每個情境的需求調整你的情緒。你有很強大的能力可以教導他人事情「應該」如何進行，而且你有種急迫感和能力去大幅改變自己和他人所面臨的侷限環境。這可能讓你很難去配合那些需要你協助和領導之人的步調及時程。如果你無法滿足自身的需求，在你得到滿足前，你有可能會造成混亂，或者你可能會突然完全抽離，不理會他人的困惑以及對於你認定必要之改變無能爲力的情況。

你強大的意志力可能改變你所遭遇的任何情境，並且給生活在侷限環境裡的人們帶來豐盛的物質助益。你有方法協助他人爲自己的人生負起責任，藉此帶來大幅成長，因爲你能夠看出他們困在哪些舊模式和傳統裡。你的重大挑戰在於你是否能分辨以下這兩種情況的差異：一種是純粹讓你看不順眼的情況，另一種是確實需要你的直接協助來爲所有人修正事物的情況？當你能夠區分這兩種狀況，你便會找到共識支持所需的激進改革，進而推動你和他人突破失調的生活情境。

你的意識太陽在閘門26，你有能力改變人們對任何事物的觀點，特別是和財產或者權力地位有關的事物。你很擅長運用巧妙的方式來處理各種情境，這是他人很難忽視的。如果你自身的需求沒有立即得到滿足，你可能會操弄他人的情緒，直到你的需求得到滿足爲止。有時你眞的很享受身處危機的中心，因爲你比他人更容易找到出路。然而，持續過著戲劇性的人生是沒有必要的。當你發現自己受到某人或某事的挑戰，最需要的就是從個人清晰的角度去進行互動。與其過著富爭議的人生，你會發現當你留意自身的類型和內在權威，並且認知到內在給予你的清楚指引，去爲周遭的世界提供支持和協助，你將能得到最大的成就和滿足。

此人生主題的名人：

美國女演員帕蒂．杜克（Patty Duke）

英國足球員麥可．歐文（Michael Owen）

巴西前總統迪爾瑪．羅賽芙（Dilma Rousseff）

美國女演員麗．萊米克（Lee Remick）

個人人生主題

27

*The **Personal** Life Theme of*
THE UNEXPECTED (1)

太陽在閘門27

意料之外（1）

閘門27/28/41/31

你的人生主題是要沉浸在意外之事當中。這或許是最非凡的人生主題之一，你給你的生命以及身邊所有人的人生，帶來了意料之外的徹底改變。即使面對生命的不確定性和不可知的層面，你仍能帶來覺察和影響力，也帶來照顧的本質，靜靜地思索如何從生命中得到最多的收穫。如果你接受並擁抱生命帶給你的一切，帶著開放的態度準備迎接任何挑戰，那麼你在表達自己對這世界獨特的夢想、願景和關照時，就不會遭受阻礙和氣餒。要信任你自身獨特的能力，而這能力未必會遵循任何人對於生命應該如何運行的概念。

生命是個奧祕，而你是來探索這奧祕的。當人們堅持事情只能以某些方式進展時，你通常會證實完全相反的狀況，點出或展現各種的替代方式。對那些覺得生活索然無味或毫無意義的人，你可以給他們帶來不同的態度，你會用新發現的有趣可能性來替代自滿心態。當你帶來改變時，或是你吸引改變降臨到你的生命中時，你的存在便能夠輕易地影響和提振每個覺得困在固定且無聊人生裡的人。

你的意識太陽在閘門27，你給世界帶來了特別的滋養與照顧特質，你給予人們的關心和支持，經常遠超過社會一般的預期。你瞭解到生命有多麼珍貴，也知道人生能夠帶給我們多麼奇妙的事物——當然也能拿走。要注意你在生命中給予和接受的照顧是平衡的。如果你要把自身的能量和資源給予任何人，或是從周遭的人們那裡接收資源，要很清楚每個情況當下的實際需求。在生命帶給你以及你帶給生命的眾多需求裡，信任來自你的類型和內在權威的指引，會讓你知道要如何前進。

此人生主題的名人：

美國女演員莎莉・麥克琳（Shirley MacLaine）
美國男演員傑克・尼克遜（Jack Nicholson）
美國女歌手、演員芭芭拉・史翠珊（Barbra Streisand）
俄國政治家佛拉迪米爾・列寧（Vladimir Lenin）
美國女演員安柏・赫德（Amber Heard）
美國紀錄片導演麥可・摩爾（Michael Moore）

固定人生主題

27

*The **Fixed** Life Theme of*
CARING (1)

太陽在閘門27

照顧(1)

閘門27/28/19/33

你的人生主題是關於照顧。你能夠立即覺察到那些最需要關注的人們和議題。在沒有明確的請求下，你傾向將自己的注意力賦予每個人和每件事，並且經常急著給予支持。在慷慨的天性下，你會去尋找所有能夠提供關照的機會。你通常不看自身的需求和利益，反而會找尋方式改善周遭的世界，把你的努力放在公眾的利益上。儘管你有時會想要有所保留，但你也會有想伸出援手的衝動，深入連結他人的人生。

在這個人們和自然都感受到挑戰與苦惱的世界裡，你的存在和滋養他人的特質是眾人很需要的。你能看見缺口，而且知道只要做些簡單的調整就能帶來大幅的改善，而你有時會覺得自己有義務投入改善工作，完全沒有考慮到自己的福祉。是的，你能在這一生裡展現極大的慷慨與同理，但要切記，你能做的有限。不論你是否刻意如此，但讓他人養成了依賴，不僅可能耗盡你的能量，也會削弱了他們的能力與責任感。

你會尋求許多方式在生命中散播關照，因爲你感受到他人的需求沒被滿足。你試著讓人們看見你內在強大的驅動力：生命很重要，即使他人可能已經忘記這一點。你本身也有很精采的生命體驗和歷程，這些經歷也讓你更深刻地理解到，我們在本質上是彼此連結的，我們都需要彼此的照顧。透過你對照顧的熱愛，你能啓發他人找到並欣賞自身在世界上獨特的位置和價值。務必要信任你的類型和內在權威，讓它們引導你跟你最有共鳴的情境互動。

27

人際人生主題

The ***Interpersonal*** *Life Theme of* ALIGNMENT (1)

太陽在閘門27

校準（1）

閘門27/28/19/33

你的人生主題是要讓自己和身邊每個人都貼近共同的記憶，瞭解到關照會讓生命變得有價值。你傾向測試每個情境的極限，藉此帶來秩序；然而，你也能直覺地感受到何時要積極地投入，以及何時要抽離去蒐集更多觀點。要小心，有時你可能會過度熱心，採許一些冒險舉動，因而損及或危害你想要達成的安排。務必記得，你內在有潛能去挑戰生與死的極限。如果你發現自己處於極端狀態，請深吸一口氣，然後回頭。

在這個人們經常發現自己被分隔、放逐和受苦的世界裡，你的存在和滋養的本質是眾人所亟需的。你能看見缺口，知道只要簡單的調整就能帶來大幅的改善，這不僅是關於人們，也關於自然。你經常覺得有義務要投入以帶來改變，卻不曾考量到自身的福祉。你確實很慷慨也很有同理心，但務必記得，你能做的也就那麼多。允許他人依賴你，最終會耗盡你的能量，也會削弱了他們的才能與威信。你的覺察力讓你比他人更能看出他們的需求，而且你也會知道代替他人採取行動是否符合最大的利益。要審慎挑選你的戰鬥力！

你的意識太陽在鬧門27，你天生能感受到哪些人、事、物在當下需要最多的資源、滋養和協助，特別是在重大試煉和動盪的時期。對於預料之外的情境，你能比他人更快看清楚，而當面臨官僚的拖延，以及他人對於做出正確的事猶豫不決時，你可能會變得惱怒且苛刻。有時，你有必要退後一步重新評估眞正的需求；有些時候，你則要跳進去，提供快速的調整與解方。當你密切留意自身的類型與內在權威，你便會與當下眞正的需求連結，這會讓你免於經常要進入「補救者」模式而變得筋疲力竭，甚至吃力不討好。

此人生主題的名人：

美國男演員查寧・塔圖（Channing Tatum）

英國女演員珍娜—路易斯・科爾曼（Jenna-Louise Coleman）

美國前總統尤利西斯・辛普森・格蘭特（Ulysses S. Grant）

美國作家科麗塔・史考特・金恩（Coretta Scott King）

個人人生主題

28

*The **Personal** Life Theme of*
THE UNEXPECTED (3)

太陽在閘門28
意料之外（3）

閘門28/27/31/41

你的人生主題是要沉浸在意外之事當中。這或許是最非凡的人生主題之一，你給你的生命以及身邊所有人的人生，帶來了意料之外的徹底改變。即使面對生命的不確定性和不可知的層面，你仍能帶來覺察和影響力，也帶來照顧的本質，靜靜地思索如何從生命中得到最多的收穫。如果你接受並擁抱生命帶給你的一切，帶著開放的態度準備迎接任何挑戰，那麼你在表達自己對這世界獨特的夢想、願景和關照時，就不會遭受阻礙和氣餒。要信任你自身獨特的能力，而這能力未必會遵循任何人對於生命應該如何運行的概念。

生命是個奧祕，而你是來探索這奧祕的。當人們堅持事情只能以某些方式進展時，你通常會證實完全相反的狀況，點出或展現各種的替代方式。對那些覺得生活索然無味或毫無意義的人，你可以給他們帶來不同的態度，你會用新發現的有趣可能性來替代自滿心態。當你帶來改變時，或是你吸引改變降臨到你的生命中時，你的存在便能夠輕易地影響和提振每個覺得困在固定且無聊人生裡的人。

你的意識太陽在閘門28，你可能隨時準備好要投入生命所帶來的一切冒險，或者在某些情況下，你或許會發現自己對於可能發生的事情極爲恐懼，因而讓你很難有所行動。唯有當你瞭解到你需要面對、接受並解決所有的挑戰才能變得成熟，你才會體悟到自己是有很好的能力可以因應挑戰的。你人生旅途中的一個持續重點，就是要在這兩者之間找到平衡：接受你所面臨的難題，以及清楚自己是否需要投入或是要投入多少。你的類型和內在權威會持續將你的注意力導向對你而言很重要的情境，一旦你獲得清明，就不要讓任何事情阻礙你。

此人生主題的名人：

英國男演員約翰・克里斯（John Cleese）
美國前第一夫人希拉蕊・柯林頓（Hillary Clinton）
美國企業家比爾・蓋茲（Bill Gates）
美國女歌手凱蒂・佩芮（Katy Perry）
美國女演員茱莉亞・羅勃茲（Julia Roberts）
西班牙藝術家巴勃羅・畢卡索（Pablo Picasso）
美國女演員薇諾娜・瑞德（Winona Ryder）

28

The ***Fixed*** *Life Theme of*

RISKS (3)

太陽在閘門28

風險(3)

閘門28/27/33/19

你的人生主題是要擴展生命可能性的限制，直到你達到個人滿足感的門檻。有時你會不斷去挑戰任何強加在你身上的限制，不論那是眞實的限制還是想像的限制，以致你看起來很魯莽。你的冒險包含了各種活動，包括實體活動和投機臆測活動。你感受到想要賭一把的衝動，因此甘冒所有的風險，只爲了得到刺激的體驗。這並不是說你不關心安全，而比較像是你很活躍、充滿活力，而且實際上也因爲「鋌而走險」的人生而獲得滋養。

一旦你體驗過了想要暴露你所有弱點的衝動，而且所有的風險都已被挑戰且滿足過，你就能抽離，去反思你所達成的事情。在緊接而來的安靜空間裡，你能夠欣賞並且發展你的內在力量和自我價値感受。在成就中，你能夠放鬆，恢復活力，因爲經歷過的事情而茁壯，並且去述說所發生過的事，撰寫你的回憶錄，然後把你的注意力放到下一次的冒險行動上。

你未必是受到想要自我滿足的需求所驅動，而是你總是想要去碰觸那種永生不朽的感受，在生與死之間、物質與絕對之間，那感受就存在於你大展身手的當下。在你延伸、碰觸並達成「不可能」的輝煌時刻裡，你會瞥見滿足的感受，甚至是虔敬的感受，而這感受是無法透過其他方式取得的。你有著慷慨的本質，並會啓發他人在生命中進一步伸展觸角，如此一來，他們才能擁抱更多生命的精髓與奧祕。當你遵循自身的類型與內在權威，你便會在人生中找到眞正帶給你啓發的人們與冒險，並且覺察出你要獲得成就和滿足所實際需要達成的極限。

此人生主題的名人：

美國男演員李察・德雷福斯（Richard Dreyfuss）

28

人際人生主題

*The **Interpersonal** Life Theme of*
ALIGNMENT (3)

太陽在閘門28

校準(3)

閘門28/27/33/19

你的人生主題是要讓自己和身邊每個人都貼近共同的記憶，瞭解到關照會讓生命變得有價值。你傾向測試每個情境的極限，藉此帶來秩序；然而，你也能直覺地感受到何時要積極地投入，以及何時要抽離去蒐集更多觀點。要小心，有時你可能會過度熱心，採許一些冒險舉動，因而損及或危害你想要達成的安排。務必記得，你內在有潛能去挑戰生與死的極限。如果你發現自己處於極端狀態，請深吸一口氣，然後回頭。

在這個人們經常發現自己被分隔、放逐和受苦的世界裡，你的存在和滋養的本質是眾人所亟需的。你能看見缺口，知道只要簡單的調整就能帶來大幅的改善，這不僅是關於人們，也關於自然。你經常覺得有義務要投入以帶來改變，卻不曾考量到自身的福祉。你確實很慷慨也很有同理心，但務必記得，你能做的也就那麼多。允許他人依賴你，最終會耗盡你的能量，也會削弱了他們的才能與威信。你的覺察力讓你比他人更能看出他們的需求，而且你也會知道代替他人採取行動是否符合最大的利益。要審愼挑選你的戰鬥力！

你的意識太陽在閘門28，你熱愛挑戰，特別是那種很刺激的挑戰。你很擅長在苛刻且可能有極高風險的情境中找到出路，而那通常是在你臉上掛著沉靜、滿足的微笑時。你尋找著也預期著需要你發揮天賦的情況，讓一切事物能同步順利運作，因爲在你的內心深處，你瞭解到自己是個戰士，生來要讚頌生命與其所有令人驚奇的潛能。務必記得你的類型和內在權威，它們將指引你跟眞正値得你投入的人們和情境連結，並帶給你最大的成就和滿足。

此人生主題的名人：

美國女歌手格蕾絲・斯里克（Grace Slick）
阿根廷足球運動員迪亞哥・馬拉度納（Diego Maradona）
美國男歌手索尼・奧斯伯恩（Sonny Osborne）
美國政治家約翰・亞當斯（John Adams）

29

*The **Personal** Life Theme of*
TRANSFERENCE (CONTAGION) (3)
太陽在閘門29
轉移（感染）(3)

閘門29/30/8/14

你有個轉移的人生主題，有方法能將具潛在利益的概念傳達給幾乎每一個人。你有強烈的決心要對人類做出有益的貢獻，而這樣的決心可能會因爲你的欲望而受到考驗或強化。留意你自身的欲望，會讓你敞開去體驗能擴展感官的經歷，使你和生命有親密的接觸，並轉變他人的人生，不論你是否有意識到自己所帶來的影響。清楚覺察你自身眞正的驅動力，會強化你的安全感，也讓你要向世界傳達的事情能夠不受阻礙地傳遞出去。

你是典型的啓蒙者，喜愛啓發他人去關注與你有共鳴的資產和理念，不論那些資產和理念是屬於個人、家庭或企業。你樂於將讓你振奮的事物分享給周遭每個人。有時，你會把信任、榮景、共同創作、以及各種潛在的回饋體驗擴及整個世界。在你做這些事的時候，要保持你內在的平衡有時會是個挑戰，尤其是當你身邊的人還沒準備好與你同行時，他們可能不像你感覺的那樣全心投入。

你的意識太陽在閘門29，你有種幾近天生的傾向會對遇到的任何人和任何事說「好！」。在所有的可能用詞中，「好」代表著生命將會前進，有事情將會發生。由於你說的「好」是來自你的薦骨中心，所以其背後會有一股很強大的支撐能量。然而，你也會漸漸發現，人們和情境對你的持續說「好」，不一定都抱持正面的反應。對你來說很明顯的事情，對別人可不一定。你最欣喜的就是當每個人都投入你的目標和努力，但這需要你非常留意你的類型和內在權威，它們會告訴你，誰和你「站在同一陣線」，也會讓你知道何時要採取行動，把對你來說很迷人的事物和理念介紹給這些人。

此人生主題的名人：

美國前第一夫人羅莎琳・卡特（Rosalynn Carter）
法國時裝設計師可可・香奈兒（Coco Chanel）
美國前總統比爾・柯林頓（Bill Clinton）
美國男演員勞勃・瑞福（Robert Redford）
美國職業騎師威利・舍梅克（Willie Shoemaker）
英國男歌手勞勃・普蘭特（Robert Plant）
美國男演員馮・迪索（Vin Diesel）

29 固定人生主題

太陽在閘門29 承諾(3)

The Fixed Life Theme of COMMITMENT (3)

閘門29/30/20/34

你的人生主題是要對生命所帶來的一切做出承諾，最重要的是要根據自身的條件來做承諾。你傾向對遇到的任何人或任何事都說「好！」，這必然會導致過度承諾和筋疲力竭。你可以有很多的成就，但你必須很清楚自己要把所有的能量投入到哪些人、事、物當中。每個人都想要你對他們做出承諾，答應他們的需求，而且他人會施壓你去加入他們，不論你是否感興趣。

身爲顯示生產者，你會發現儘管你有大量的精力，但你的耐受度還是有限的，然而你或許已經體悟到有股無意識的內在推動力，讓你一直保持在活躍和忙碌的狀態。時不時把精力消耗殆盡，對你來說是很正常的狀況，因此透過事先計畫，你便能夠在活動中間安插喘息的機會，讓你有時間和空間恢復活力。在這些恢復精力的時間裡，你會瞭解到，爲了忙碌而忙碌，以及爲了人們和企劃而忙碌，兩者是有所不同的，因爲後者確實能給你的承諾和活動帶來助益。要活出更豐盛且滿足的人生，這樣的體悟是很重要的關鍵。

你讓事情實現的能力無庸置疑。事實上，不論你去到哪裡，人們都會試著吸引你的注意力和興趣，讓你投入他們的人生和企劃裡。由於你很樂於助人，而且也習慣了忙碌，因此，你的人生可能會集結越來越多的事情和動能，一路上聚集了人們與企劃，直到你達到自身的極限而必須停止——如果你停得下來的話。顯示生產者有非常獨特的方式能得知要把自己的注意力放在什麼地方。問題在於，你是否有能力分辨哪些人、事、物能夠給你的生命旅程帶來力量。要做到這點，你特別需要密切留意你的內在權威。雖然你的內在權威很安靜，但無疑會引導你經歷你的人生。

29

人際人生主題

The ***Interpersonal*** *Life Theme of* DILIGENCE (INDUSTRY) (3)

太陽在閘門29

勤奮（勤勉）(3)

閘門29/30/20/34

你屬於最忙碌的族群，而你覺得有必要將這種忙碌感傳達給每個人。由於想要有所成就是你的驅動力，因此你必須對自身的承諾很清楚明晰。話雖如此，你仍舊有做出過多承諾的傾向，不論你是否對這樣的狀況有所覺察。就算不合常理，你仍舊會受到誘惑而變得活躍。你確實能夠排山倒海去達成凡夫俗子認爲不可行的事情。

身爲顯示生產者，你擁有強大的能力與耐力。然而，有時你會無來由地受到驅動，只因你很強烈地想要保持忙碌。把你自己和你的成就拿來與他人比較是毫無意義的。純粹只因你受到一種無意識的責任感所推動，以致爲了忙碌而忙碌，完全不同於因爲你內在對於活動與承諾的清明而受到推動的忙碌狀況。關於這個達成你內在脈動的驅動力，值得去檢視其源頭的欲望或動機是什麼。

你的意識太陽在閘門29，你對任何人或事幾乎都會自動說「好！」。人們會找尋你，要你加入他們的企劃，並且想要在他們的人生中持續擁有你的支持，希望因爲有你的投入而感受到安全感，覺得他們的人生在往某個方向前進。或許你能爲自己做的最好事情就是，學會分辨哪些人、事、物眞正值得你的投入，哪些並不值得。對你來說，成就從來都不是問題，重點在於辨別能力；你將能量投注在哪裡，你就會在那裡找到成就和滿足。你的成就和滿足來自於內在清明的決定，以及百分之百全然地投入。顯示生產者在做人生的動態選擇時，有個非常獨特的方式，當你學習留意內在權威，你會瞭解到，你有很明確的方式做出清楚的決定。

此人生主題的名人：

美國作家雷・布萊伯利（Ray Bradbury）
英國女演員赫娜・布萊克曼（Honor Blackman）
加拿大女演員金・凱特羅（Kim Cattrall）
美國女歌手多莉・艾莫絲（Tori Amos）
法國音樂家克勞德・德布西（Claude Debussy）
法國攝影師亨利・卡蒂爾—布雷松（Henri Cartier-Bresson）

個人人生主題

30

The *Personal Life Theme of*
TRANSFERENCE (CONTAGION) (1)

太陽在閘門30

轉移（感染）（1）

閘門30/29/14/8

你有個轉移的人生主題，有方法能將具潛在利益的概念傳達給幾乎每一個人。你有強烈的決心要對人類做出有益的貢獻，而這樣的決心可能會因爲你的欲望而受到考驗或強化。留意你自身的欲望，會讓你敞開去體驗能擴展感官的經歷，使你和生命有親密的接觸，並轉變他人的人生，不論你是否有意識到自己所帶來的影響。清楚覺察你自身眞正的驅動力，會強化你的安全感，也讓你要向世界傳達的事情能夠不受阻礙地傳遞出去。

你是典型的啓蒙者，喜愛啓發他人去關注與你有共鳴的資產和理念，不論那些資產和理念是屬於個人、家庭或企業。你樂於將讓你振奮的事物分享給周遭每個人。有時，你會把信任、榮景、共同創作、以及各種潛在的回饋體驗擴及整個世界。在你做這些事的時候，要保持你內在的平衡有時會是個挑戰，尤其是當你身邊的人還沒準備好與你同行時，他們可能不像你感覺的那樣全心投入。

你的意識太陽在閘門30，你容易受到生命帶來的欲望所吸引，而且有著幾乎無窮無盡的衝動想要跳進任何潛在的體驗中。如果你停下來思考人生，你的體驗經常會讓你覺得不可思議——起初你很驚奇於自己會去嘗試這些體驗，緊接著你很驚奇於自己從中獲得的知識竟能帶給你如此大的助益。欲望就像是口渴，唯有全然經歷和體驗過後才能夠平息。當你很清晰地帶著努力去經歷，帶著百分之百的承諾去投入，你就能夠完全體悟、完全描述該經歷，並且推薦或反對他人去嘗試。透過你第一手的體驗來描述活動，以及透過你所傳達的興奮感，能夠把對生命中可能性的欣賞和領悟火焰傳遞下去。當你信任你的類型和內在權威來指引你的承諾，你便能夠全心跳入任何體驗裡，並且將自身的體驗分享給所有你遇見的人。

此人生主題的名人：

美國男演員克里斯・法利（Chris Farley）
美國網球運動員約翰・麥肯羅（John McEnroe）
英國媒體名人阿曼達・霍爾頓（Amanda Holden）
美國名模瑪葛・海明威（Margaux Hemingway）

30

固定人生主題

*The **Fixed** Life Theme of*
DESIRES (FATES) (1)

太陽在閘門 30

欲望（命運）(1)

閘門30/29/34/20

你被驅動著要蠟燭兩頭燒，有時甚至達到瀕臨崩潰的狀態。欲望推著你走在一條固定的軌道上，以盡可能最直接且最短的時間去體驗並完成任何事。你厭惡人們妨礙你。你的生命是要來實現一個明確的命運，這命運只有你知道，因此他人無權阻礙你的進展、拖慢你、或是否定你的急迫感。如果有人準備要加入你的歷程，那很好；然而，他們必須爲自己的存在負責，爲所有發生在他們身上的事負責。

由於在眾人之中，你特別有驅動力，因此你務必要清楚並堅定自身的目的感，不論他人是否認爲合適。要記得，每個人都有各自的觀點，以及各自的價值觀與道德觀，因此很重要的是，你要覺察自身獨特的人生道路。你必須要分辨哪些是必須實現的欲望，哪些是純粹的幻想，並不值得追逐。要是你堅持急忙跳入遇到的每件事，卻沒有先找到你內在的清明，你就會發現自己淹沒在情緒和執迷裡，片刻不得喘息。

當你投入活動的過程並不是因爲急於想要得到某種體驗，而是因爲你擁抱類型和權威的內在智慧，你就能找到你的成就和滿足。在所有的努力中，一旦你找到自身的清明，確認了召喚你的事物，你就會知道任何折衷舉措都是無用的，全然地投入才是唯一可行之道。在極強烈的體驗過程中，特別是在經歷了之後，當你給予自己一些時間深度放鬆，去欣賞這整個經歷的成就，你也就開啓了自我實現的大門。

30

人際人生主題

*The **Interpersonal** Life Theme of*
DILIGENCE (INDUSTRY) (1)

太陽在閘門30

勤奮（勤勉）（1）

閘門30/29/34/20

你屬於最忙碌的族群，而你覺得有必要將這種忙碌感傳達給每個人。由於想要有所成就是你的驅動力，因此你必須對自身的承諾很清楚明晰。話雖如此，你仍舊有做出過多承諾的傾向，不論你是否對這樣的狀況有所覺察。就算不合常理，你仍舊會受到誘惑而變得活躍。你確實能夠排山倒海去達成凡夫俗子認為不可行的事情。

身為顯示生產者，你擁有強大的能力與耐力。然而，有時你會無來由地受到驅動，只因你很強烈地想要保持忙碌。把你自己和你的成就拿來與他人比較是毫無意義的。純粹只因你受到一種無意識的責任感所推動，以致為了忙碌而忙碌，完全不同於因為你內在對於活動與承諾的清明而受到推動的忙碌狀況。關於這個達成你內在脈動的驅動力，值得去檢視其源頭的欲望或動機是什麼。

你的意識太陽在閘門30，你受到欲望驅動，若沒得到平息或滿足，就會讓你很困惑、倒抽一口氣，而且持續想要更多。欲望驅動著你，然後你的欲望會推動你周遭每個人，因為他們都以你為榜樣。你對任何人、企劃或努力的全然承諾本身就已足夠。你無疑能夠帶來催化作用，促成偉大的成就，但你能爲自己做的最重要的事，就是對自己的承諾很清楚明晰。在每個當下認眞過你的人生，不論你有多麼持續「忙碌著」。顯示生產者以非常獨特的方式投入人生，切記要密切留意你的內在權威，讓它引導你和與你有共鳴的人們及努力連結。當你找到自身的清明而去投入人生，你便會從活動所帶來的沉重義務中得到緩和與超越。

此人生主題的名人：

美國名媛派瑞絲・希爾頓（Paris Hilton）
日裔美籍音樂家小野洋子（Yoko Ono）
美國籃球運動員麥可・喬丹（Michael Jordan）
美國女演員蕾妮・羅素（Rene Russo）

31

*The **Personal** Life Theme of*
THE UNEXPECTED (2)

太陽在閘門31
意料之外（2）

閘門31/41/27/28

你的人生主題是要沉浸在意外之事當中。這或許是最非凡的人生主題之一，你給你的生命以及身邊所有人的人生，帶來了意料之外的徹底改變。即使面對生命的不確定性和不可知的層面，你仍能帶來覺察和影響力，也帶來照顧的本質，靜靜地思索如何從生命中得到最多的收穫。如果你接受並擁抱生命帶給你的一切，帶著開放的態度準備迎接任何挑戰，那麼你在表達自己對這世界獨特的夢想、願景和關照時，就不會遭受阻礙和氣餒。要信任你自身獨特的能力，而這能力未必會遵循任何人對於生命應該如何運行的概念。

生命是個奧祕，而你是來探索這奧祕的。當人們堅持事情只能以某些方式進展時，你通常會證實完全相反的狀況，點出或展現各種的替代方式。對那些覺得生活索然無味或毫無意義的人，你可以給他們帶來不同的態度，你會用新發現的有趣可能性來替代自滿心態。當你帶來改變時，或是你吸引改變降臨到你的生命中時，你的存在便能夠輕易地影響和提振每個覺得困在固定且無聊人生裡的人。

你的意識太陽在閘門31，你有能力帶來影響以及給予指示，因爲人們會受到你要說的事情所吸引。你可能會發現自己毫無預警地被推著去擔任領導的角色。當責任突然間落到你身上，你或許必須快速「長大」，或是讓你的影響力非常迅速的發展。當情勢突然轉變，而你被推上了具影響力的地位，要認知到，你天生就有能力因應這些轉變。找到正確的盟友，謹記你對生命的熱情，並且運用你的想像力，你將能夠翻轉起初看起來似乎不可能克服的挑戰。當你處於困境時，你的類型和內在權威總是會指引你要轉往哪個方向，但別忽略了一個事實，那就是你給了自己一個非常有意思的人生，因此絕對不要想抱怨！

此人生主題的名人：

英國搖滾樂手米克・傑格（Mick Jagger）
美國女性飛行員愛蜜莉亞・艾爾哈特（Amelia Earhart）
瑞士心理學家卡爾・榮格（Carl Jung）
美國女演員珊卓・布拉克（Sandra Bullock）
美國前第一夫人賈桂琳・甘迺迪・歐納西斯（Jackie Kennedy Onassis）

固定人生主題

31

*The **Fixed** Life Theme of* INFLUENCE (2)

太陽在閘門31

影響(2)

閘門31/41/24/44

你的人生主題是要根據任何情境的要求來擁有影響力。由於你有帶來衝擊的能力，因此你能夠扮演許多角色：你有時會擴展自身栩栩如生的想像力，有時會去檢視情境中各種最細微的元素和事實，而且你在提供自身觀點時，總是會去評估人們與情境。幾乎所有你做的和說的事情，都會對他人產生影響。當你左右他人來賞識你的觀點時，你也會持續找出並調整任何不符合當下需求的僵固態度和教條。

你的內在擁有能力去擔任領導者，而你要如何介入他人的人生以帶來最大的效應，則是由你決定。你很容易認爲自己需要取得控制，你的聲調會獲得他人的注意力，不論你是否清楚要如何給所有相關人士帶來最大的益處。擁有強大的想像力能夠開啓一扇門，通往超越你的聆聽者所能想像的可能體驗；但要是你不夠謹慎，這也可能造成你必須去實現變得沉重的努力。注意你的動機來源能夠協助你辨別自身的責任，並且爲他人提供平衡的領導。

你能找到方法去激起人們的欲望和幻想，而你也總是好奇自己能如何轉移他人的觀點。這並不是說你必須一直都是關注的焦點，但當每個人都對你的引導和指示感興趣時，你確實會樂在其中。當你遵循自身的類型和內在權威，你會發現驅動你的生命特質，你也會瞭解自己最可能會影響世界的地方。

31

人際人生主題

*The **Interpersonal** Life Theme of*
THE ALPHA (2)

太陽在閘門31

領頭者(2)

閘門31/41/24/44

你的人生主題是要去帶領。領頭即是「群體的領導者」，而你的角色是去影響眾多在生命中尋找務實影響力的人。你擁有堅定剛毅的天賦，能夠透過頭腦檢視一個情境的所有面向，也能夠本能地辨別動機和行爲的模式。你的人生主題必然會讓你站上有影響力的位置，然而，你是否清楚知道何時要對哪些人、事、物給出承諾，則會影響你自身的生活品質和你的領導力。

你有著很廣泛的想像力，讓你能夠投入各式各樣的可能性當中，從純粹的幻想到全然務實的現實都包含在內。當你透過較具邏輯的一面來平衡你對廣泛且深刻體驗的追逐，你最強大的能力就能找到表達的途徑，因爲邏輯面要求的是確定且安全的結果。有些人會因爲猶豫和保守的傾向而受限，你則是能夠延伸觸角，去承接並超越令人畏懼的挑戰。無須輕率、莽撞地想擁有領導力，而是應該擁抱你天生的潛能，找出方法穿越你所遭遇到的一切限制。

你的意識太陽在閘門31，你的影響力無庸置疑。你或許是在進行私下的談話，卻發現人們會拉長脖子聆聽。不論你到什麼地方，人們幾乎都會自動預期由你來擔任領導者，爲他們解決問題，點燃他們的想像力，點出可能的行動，並且指引方向。要是你不夠小心，可能會發現人們變成了拖油瓶，要你拉著他們經歷人生。這樣的狀況對你的吸引力並不會持續太久，而且所有的領導者都知道，有所貢獻的追隨者和當個拖油瓶的追隨者，兩者之間有著非常大的差別。要很清楚你自身的類型和內在權威，你便能知道哪些人和情境是你適合提供領導的，而你也會因此在人生旅途中得到很大的成就和滿足。

此人生主題的名人：

美國男演員阿諾・史瓦辛格（Arnold Schwarzenegger）
英國作家艾蜜莉・勃朗特（Emily Brontë）
美國汽車工程師亨利・福特（Henry Ford）
法國男演員尚・雷諾（Jean Reno）
美國女演員麗莎・庫卓（Lisa Kudrow）

個人人生主題

32

*The **Personal** Life Theme of*
THE MAYA (3)

太陽在閘門32
馬雅（3）

閘門32/42/62/61

你的人生主題是要去描述發生在你世界裡的每一件事。你透過觀察成長和改變的過程，將這些與宇宙的基本原則連結，做出對所有事物的描述。你總是知道至少兩種評估和描述同一件事情的方法。你的沉思冥想是想領會到，並非每件事都像表面上看起來的那樣，儘管你或他人多麼希望它們應該要和表面一致。科學和宗教系統持續在翻新，而隨著它們從一個觀點轉移到另一個觀點，你也有天賦能體悟並描繪出替代的可能性。你對轉移的觀點保持開放的態度，這也讓你更能與生命的奧祕連結，瞭解我們在生命中的位置。

當你審慎觀察，你幾乎能夠立即看出事物的荒誕之處。除非絕對必要，否則千萬不要忍受這些謬誤。你能夠迅速看穿不可靠或單純就是不正確的「事實」、信仰和概念。很重要的是，你不僅要在自身追求真理的探索中堅定決心，過程中也要保持健康的幽默感。生命不一定要像很多人認爲的那樣嚴肅，有時你必須後退一步，從直接的參與中抽離，以便得到自身真實的觀點。在你的生命中，你的沉著與改變的觀點是很重要的。

你的意識太陽在閘門32，你時時在關注著人生的狀態，總是去順應周遭持續在發生的改變。要讓改變打亂你的生活，抑或從容地面對改變，完全操之在你。你知道小題大作是很容易的。你有強大的能力能夠經受住生命中所遭遇的一切，也瞭解到如果你太過嚴肅看待事情，將會損及你自身的成長與成就滿足。遵循你的類型和內在權威，將會消除你對於錯過生命中任何事物的恐懼，並且也會確保你總是能獲得成功所需的支持和指引。

此人生主題的名人：

德國哲學家弗里德里希・尼采（Friedrich Nietzsche）
英國作家佩勒姆・格倫維爾・伍德豪斯（P. G. Wodehouse）
美國特技演員埃芙爾・克尼芙爾（Evel Knievel）
美國音樂藝術家蘿德絲・里昂（Lourdes Ciccone-Leon）

32

固定人生主題

The Fixed Life Theme of CONSERVATION (3)

太陽在閘門32

保存(3)

閘門32/42/56/60

你的人生主題是要在快速改變的世界裡，持續維持自身的長期目標。你的天賦是能辨別哪些方式能夠增進並改善他人的人生體驗，在此同時，你也有方法能夠經常重新評估威脅到人們成長的情境。儘管你很擅長在生命重要的領域中看見可能的失敗與崩壞，但你必須透過務實的方式來平衡你自身的觀點，去分享給那些你希望影響的人。

要找到認同並且支持你觀點的人，特別是當你展現過度嚴肅和激進的態度時。你對於改變的本質越務實，你在保存上的努力也會越有效益。當然，一定有一些潛在的限制會侷限住一個人在人生中的進展，但要記得，我們每個人都在構想並活出我們自身的現實，而這讓我們有機會能夠豐富我們的環境。當我們培養創造力並且允許創造力擴展，我們也就能透過接受生命的所有挑戰來豐盛我們的人生。一旦你辨別並確認了你的創意方式，你在自身所有的努力中也會變得非常有效率。

你可能擁護舊傳統和風氣，也會對於人類價值觀衰落、氣候變遷、以及可能包括人類在內的全球物種滅絕等情況非常感興趣。你擁有熱情是很棒的一件事，而你要做多少表達，要如何有創意地運用熱情來突破限制，都是由你來決定。當你留意自身的類型與內在權威，你會瞭解眞正驅動你的因素，也會知道如何給自己帶來最大的成就和滿足。

此人生主題的名人：

美國吉他手查克・貝里（Chuck Berry）

32

人際人生主題

The ***Interpersonal*** *Life Theme of*
LIMITATION (3)

太陽在閘門32

侷限(3)

閘門32/42/56/60

你的人生主題是要提供界線與限制，讓他人能意識到生命的許多自然侷限。你透過實際地看待成長潛能，覺察失敗的可能性，並且運用過去的教訓來對未來做預期，藉此達成使命。由於你能感受到所有情境中的限制，而且能務實地評估哪些事情可以達成，因此人們總是期盼你提供可靠的參考依據。

你持續在維持正面滿足的成長以及屈服於衰退和失敗之間尋求平衡。有時你可能會過度謹慎，有時你則可能衝動地去突破顯然被強加的不必要苛責，這些苛責會打擊成就感。你可能會扮演「倖存者」的角色，但同時也是致力維持成長的人。你的內心深處意識到生命的神聖，也知道要如何不計代價尊重、保護、以及滋養生命。當遭遇看似無法處理的情境時，只要你退一步客觀地評估一切，你便能經得起所有的挑戰和阻礙，找到出路。

你的意識太陽在閘門32，你持續在評估哪些事物是可以維持的，哪些則不行。你能把握成長的時機，而且這類時機眾多；但是當衰退出現時，你很容易就會警覺到，而你也必須縮減或重新調整資源。有時，你瞭解到改變的情況不是你能掌控的，而你能做的只有觀察，並且等待情勢翻轉。你瞭解到擁有想像力，並且遵循估量過的長期目標，能夠支持你度過不順利的時期。信任你的類型和內在權威，你便會受到指引去做出看似矛盾的行動，在穩定的時期實施改變，而當其他人都在行動時則保持靜默。

此人生主題的名人：

美國作家蘇菲亞・布朗（Sylvia Browne）
美國男演員柴克・艾弗隆（Zac Efron）
捷克裔美國籍女網運動員瑪蒂娜・娜拉提洛娃（Martina Navratilova）
印度女演員芙蕾達・蘋托（Freida Pinto）
比利時男演員尚—克勞德・范・達美（Jean-Claude Van Damme）

個人人生主題

33

The **Personal** Life Theme of
THE FOUR DIRECTIONS (WAYS) (2)

太陽在閘門33

四個方向（道路）(2)

閘門33/19/24/44

你的人生主題是要測試這世界上所有體驗的極限，然後找到內在的平靜去反思，藉此對你復甦和更新的過程提供支持。有時你可能不知道爲什麼你會被推動去投入某些體驗，或是拒絕投入某些體驗，許久之後才發現，這些全都爲你的生命帶來了意義。要注意，若試著透過你的頭腦來引導你的人生，必定會導致你感覺機會和答案都與你擦身而過。儘管你有很棒的合理解釋，但有一部分的你知道，生命很神祕，遠遠超出你的頭腦所能理解。

你這一生有許多機會能去瞭解一些深奧的眞相。你可能會回想起深鎖在記憶中的時間、地點和體驗，而這些仍持續形塑著你現在的生活。有時你很外向，會去探索與你的生命交會的所有人、事、物；有些時候，你會靜坐沉思著生命和其所有令人驚嘆的事物。就像海浪有韻律地起起落落，就像月亮陰晴圓缺的不斷循環，隨著你在生命循環中成長，隨著你對生命的理解和體悟逐漸發展，你的生命模式也會持續向外和向內移動。

你的意識太陽在閘門33，你對平靜有著深切的需求，透過平靜的狀態，你才能夠反思，讓白天經歷的事件沉澱，並消化吸收成爲你的人生經驗與智慧庫。你需要找到不受打擾的空間，去思索你所見證過的一切、他人的故事與經歷，以及發生在你身上的事件。你是個說故事的人，能夠給生命的奧祕以及人們的互動方式增添色彩與意義。你會提出個人的實例來支持你的論述，點出過去獲驗證的方式，藉此協助你的聽眾更好地與改變中的世界連結。有些事情你會幾乎完全保留，只向能夠專注聆聽的人透露這些祕密。你會接觸到生命中許多不同層面的體驗，因此要讓你的類型和內在權威成爲你的指引，帶領你踏上能獲得最大成就和滿足的道路。

此人生主題的名人：

美國專欄作家瑪莎・史都華（Martha Stewart）

美國作家赫爾曼・梅爾維爾（Herman Melville）

英國男歌手達尼・哈里森（Dhani Harrison）

美國女演員瑪莉—露易斯・帕克（Mary-Louise Parker）

固定人生主題

33

The **Fixed** *Life Theme of* RETREAT (2)

太陽在閘門33

隱遁(2)

閘門33/19/2/1

你的人生主題是要擁抱恢復活力的重要性，因爲你經常在吸收周遭人們的各種意圖、活動和情緒。你或許相信自己有無限的包容力，能夠吸收所有的事物，但你之後就會體悟到，一天當中所發生的事情，多到你無法輕易地在睡了一晚後就完全消化。你對他人的需求非常敏銳，而你通常沒有意識到這一點，因此你很容易就會被吸引進入他人的人生裡，很快地就會把你的能量資源消耗殆盡。

你需要找到機會抽離，找到時間讓自己恢復活力，亦即去恢復你天生的創造力和接受力。你體驗生命的深刻程度，遠超過大多數人所能想像。有時你會融入時間和共享體驗的領域裡，進入一個他人已經遺忘或無法輕易體會的現實情境中。這並不是說你要在生命中當個隱士，而是要強調，你必須把找到內在的平衡放在第一順位，如此，你才能知道何時、何處去與人連結。

在抽離的過程中，你沉浸於世界的美好當中，能夠感受到周遭瑰麗的環境帶給你的創造力，特別是在大自然中。你並非試著要逃避生活和逃離他人，但你觸及生命的程度非常深刻，因此你通常在獨處的狀態下最能感到滿足，或者至少是在瞭解你需要安靜空間的人身旁。當你走出隱遁時，你會有非常棒的故事可以訴說，包括口頭上的講述，以及透過創意方式來呈現，讓聽眾沉浸於驚嘆之中。信任你的類型和內在權威，它們將會確實地引導你，在與人互動以及獨處反思之間取得平衡。

此人生主題的名人：

美國美式足球員湯姆・布雷迪（Tom Brady）

33

人際人生主題

The Interpersonal Life Theme of
REFINEMENT (2)

太陽在閘門33

精緻(2)

閘門33/19/2/1

你的人生主題是要給雜亂無章的世界帶來精細的改進。你對於自身的環境非常講究，透過你內在的美感和創意，你感受到一股動力要讓你所到的每個地方都能重新調整、再造並恢復活力。當你對自己很清楚明晰時，你的內在感受力和創造力很容易就能讓你所處的環境更充實豐盛；而當你不穩定時，你周遭的世界也會顯得陰鬱，彷彿世界上的問題多到你解決不完。對你而言，豐盛的環境就等於豐盛的人生。

活在混亂的世界裡會讓你消沉沮喪。經常幫別人善後會消磨你的創意熱忱，因此對你很重要的課題是，要清楚分辨並慎選你的夥伴。由於你能夠深刻感受這世界可以如何改善，因此你可能會讓自己投入你所遇到的任何情境裡，隨即很快就被壓垮了，尤其是當你認定自己是唯一一個有正確想法和能力來打理事情的人時。有時，不妨停下來看看推動這股驅動力或習慣的內在因素是什麼，留意並感謝這段過程中的任何啓發。帶動精緻過程的是你的存在，因此務必把你自己放到正確的地方。

你的意識太陽在閘門33，你瞭解到自己很容易就會被促進美好世界的努力給淹沒，然而，你也擁有大量的創意和內在感知，能夠豐富你所進入的任何環境。對於時尚和裝飾觀念，你很挑剔，也很苛求，絕對不會屈就於平庸和水準之下的展現。有時你會想完全避開某些人和情境，因爲人們有可能非常粗俗且遲鈍，而且你也瞭解到有些情境幾乎無法翻轉成爲反映你想要的秩序與美學狀態。但要記得，你有天賦能夠轉變環境和人生，把醜陋變成美好——你的內在總是帶有這種能力。信任你的類型和內在權威，你便會知道何時要抽離、何時要投入，你也會在生命中找到平衡，持續帶給你成就和滿足，並且讓美好的事物成爲世界上必要的存在。

此人生主題的名人：

美國前總統巴拉克・歐巴馬（Barack Obama）
英國詩人珀西・比希・雪萊（Percy Bysshe Shelley）
美國女歌手潔西卡・桑切斯（Jessica Sanchez）
美國爵士音樂家路易・阿姆斯壯（Louis Armstrong）
美國太空人尼爾・阿姆斯壯（Neil Armstrong）

個人人生主題

34

*The **Personal** Life Theme of*

THE SLEEPING PHOENIX (FUTURE TRANSFORMATION) (4)

太陽在閘門34

沉睡鳳凰（未來轉變）(4)

閘門34/20/59/55

你是個無可救藥的浪漫主義者，被你的探尋所驅動，想找到與生命的親密關係。除非你非常清楚自身的需求，否則你可能眞的會在所有錯誤的地方找尋愛和深刻的體驗。你總是略爲超前你所處的時代，運用各種方式追求不可能的夢想。當你伸出手去抓住夢想，在那短暫的瞬間，你不禁驚訝於它們爲何如此迷人又難以捉摸，然後就墜落燃燒，一段時間後又再度從你的經歷灰燼裡升起，接著你又再度出發，一頭栽入下一段追尋。在你的人生歷程中，你很深切地影響著他人，讓他們能體悟到你所指出的事物。

儘管你在浪漫經歷方面感到失望，但通常也因爲這些經歷，讓你進入了自我蛻變的過程。你發現隨著你的轉變，那些接近你的人，他們的人生也會跟著轉變。有些夥伴會陪伴在你的旅程裡，有些則會憤而離去，和你保持距離。不論你是否覺察到，你都會透過自身強大的魅力和充滿活力的本質吸引他人，開啓與生命的深刻連結。經過一段時間，經歷各種曇花一現的起起落落，你的天賦也因此意味著你的人生會持續蛻變。由於你的顯示生產者類型，你很可能無休止地保持活躍。然而，你的重大挑戰在於要避免只是爲了忙碌而忙碌，而是要很清楚你來到這裡是爲了什麼而忙碌。當你開始太過嚴肅地看待生命，你就即將面臨新的啓發；當你獲得新的觀點時，記得要笑著面對。生命總是想要向你揭露更多，但當你忘了自己的幽默感時，生命便會有所保留。

你的意識太陽在閘門34，如果你曾經停下來留意你的活動量，你可能會發現自己是周遭最忙碌的人。你有著驅動力要爲了活躍而活躍，不論只是雙腳輕拍地板，或是試著讓人們加入你的活動，抑或請他們讓開別擋住你的路。要記得，存在之神總是要你成長，因此當事情看起來在走下坡而且你的努力遭到阻礙時，就是你看見重要事物的機會。當你停下來去體會那個新的觀點，你會學習到如何站起來並擴展進入新的生命體驗。信任你的類型（顯示生產者）和內在權威，你便會知道，當你強力經歷你的人生之際，哪些人、事、物是眞正吸引你的。

此人生主題的名人：

美國女歌手麥莉・希拉（Miley Cyrus）

美國西部傳奇槍手比利小子（Billy the Kid）

美國律師小約翰・甘迺迪（John F. Kennedy Jr.）

英國名模凱莉・布魯克（Kelly Brook）

固定人生主題

34

*The **Fixed** Life Theme of*
GREAT ACTIVITIES (POWER) (4)

太陽在閘門34

偉大的活動（權力）(4)

閘門34/20/40/37

你的人生主題是要能自在地運用你的力量。你有很棒的才能，可以經常讓自己投入眾多的活動中，因此要確認你是全心樂於投入你在忙的事情，而不只是爲了忙碌而忙碌。別把自己的人生拿來和別人做比較，而是要有個清楚的界限，知道自己能夠承擔多少活動。如果你堅持要一直忙碌著，你會感到筋疲力竭，同時也失去你想要的成就和滿足，而成就和滿足正是能夠給你帶來最佳支持與提升的元素。

你有種魅力會吸引人們接近你。他人會立即看見你的能力，可以的話，他們會試著讓你介入他們的人生。由於有眾多的需求要取用你的時間和能量，你可能會發現自己像部多頭馬車，同時被拉往許多不同的方向。每個人都期望你能活躍在他們的人生當中，但要支援哪些能帶給你最大滿足的企劃和人們，則是由你決定。明辨要和哪些人互動是非常重要的，因爲被視爲理所當然的狀況，很快就會把關係消磨殆盡。身爲顯示生產者，你總是有股衝動想要發起和表露。然而由於你的類型緣故，非常重要的是你必須找到自身的情緒清明，然後再去做重要的事，或是承諾投入你強大的能力。

你有能力做出涉及許多人的偉大行爲，但你的成就和滿足的源頭，主要來自你自身的清明，以決定你是要投入還是旁觀。找到情緒清明對你來說並不困難，只要留意你吸引來的那些人的特質。在你的核心，你總是會尋找和你屬於同個家族的人，你和這些人有種心照不宣的親密連結。當你所處的群體尊重並賞識你，你會發現自己的行動均與自身的期望相符。

34

人際人生主題

二元性(4)

太陽在閘門34

*The **Interpersonal** Life Theme of* DUALITY (4)

閘門34/20/40/37

你的人生主題是要覺察兩種非常強烈但有時互相衝突的需求，並在兩者間取得平衡。其中一個需求是，在這世界上身爲一個個人，能有正面、強大且動態的影響力；另一個需求則是成爲你所屬群體中，包容且有貢獻的一部分。你有強大的能力去達成你所投入的任何事情，也因此，他人會持續臆測並高度期待你會爲他們做什麼。

在你的承諾中保持清明，將會是你一生持續遭遇的難題。保持忙碌對你來說很容易，然而在忙著處理人和各種情境的過程中，能給所有相關人士帶來力量以及有建設性的支持，則是你的最終目標。你可能會覺得自己像是同時在騎兩匹馬，在致力於達到個人的成就和滿足之際，也要支持你身邊的人。當你接納了這樣的處境，並且在這不同的兩面之間找到平衡，你將會有偉大的成就。當你和遵守承諾的人達成協議，會讓人神清氣爽，因爲這會讓你感覺受到支持和賞識。然而如果你遭遇違背承諾的失望，這可能意味著你在尋求拯救他人，或是尋求接管他人的人生，而你採用的方式讓他們心生怨懟，因爲他們感覺自己被剝奪了力量。

你的意識太陽在閘門34，你有著幾乎無窮無盡的能量，除非你刻意持續消耗自身的能量。如果你對於要把自身的努力與專注力給予哪些人、事、物猶豫不決，你很容易就會耗盡能量。如果你對於自身的承諾並不清楚明晰，你會發現自己持續被往不同方向拉扯，彷彿你在試著根據外在的因素來控制內在的紛亂，最終，成就和滿足也會離你而去。祕訣在於對自身的顯示生產者類型很確定，瞭解如何最佳地運用你的龐大能量，並且要在你的情緒權威上很清明，知道要將注意力給予哪些人、事、物。是的，你有動力想要有所成就，但你仍舊需要在情緒和意圖上很清楚明晰。當你從內在清明的基礎上去投入，就會讓每個進入你影響力範圍的人都得到提升。學習辨別力與耐心，將會帶來實質的助益。

此人生主題的名人：

美國吉他手吉米・亨德里克斯（Jimi Hendrix）

美國律師卡洛琳・甘迺迪（Caroline Kennedy）

國際知名華人武術家李小龍（Bruce Lee）

烏克蘭前總理尤莉亞・提摩申科（Yulia Tymoshenko）

個人人生主題

35

意識（2）

太陽在閘門35

The *Personal* Life Theme of CONSCIOUSNESS (2)

閘門35/5/63/64

你的人生目的是要去探詢我們來到這世界上要做什麼，並且試著去發掘一切事物的意義。透過批判性的觀察以及對過往歷史的反思，你能找出模式中的模式，也就是支撐所有生命歷程的基礎。你透過持續的見證，以及謹慎地根據自身諸多經歷來調整生活，藉此逐漸喚醒你的意識。你會觸發他人去質問，讓他們找到方式去擴展自身對生命的理解。透過喚醒你自身的意識，你也將這火炬傳遞給和你契合的人，讓他們也能發掘喚醒自身意識的方式。

你通常會向他人點出他們所忽視的自身生命重要特質。不論你是否瞭解這麼做所帶來的意涵和結果，你都藉此協助其他人理解到，他們原先以爲已經完整的思考過程，實際上缺少了至關重要的概念和領悟。意識總是處於成長的狀態，你見證了意識的成長，而且經常也促進了意識的成長。有時你會積極地宣揚新的理解，有時你則是個安靜的觀察者，觀察著周遭正在發展的擴張情況。不論是哪種狀態，你都讚賞生命中的這些體驗，甚至在某種程度上融入了體驗當中。

你的意識太陽在閘門35，你一心想看到進展，就好像你在人生旅途中透過體驗意識而真的有所成就。這種前進的感受會促使你去經歷各種事物，努力滿足內心想要與生命和生命帶來的一切有親密連結的渴望。你透過直接投入所有的挑戰來蒐集經歷和成就。在人們聚集之處，你會探索多種觀點，誠摯地尋找能帶給你改變或滿足感的任何人、事、物，不論那感受有多麼短暫。務必記得，眞理就存在你之內，而你最終的追尋就是要找到那個眞理。你的類型和內在權威總是會指引你，讓你知道哪些人、事、物會提供你有價值的體驗，哪些並不會。

此人生主題的名人：

英國喜劇演員羅素・布蘭德（Russell Brand）
美國女演員安潔莉娜・裘莉（Angelina Jolie）
以色列名模芭兒・拉法莉（Bar Refaeli）
義大利歌劇演唱家切奇莉亞・巴托莉（Cecilia Bartoli）
美國CNN主播安德森・古柏（Anderson Cooper）

35

固定人生主題

*The **Fixed** Life Theme of*
PROGRESS (EXPERIENCING) (2)

太陽在閘門35

前進（經歷）(2)

閘門35/5/22/47

你的人生主題是要去嘗試生命帶給你的各種事物，踏上你追尋意義和滿足的歷程。你的人生旅程推動你不計代價去從事和擁有各種體驗。如果有誰是測試人生極限的佼佼者，那人必定是你！你被驅動著去經歷一個又一個事件，而你最終會瞭解到，其價值並不在體驗本身，而是在於你帶給該體驗的事物，以及你作爲一個有意識的人，在那體驗中的經歷爲何。

你不能指望人們瞭解你內心燃燒的熱情，而你可能會發現，當你投入新的冒險行動時，都是被放任獨自去進行的。這並不是說你想要有新體驗的欲望有什麼錯，也不代表人們不願意加入你的行列沒關係；這只是表示你對於無法接受的拘束和限制，感受上可能比他們還要強烈。在你尋求進展的過程中，要記得，體驗的目的只是要去「經歷」。當你觀察自己在體驗核心裡的狀態，你會成爲最有智慧的人之一。在這樣的時刻裡，你可能會深刻地領悟到生命無可限量的特性，而透過反思，你也能向他人傳達相關的感受。

有則故事說到，有個和尚站在竹林裡好幾天，想要「成爲」竹子；還有個故事是關於人們去跳傘，卻到最後一刻才拉開傘繩；還有故事是說人們在不保證會有財務上的回報的情況下，便耗盡家財去冒險。在這些故事中，人們都只是想盡可能和生命親密接觸，只不過他們的驚奇舉動讓人摸不著頭緒，不曉得爲什麼會有人去做這樣的事情。你不需要讓追逐瘋狂成爲你的人生道路，因爲你的類型和內在權威總是會精準地引導你投入體驗當中——那些能夠帶來你所渴望的前進感、擴張感和滿足感的體驗。

35

人際人生主題

*The **Interpersonal** Life Theme of*
SEPARATION (2)

太陽在閘門35

分離(2)

閘門35/5/22/47

你的人生主題是要和他人分離，這樣你才能找到自己，並在各式各樣潛在的體驗中，找到自己的人生目的。不論你的生命中發生了什麼事，你都會讓自己保持平靜，放下你對生命應該給你什麼的期待，並且接納和擁抱生命所給予你的一切。當你變得客觀，你便能出於自己本身的完整性去同理他人，而不是需要他人來讓你覺得完整。與他人分離，並堅守自身本質，到最後，這會帶領你達到自身的完整性。

有時，抽離對你來說是種挑戰，尤其是當你知道自己能做出多大的貢獻時。然而，習慣性地去拯救他人或者接管他人混亂的景況，會讓你分心，以致無法專注於自身的人生目的和成就滿足。當你從客觀的角度進入一個情境中，你會發現自己的存在有著巨大的實際效益。你的耐心以及在正確時機行動的能力，再加上你擁有廣泛的觀點，超越了任何對可達成事物的隱含限制，這些都是你的人生和你的能力是如此重要的原因。

你的意識太陽在閘門35，你人生的出發點帶著深切的驅動力，想要體驗生命所帶來的一切事物。許多次你都從令人驚奇的冒險行動中全身而退，這擴展了你的認知，知道哪些事情是可行的。隨著年紀漸長，他人會因爲你對生命體驗的豐富知識而前來討教，然而那些曾經令你著迷的人、事、物卻已不再吸引你，因爲你已前進到新的體驗中。隨著你對於要和哪些人、事、物有連結變得更有選擇能力，你會安靜地逐漸靠近你自身的核心，並遠離其他人追尋的諸多體驗。信任你的類型和內在權威，你便會知道哪些人、事、物眞正在召喚你，你也會知道何時要去投入，或是退居一旁讓他人通過。

此人生主題的名人：

美國男歌手王子（Prince）
瑞典網球運動員比約恩・博格（Björn Borg）
俄國網球運動員安娜・庫妮可娃（Anna Kournikova）
利比亞前領導者穆安瑪爾・格達費（Muammar al-Gaddafi）
澳洲饒舌歌手伊琪・亞薩莉（Iggy Azalea）

36

The *Personal* Life Theme of THE GARDEN OF EDEN (1)

太陽在閘門36

伊甸園（1）

閘門36/6/11/12

你的人生主題是要深入探索各種情緒體驗，你這一生都帶著伴隨你出生而來的光。在你心裡，你保存的記憶是關於人生如何充滿著愛；然而在你的現實中，你卻經常遭遇不甚完美、有時甚至很惡劣的世界帶給你的挑戰。痛苦的童年經歷，是因爲人們缺乏正直和操守，而這讓你感到震驚，也因此讓你渴望回到一個完整且有愛的狀態。你可能會透過與他人在情緒和性方面的親密關係來找尋這種愛，但結果只會令你感到失望，因爲這些都只是短暫的經歷，並無法滿足你靈魂的渴望。

你靈魂的渴望是如此深切，以至於你會花一輩子的時間來找到返回「伊甸園」的路，也就是那個有愛、有光明、有智慧的地方，你覺得這地方一定存在某個層面裡。你的尋找可能帶領你去旅遊、進出各種關係、轉換各種工作和生活環境，以及經歷各種人生體驗，直到你終於發現，這個你如此渴望想要尋找的樂園，其實一直存在你之內。當你體悟到這一點，並且在你之內找到深刻的平靜，你也就是回到了「伊甸園」，而從這時起，你便能夠和他人分享你的光與喜悅。

你的意識太陽在閘門36，你生活在混亂的邊緣，這混亂稱爲「地球上的生活」。你的整個人生旅程持續在尋找光明，你內心知道光明存在某處，只是不知道確切的位置。你經常面臨陰鬱的情景，需要你全心地關注，並且有意願從中穿越而出。你給了自己一輩子的時間在適應人類體驗，而你渴望能夠避開體驗；如果你無法避開，至少要在自身之外尋找一個更光明且更有愛的環境。然而，當你更有創意地投入生命帶來的挑戰，你也會變得更有智慧且更滿足。最終，你會瞭解到，那光明一直都在你之內。當你散發那光明，它便會擴散照耀這世界。這是你這一生內在帶著的一個奇蹟。務必信任你的類型和內在權威，你便能感受到需要對哪些人、事、物投以關注。

此人生主題的名人：

猶太裔理論物理學家阿爾伯特・愛因斯坦（Albert Einstein）
英國男演員米高・肯恩（Michael Caine）
美國男演員寇特・羅素（Kurt Russell）
美國宗教領袖杰西奈（J. Z. Knight）

固定人生主題

36

*The **Fixed** Life Theme of*

CRISIS RESOLUTION (1)

太陽在閘門 36

危機處理（1）

閘門36/6/10/15

你的人生主題是要去嘗試所有你能接觸到的體驗，同時也盡可能對所有發生在你身上的事情保持客觀。衝突和危機是你生命中持續發生的一部分，因此，不論是你或他人被惹得心煩意亂，你都會成爲處理、度過和解決所有可能危機和爭端的專家。你在危機當中表現出來的堅定自信，往往會讓人在他們的人生中更加信任你。

長期下來，隨著你經歷過更多的人生體驗，你會學到克服艱鉅困境的方法，即使是在事件結果仍不明朗、人們通常還看不清楚之際。這就像是你擁有額外的感官，能夠預見可能的挑戰，並且累積了許多有創意的方式來因應這些挑戰。你的內心受到隱約的欲望，推動著你去和形形色色的人連結，而你也確實有能力協助他人找到度過難關的方式。

儘管你不斷發覺自己有能力處理生命丟給你的各種狀況，但唯有當你抽離實際投入所帶來的強烈感受，你才會感覺到眞實的進步和成長。當你確實抽離，你會發現自己能夠觸及不尋常、甚至很極端的人類體驗；若能審慎處理，這些體驗能帶給你巨大的效率，讓你不論到哪裡都能帶來和平、團結和相互賞識。務必記得，你的類型和內在權威會引導你去遇見那些可以帶給你最大滿足感的人們和情境。

36

人際人生主題

*The **Interpersonal** Life Theme of* THE (EARTH) PLANE (1)

太陽在閘門36（地球）層面（1）

閘門36/6/10/15

你的人生主題是要在處理人生較困難的層面上有所成就和智慧。你會遇到挑戰，同時也會在挑戰中創造新的選項，將劣勢轉爲優勢。最終，當他人遭遇人生中較艱難的歷程時，你能夠指引他們做出正向且有益的改變。你可以成爲所有人的朋友，你會吸引弱勢者，也會吸引到較有能力的人，而你也會爲每個人梳理他們的道路，使其變得平順。

通常你會發現自己擔任交涉者或顧問的角色，協助他人的人生恢復秩序。你會被召喚進入各種情緒化的情境，有時是充滿慈愛，有時則需要給人當頭棒喝，讓他們明理。你的挑戰是要在情緒化的情境中保持客觀，這樣你自身才能有情緒上的清明。你的天賦是要讓人能欣賞他們自己以及他們生命中的人，這些人都會影響到他們的情緒健康。

你的意識太陽在閘門36，你經常被提點要在各種困境中尋找一絲希望，透過有意識地面對試煉而找到令人驚奇的解方。當挑戰接踵而至，只要堅持不懈，你就會有方法一一解決。你經常會發現自己被推進他人混亂的情緒中，進入了人生的高低起伏，包括他們對於愉悅和痛苦、歡欣和災難，以及性、食物、藥物、成癮等事物的誤解。儘管你能把這些事當成是自身的使命，但你的人生並不只是要去解決他人的問題，而是要去體悟到，對每個生活在地球上的人來說，都有某種適用的條件和影響。你能夠體驗到一些生命中較艱難的層面，而且能夠認知體悟並找出最佳也或許是最體貼同理的因應方式。密切留意你的類型和內在權威，讓你能辨別哪些人和情況值得你的關注，而哪些是你應該避開的。

此人生主題的名人：

美國足球運動員米婭・哈姆（Mia Hamm）

美國饒舌歌手皇后・拉蒂法（Queen Latifah）

美國男歌手亞當・李維（Adam Levine）

美國吉他手傑瑞・坎特羅（Jerry Cantrell）

個人人生主題

37

太陽在閘門37

計畫(1)

*The **Personal** Life Theme of*
PLANNING (1)

閘門37/40/9/16

你的人生主題涉及制定計畫來確保家庭與社區的安全，以及未來福祉。你人生中最重要的特質，或許是會爲那些最親近你的人做考量——不論是情人、親屬、客戶、摯友、商業夥伴或是社區成員。你最大的滿足來源，是將你的技藝以及專注細節的能力帶入你自己「家庭」的事務裡，促使其茁壯。你的天賦之一是能夠覺察到你生命裡重要人士的需求，並且有能力透過與整個世界互動，來計畫如何讓對你而言最重要之人的生活情況獲得改善。在所有的事務中，你偏好當面握手成交的方式，清楚的協議通常是在飯桌上談成的，但你經常也需要書面合約，以確保各方都能完全瞭解你的承諾。當你和你的家庭或社區處於健康快樂的狀態，你就會感到滿足，覺得自己達成了人生目的。

制定計畫是你與生俱來的能力，但要制定廣泛全面的計畫，既適用你自己、也適用那些對你最重要的人，可能就像試圖同時騎兩匹馬一樣困難，而這樣的形容並不誇張。生命對你來說可能會變得像是在走鋼索一樣，讓你經常在兩種選項中拉扯，充滿挫折。你可能會想迫使他人接受你的觀點，卻發現這麼做會干擾你想達成的事情，讓情況失衡。到頭來，你必須信任你的感覺。要達到清明和情緒上的平靜，通常需要很大的耐心與決心，而這也能帶來最豐盛的結果。

你的意識太陽在閘門37，你經常在觀察「家庭」表現的方式，測試家庭互動的健全性，並且確定在所有的計畫和意圖中都存在程度一致的相互支持。你是爲他人立下典範的人，也是確立情緒狀態的人，特別是在家庭中或在緊密的團體裡。握手、擁抱和熟悉的觸碰，是你建立連結以及平息爭端的方式。一場精心的晚宴，搭配得宜的食物、飲品、夥伴和環境，堪比是一種靈性的體驗。當你很清楚自身的類型和內在權威的情緒本質，你的清明便能在你爲他人制定的計畫中傳達出肯定。

此人生主題的名人：

美國律師拉爾夫・納德（Ralph Nader）
美國女演員伊莉莎白・泰勒（Liz Taylor）
美國男歌手喬許・葛洛班（Josh Groban）
美國前總統女兒雀兒喜・柯林頓（Chelsea Clinton）
美國作家約翰・史坦貝克（John Steinbeck）
美國喜劇演員雀兒喜・韓德勒（Chelsea Handler）

37 固定人生主題

*The **Fixed** Life Theme of* BARGAINS (1)
太陽在閘門37
議價(1)

閘門37/40/5/35

你來到這世界上，心中帶著一個承諾，要盡一切可能服務你的朋友、家人和社群的需求。透過天生的堅定與責任感，你經常發現自己在爲身邊的人發聲，不論這些人是你的親屬、友人、事業夥伴或是社區的成員。你天生有能力可去推動你認爲自己有義務要做的事情，藉此確保你所屬群體的最大福祉與進展。然而，你對某些人也需要培養耐心，因爲他們需要時間來理解你所做的事。

你是天生的交涉者，而且總是把家人、親屬、朋友、事業夥伴和你理想世界的社群放在第一位。你透過自身的可靠與責任感來鼓勵他人爲共同利益做出貢獻，活出「我爲人人，人人爲我」的古老情操。你的許多協議是透過在飯桌上握手成交的方式達成，而友誼的連結和共識也都是在飯桌上建立的。你會擁抱那些信守承諾和責任的人，而逃避責任、占便宜或打破協議的人則會讓你非常憤怒，甚至會讓你直接切斷與這些人的連結。

你深切地希望能把大家聚集在共同的目標之下，因爲你把世界視爲一個群體，能透過簡單的協議和相互支持來共生共榮。你有影響力能引導他人做出貢獻，不論是透過堅持要他們做出貢獻，或只是透過你自身負起責任的典範來感染他人。信任你的類型和內在權威，能讓你知道誰眞正和你站在一起，並且能夠做出良好且有所成就的協議，也會讓你知道誰做不到這一切。

人際人生主題

37

太陽在閘門37

The ***Interpersonal*** *Life Theme of* PROGRESSIVE COMMUNITY (MIGRATION) (1)

進步社區（遷徙）（1）

閘門37/40/5/35

你的人生目的是要不計代價去帶領、珍愛、以及保護你的家庭、團隊或社區。你天生就很關心家庭的進展，你的時間感與四季同步，而且你有強大的意志力能消弭對你的計畫造成干預的一切因素。你讓家庭能夠保持與時俱進，並會不斷確認自己是否超前別人一步。因此，伴隨你的家庭、團隊或社區的物質支援，你便可獲得巨大的成功。

你天生觸覺敏銳，能夠確實感受哪些人和你站在同一陣線，而哪些人不是。你和他人所做的許多協議都是在餐桌上達成的，或是在相對較不正式的場合下達成，因爲在這樣的環境下才能建立親近感。你最重視的是忠誠，當你覺得自己遭背叛、忽視或持續被占便宜，你就會突然抽離，切斷那些人與你的親密連結。你是眞的會放棄他們，轉身離去。那些突然被切割的人會很錯愕，瞬間從圈內人變成局外人，而你則會將原本的注意力和能量轉移到你生命和社區中的其他領域。

你的意識太陽在閘門37，在家庭成員之間，你有自身獨特的標準和要求，當你認爲某事物值得投入，你就會堅持要求家人給你百分之百的支持。不論他人是否認可你的這份堅持，協議歸協議，你會在團體的組成中明確提出這個基本認知。其他人知道你會爲他們做所有的事，通常還會超越既定的共同安排，而這種時時待命、決心、甚至是奉獻的精神是不容輕忽的。透過密切留意你的類型和情緒權威，你會在情緒清明中認知到哪些人、事、物在生命中支持著你，也會知道何時要做出承諾，以及何時該離開。

此人生主題的名人：

英國男歌手羅傑・達爾屈（Roger Daltrey）
美國作家托尼・羅賓斯（Tony Robbins）
美國歌手黛娜・索爾（Dinah Shore）
印度前總理莫拉爾吉・德賽（Morarji Desai）
加拿大男歌手小賈斯汀（Justin Bieber）
美國女歌手凱莎（Kesha）

個人人生主題

38

The *Personal Life Theme of* TENSION (4)

太陽在閘門38
緊張(4)

閘門38/39/48/21

你的人生目的是要帶來緊張，藉此讓你周遭的生命保持在正確的頻率上。就像樂器上的弦，如果不維持在正確的張力下，就無法發出正確的聲音，因此若沒有必要的控制，生命中重要的事物也就無法成長和維持。不論他人是否認同你，你都能察覺到他人因爲制約而和他們的人生不同調之處，而要去對峙、甚至是激怒他們做出改變，對你來說是很自然的事。你經常在挑戰他人，而且你採取的方式會讓他們不自在，因爲你觸及了他們生命中缺乏清明的領域。很重要的是，你不能有針對個人的惡意或批評，否則你很容易就會失去你所珍愛之人的愛與支持。

你有憂鬱傾向。當你瞭解並且順從這項特質，它便能成爲你探索內在深度的途徑。你的內在深處蘊含著不同程度的創造力，而當你有覺知地表達時，便能夠緩解伴隨憂鬱而來的意志消沉。刻意允許你的創意能量流動，能夠引導你去接觸喜愛的事物，並且帶給你深度的成就和滿足。靜心冥想、按摩和運動能夠緩和過度緊繃的感覺，但有覺知地釋放自己總是需要是「對的」、總是需要掌控一切的感覺，則能帶給你最佳的舒緩。如果你能滿足於控制生命中那些你能夠控制的層面，諸如住哪裡、吃什麼、行爲舉止、穿什麼、做什麼事、以及你對生命的一貫態度，會有助於你在世界的侷限裡找到自己內在的平衡。

你的意識太陽在閘門38，你有著去對抗生命以及周遭明顯不公義的脾氣。你傾向以你所見的狀態稱呼事物，經常會去挑戰他人和情境，要他們證明自身的可靠性並提出合理說明。你有著強大的驅動力，使你能在行動中堅持不懈，直到你達到賦予所有參與者力量的結果；然而，如果你發覺沒有人和你及你的意圖同調，你很容易就會採取相反的立場，變得固執，甚至失禮。在一切的底層，你尋求正直高尚的結果。留意你的類型和內在權威是至關重要的，你會因此知道何時要將你的注意力及能量投向何處，也會知道要完全略過哪些人、事、物。

此人生主題的名人：

美國男演員梅爾・吉勃遜（Mel Gibson）
美國男歌手史蒂芬・斯蒂爾斯（Stephen Stills）
法國畫家亨利・馬諦斯（Henri Matisse）
德國賽車手麥可・舒馬克（Michael Schumacher）
美國女演員維多莉亞・普林斯波（Victoria Principal）
英國作家托爾金（J. R. R. Tolkien）

38

固定人生主題

*The **Fixed** Life Theme of*
OPPOSITION (4)

太陽在閘門38

反對（4）

閘門38/39/57/51

你的人生主題是要透過你的方式，找到有意義且能夠賦予力量的事物，不論代價爲何。你無法接受任何和你感覺正確的事物沒有共鳴的東西，不論你的立場對他人來說是否合理。事實上，你不能輕易地被描述爲通情達理的人，因爲如果你的標準沒能被滿足，你就會準備好去挑戰每個人。有時，你深思熟慮、熱情、甚至激烈的觀點，會讓人感到震驚。

儘管你傾向走自己獨特的道路，以及選擇自己的理念，但你是人權的倡議者，有時也會和他人協力聯手。你欣賞那些對不平等和不公義的看法跟你相同的人，但你通常比他人更深思熟慮，而且在「糾正錯誤」上也有更強大的毅力。就這方面而言，需要去確認你的行動和觀點不會習慣性地導向所謂的「一意孤行」，也就是過度強調相關人士的錯誤，而不是去探討他們所面臨的情勢和體制問題。

你擁有深刻的直覺和洞察力，經常在探索分裂的世界，找尋力量和團結。當他人沒有維持操守時，你能夠立即察覺到，而且你會放棄那些達不到你的原則的人，不論你是否刻意這麼做，別人則會因爲你對他們的態度突然改變而感到震驚。你想知道生命本身是有意義的，特別是關於你生命中的那些人。如果那些人沒有適當的表現，他們就會被放棄，而你也會繼續去尋找眞誠和信賴。爲正當的理念奮鬥以及與生命本身對抗，兩者之間有種微妙的平衡。要留意你的類型和內在權威，讓它們協助你在這個經常很矛盾的世界中找到平衡。

38

人際人生主題

*The **Interpersonal** Life Theme of*
INDIVIDUALISM (4)

太陽在閘門38

個人主義（4）

閘門38/39/57/51

你的人生主題是要透過認同與尊重個體性，來爲自己和他人賦予力量。個體總是一個局外人，在生命中有個非常特別的位置，但不必然會涉及傳統、當代事物和慣例等議題。身爲一個個體，你會發現自己對他人來說總是很特異，甚至因此被嘲笑。對你而言，要融入世俗規範和他人認爲重要且理所當然的荒謬瑣事中是很困難的。這並不是說你比他人更理解生命或你對生命有更重要的理解，而是你對生命的觀點是非常不同的。如果你明知不可爲但仍屈服於滿足他人的期望，你就會變得困惑，最終會非常懊悔。

當你忠於自己的本質，你就有潛能把前所未見的巨大改革力量與衝擊，帶進每個人的生命裡。你透過一種改變的過程來達成這一點，通常不採納傳統，而且會出人意料地積極投入新發掘的領域。透過培養覺察力，你瞭解到如何激勵他人去理解生命很根本的一個面向：自由！做自己的自由。在此同時，你也會體悟到，即使把牢籠的門打開，有些人仍會拒絕離開去尋找他們的自主權。

你知道即使有人眞的離開了他們的「牢籠」，他們很快就會迷失，然後想著要回到他們所謂的安全裡，甚至會責怪你爲何要來擾亂他們。

你的意識太陽在閘門38，你可能對自己爲他人造成的影響覺得很意外，這些人可能對你感到惱怒，或是去挑戰你，但你並沒有刻意做什麼去惹怒他們。有時你可能會發現自己被逼到了牆角，沒有明顯的支援和盟友，疑惑著事情怎麼會發展到這步田地，也疑惑著要如何透過話語或行動來脫身。經過一段時間的觀察，你會明顯看到你激怒他人的這個事實；然而，是否要在你的世界裡扮演戰鬥者的角色，或者單純做自己——做一個個體——完全操之在你。你的類型和內在權威會指引你，讓你知道哪些目標確實對你有利，也知道生命中的哪些人眞正懂你並欣賞你的作爲。

此人生主題的名人：

英國作家艾倫．沃茨（Alan Watts）

英國女演員茱莉亞．歐蒙（Julia Ormond）

法裔盲人點字法發明者路易．布萊葉（Louis Braille）

美國女演員黛恩．坎農（Dyan Cannon）

個人人生主題

39

*The **Personal** Life Theme of*
TENSION (2)

太陽在閘門39

緊張(2)

閘門39/38/21/48

你的人生目的是要帶來緊張，藉此讓你周遭的生命保持在正確的頻率上。就像樂器上的弦，如果不維持在正確的張力下，就無法發出正確的聲音，因此若沒有必要的控制，生命中重要的事物也就無法成長和維持。不論他人是否認同你，你都能察覺到他人因爲制約而和他們的人生不同調之處，而要去對峙、甚至是激怒他們做出改變，對你來說是很自然的事。你經常在挑戰他人，而且你採取的方式會讓他們不自在，因爲你觸及了他們生命中缺乏清明的領域。很重要的是，你不能有針對個人的惡意或批評，否則你很容易就會失去你所珍愛之人的愛與支持。

你有憂鬱傾向。當你瞭解並且順從這項特質，它便能成爲你探索內在深度的途徑。你的內在深處蘊含著不同程度的創造力，而當你有覺知地表達時，便能夠緩解伴隨憂鬱而來的意志消沉。刻意允許你的創意能量流動，能夠引導你去接觸喜愛的事物，並且帶給你深度的成就和滿足。靜心冥想、按摩和運動能夠緩和過度緊繃的感覺，但有覺知地釋放自己總是需要是「對的」、總是需要掌控一切的感覺，則能帶給你最佳的舒緩。如果你能滿足於控制生命中那些你能夠控制的層面，諸如住哪裡、吃什麼、行爲舉止、穿什麼、做什麼事、以及你對生命的一貫態度，會有助於你在世界的侷限裡找到自己內在的平衡。

你的意識太陽在閘門39，你會發現要激怒他人並不需要太費功夫。儘管他人可能很惱火，但你也看得出，你的挑釁實際上測試了他們的自信與眞誠。同時，你在自己的人生中也會遭到挑戰和激怒，甚至因爲你所做的事情而遭到否定或質疑。很重要的是，不要只是做出反應，不論是對他人還是對你內在被觸發的任何狀態皆是。這是一生都要學習的課題。如果你能在內在找到平靜點，並且從這個基礎上清明地互動、回應或回答，你就能避開要花許多時間和力氣才能平息的惱怒狀態。你追尋的，始終是要在他人身上找到與你有共鳴的眞誠和有力特質。然而，你無法在每個人身上都找到這些！信任你的類型和內在權威，你便能知道要去激發哪些人、事、物，也會知道何時以及如何保持沉默。

此人生主題的名人：

美國男演員湯姆・克魯斯（Tom Cruise）
英國黛安娜王妃（Princess Diana）
義大利裔法國服裝設計師皮爾・卡登（Pierre Cardin）
美國女演員琳賽・蘿涵（Lindsay Lohan）
美國前總統女兒瑪麗亞・歐巴馬（Malia Obama）
第十四世達賴喇嘛（The Dalai Lama）
德國詩人赫曼・赫塞（Hermann Hesse）

固定人生主題

39

*The **Fixed** Life Theme of*
PROVOCATION (2)

太陽在閘門39
挑釁(2)

閘門39/38/51/57

你的人生主題是要堅持個人以及個人表達的重要性。在此許的耐心和練習下，你會發展出天賦，看穿絕大多數隱藏眞誠的外表。當你發現生命遭到不合理的規範所阻礙，或者單純的行動遭到不必要的混亂所牽制，你能夠介入去干擾任何人和任何事，直到恢復明智和通情達理的狀態。有些人會認同並欣賞你這種單刀直入的做法，有些人則否。對那些很難立即在你的行爲中看見助益的人，你會發現他們最後還是能夠讚賞你的努力。

你擁護個人主義，因此也倡議每個人體驗自由的權利。自由的發展有許多階段，涵蓋了各種的可能性，從「免於某事的自由」，進展到「做某事的自由」，最後來到純粹的「自由」，沒有任何限制與條件，只有作爲有意識的個人爲其行爲負責。你的整體目標是要設立典範，並且找到方式將這個自由傳遞給所有個人，作爲他們與生俱來的權利。

有時你會被激怒，因爲人們試著說服你，說你不需要這麼特立獨行與充滿挑釁。你會聽到像這樣的話：「要是每個人都像你這樣做，會發生什麼事？」你要是不夠留心，這樣的態度便可能會讓你動搖。你要很清楚，在你生命的歷程中，你要尋求和「懂你」的人連結，這些人能完全欣賞你充滿活力的本質。無論如何，並不是所有人都可以納入。事實上，你必須知道，有些人會因爲你的提議和影響力而倍感威脅。因此，很重要的是你要信任自身的類型和內在權威，藉此得知誰眞正瞭解你並尊重你，同時知道你在生命中要和哪些人、事、物連結。

39

人際人生主題

*The **Interpersonal** Life Theme of*
INDIVIDUALISM (2)

太陽在閘門39

個人主義（2）

閘門39/38/51/57

你的人生主題是要透過認同與尊重個體性，來為自己和他人賦予力量。個體總是一個局外人，在生命中有個非常特別的位置，但不必然會涉及傳統、當代事物和慣例等議題。身為一個個體，你會發現自己對他人來說總是很特異，甚至因此被嘲笑。對你而言，要融入世俗規範和他人認為重要且理所當然的荒謬瑣事中是很困難的。這並不是說你比他人更理解生命或你對生命有更重要的理解，而是你對生命的觀點是非常不同的。如果你明知不可為但仍屈服於滿足他人的期望，你就會變得困惑，最終會非常懊悔。

當你忠於自己的本質，你就有潛能把前所未見的巨大改革力量與衝擊，帶進每個人的生命裡。你透過一種改變的過程來達成這一點，通常不採納傳統，而且會出人意料地積極投入新發掘的領域。透過培養覺察力，你瞭解到如何激勵他人去理解生命很根本的一個面向：自由！做自己的自由。在此同時，你也會體悟到，即使把牢籠的門打開，有些人仍會拒絕離開去尋找他們的自主權。

你知道即使有人眞的離開了他們的「牢籠」，他們很快就會迷失，然後想著要回到他們所謂的安全裡，甚至會責怪你爲何要來擾亂他們。

你的意識太陽在閘門39，你很輕易就能挑釁他人。你能帶出他人活力的本質，這是他們已經遺失或遺忘的，而再次甦醒的過程通常會讓他們感到震驚。他人跟你互動卻不受到某種影響是不可能的。你不是鼓勵他人用更有意義的方式與生命連結，就是用他人認爲不可能的方式來重新安排事物。你能夠哄著他人去做他們通常不會考慮做的事情，而他們也會對過程中所發掘的自由感到驚奇。要瞭解到不是每個人都懂你，而當你把人們帶出他們平常的觀點和界線時，也要知道這當中會牽涉到什麼。不論你如何苦口婆心或親自爲他人做了什麼，有些人還是會堅持停留在困住的狀態。要記得，在所有的情況裡，你的類型和內在權威都會告訴你哪些人已經準備好接受你的指引，你也會知道何時要與他們互動，何時要保持低調、保持距離，過好自己的人生。

此人生主題的名人與重要事件：

美國前總統小布希（George W. Bush）
美國建國
美國男演員席維斯・史特龍（Sylvester Stallone）
英國男歌手林哥・史達（Ringo Starr）
英格蘭國王亨利八世（Henry VIII）

個人人生主題

40

The ***Personal*** *Life Theme of*
PLANNING (3)

太陽在閘門40

計畫(3)

閘門40/37/16/9

你的人生主題涉及制定計畫來確保家庭與社區的安全，以及未來福祉。你人生中最重要的特質，或許是會爲那些最親近你的人做考量——不論是情人、親屬、客戶、摯友、商業夥伴或是社區成員。你最大的滿足來源，是將你的技藝以及專注細節的能力帶入你自己「家庭」的事務裡，促使其茁壯。你的天賦之一是能夠覺察到你生命裡重要人士的需求，並且有能力透過與整個世界互動，來計畫如何讓對你而言最重要之人的生活情況獲得改善。在所有的事務中，你偏好當面握手成交的方式，清楚的協議通常是在飯桌上談成的，但你經常也需要書面合約，以確保各方都能完全瞭解你的承諾。當你和你的家庭或社區處於健康快樂的狀態，你就會感到滿足，覺得自己達成了人生目的。

制定計畫是你與生俱來的能力，但要制定廣泛全面的計畫，既適用你自己、也適用那些對你最重要的人，可能就像試圖同時騎兩匹馬一樣困難，而這樣的形容並不誇張。生命對你來說可能會變

得像是在走鋼索一樣，讓你經常在兩種選項中拉扯，充滿挫折。你可能會想迫使他人接受你的觀點，卻發現這麼做會干擾你想達成的事情，讓情況失衡。到頭來，你必須信任你的感覺。要達到清明和情緒上的平靜，通常需要很大的耐心與決心，而這也能帶來最豐盛的結果。

你的意識太陽在閘門40，你有意志力去達成任何你想做的事，特別是在支持你的家人、群體或企業時。擁有情緒權威表示你的情緒掌控著你的人生，由於你的情緒總是呈現上下起伏的波動，在興奮與冷漠之間遊走，因此在某個當下看似完美的安排，到了下一刻看起來可能就全然不同。你和社群的連結是透過支持的協議建立的，該協議確保了各方都能被滿足。你有意志力能做出承諾，但你也需要在事前完全清楚自己的條件是會被達成的。如果他人把你的付出視爲理所當然，那是很傷人的；若你的努力能獲得賞識，則會大幅提升你的自我價值。信任你獨特類型的運作方式，並且記得要有耐心，在對任何人、事、物做出承諾前，需要先等待情緒清明。

此人生主題的名人：

美國男歌手麥可・傑克森（Michael Jackson）

美國女演員卡麥蓉・狄亞（Cameron Diaz）

美國女演員莉莉・湯琳（Lily Tomlin）

美國男演員李察・吉爾（Richard Gere）

40

固定人生主題

The **Fixed** Life Theme of DENIAL (3)

太陽在閘門40

拒絕(3)

閘門40/37/35/5

你的人生主題是要檢視你生命中所有的關係連結，支持那些能帶來助益的關係，並且切斷或限制沒有助益的關係。你很容易就能察覺出哪些人對你的福祉和你認爲重要事物的福祉有貢獻，哪些人則否。你經常在清除那些你認爲無關緊要的人和情景，有時候是以突然疏離的方式來斷開。你會刻意放慢、甚至阻止任何你覺得進展失控的活動，藉此把每件事和每個人帶回有秩序的狀態。你一生中會經歷許多不同的領域和關係，經常在遠離任何你覺得匱乏或沒有效率的人、事、物。因爲你對於自身的承諾很堅定，因此當身邊的人未能遵守承諾時，你會非常氣憤。

你天生傾向去投入對你沒有幫助的夥伴關係，因而發現他們最終會限制了你對自由的感受。在這樣的情況下，你可能會發現自己很難擁有適合自己和夥伴的長期關係。你偏好和生命中的人立下明確的協議，但如果有個夥伴的行爲讓你不安，你可能就會和他切割，或至少與他保持安全距離，直到能重新建立清楚明確的感覺爲止。由於你是非常感官的，你的觸碰能和他人建立強烈的連結，因此在緊張或面臨壓力的時刻，一個簡單的擁抱或握手，就能迅速重新確認聯繫並消除誤解。一起分享食物對你來說也是種得到慰藉的方式，能和他人建立親近的關係。像是和真誠的友人共進晚餐這樣簡單的事情，能很容易帶給你親近的體驗，提醒你去投入這個有時很冷漠的世界。

一般來說，你喜歡按照自己的方式做事。如果這意味著要拒絕人們接觸你和接觸你想要控制的事物，那就這樣吧。尤其當你感到猶豫或抽離時，你身邊的人又有他們的要求和議題，這時你的情緒權威總是能擔任你生命的嚮導。有時這需要很大的耐心，直到獲得你自身的清明爲止。遵循你的感受，在連結你的情緒權威時也要信任你的類型運作，如此，你就一定會知道生命想要將你的注意力和努力引導到什麼地方。

人際人生主題

40

The Interpersonal Life Theme of PROGRESSIVE COMMUNITY (MIGRATION) (3)

太陽在閘門40

進步社區（遷徙）(3)

閘門40/37/35/5

你的人生目的是要不計代價去帶領、珍愛、以及保護你的家庭、團隊或社區。你天生就很關心家庭的進展，你的時間感與四季同步，而且你有強大的意志力能消弭對你的計畫造成干預的一切因素。你讓家庭能夠保持與時俱進，並會不斷確認自己是否超前別人一步。因此，伴隨你的家庭、團隊或社區的物質支援，你便可獲得巨大的成功。

你天生觸覺敏銳，能夠確實感受哪些人和你站在同一陣線，而哪些人不是。你和他人所做的許多協議都是在餐桌上達成的，或是在相對較不正式的場合下達成，因爲在這樣的環境下才能建立親近感。你最重視的是忠誠，當你覺得自己遭背叛、忽視或持續被占便宜，你就會突然抽離，切斷那些人與你的親密連結。你是真的會放棄他們，轉身離去。那些突然被切割的人會很錯愕，瞬間從圈內人變成局外人，而你則會將原本的注意力和能量轉移到你生命和社區中的其他領域。

你的意識太陽在閘門40，你很清楚意識到自己有多可靠，也意識到自己耗費了多少能量來達成事情。但要是你和他人建立的協議沒被遵守，你很容易就會亂了方寸。有時，中斷協議不需要什麼明顯的原因，純粹只是顯示時機已過；當這樣的情況出現時，就把你的注意力轉向他處。你是個傳訊者，也是爲家庭或社區成就事物的人，而且遲早你會堅持要因爲你致力滿足所有人需求的貢獻而受到表揚，不然你就會離開去別的地方。在你所有的行爲中，你都有個內建的時間感，不論這種時間感是否適用於他人的計畫或議題。務必記得，留意你的類型和情緒權威，才能帶來成就和滿足，而且你需要很大的耐心才能達到清明的平靜點。

此人生主題的名人：

墨西哥女演員莎瑪・海耶克（Salma Hayek）
美國網球運動員吉米・康諾斯（Jimmy Connors）
美國男演員查理・辛（Charlie Sheen）
美國女教師、太空人克里斯塔・麥考利芙（Christa McAuliffe）
美國電視名人卡米爾・葛拉默（Camille Grammer）

個人人生主題

41

*The **Personal** Life Theme of* THE UNEXPECTED (4)

太陽在閘門41

意料之外（4）

閘門41/31/28/27

你的人生主題是要沉浸在意外之事當中。這或許是最非凡的人生主題之一，你給你的生命以及身邊所有人的人生，帶來了意料之外的徹底改變。即使面對生命的不確定性和不可知的層面，你仍能帶來覺察和影響力，也帶來照顧的本質，靜靜地思索如何從生命中得到最多的收穫。如果你接受並擁抱生命帶給你的一切，帶著開放的態度準備迎接任何挑戰，那麼你在表達自己對這世界獨特的夢想、願景和關照時，就不會遭受阻礙和氣餒。要信任你自身獨特的能力，而這能力未必會遵循任何人對於生命應該如何運行的概念。

生命是個奧祕，而你是來探索這奧祕的。當人們堅持事情只能以某些方式進展時，你通常會證實完全相反的狀況，點出或展現各種的替代方式。對那些覺得生活索然無味或毫無意義的人，你可以給他們帶來不同的態度，你會用新發現的有趣可能性來替代自滿心態。當你帶來改變時，或是你吸引改變降臨到你的生命中時，你的存在便能夠輕易地影響和提振每個覺得困在固定且無聊人生裡的人。

你的意識太陽在閘門41，你的想像力經常在權衡潛在的生命體驗，預期可能的結果、助益和損害。在一切潛在體驗的開始，首先會以沒有極限的夢想或幻想形式產生，你所能想像的事物開始成形，並且成爲你人生事件的一部分。一開始只是些微的可能性，後來可能變成改變人生的經歷，帶領你和他人與生命有全新的接觸。你會帶動全新且意料之外的趨勢，而這種趨勢基本上可能會以有創意和讓人分心的方式接管你的人生。要很清楚你的類型和內在權威，如此一來，在你採取任何行動前，你都能夠百分之百確定自己的行動是符合自身本質的，藉此讓你能夠以帶來成就和滿足的方式，擁抱你的夢想和幻想。

此人生主題的名人：

美國女歌手艾莉西亞・凱斯（Alicia Keys）
美國女演員黛安・蓮恩（Diane Lane）
法國作家司湯達（Stendhal）
英國作家威廉・薩默塞特・毛姆（W. Somerset Maugham）
美國男演員約翰・貝魯西（John Belushi）
法裔義大利爵士樂小提琴家史蒂凡・葛瑞波利（Stéphane Grappelli）

41

固定人生主題

幻想(4)

太陽在閘門41

*The **Fixed** Life Theme of* FANTASY (4)

閘門41/31/44/24

你的人生主題是要遊歷想像和幻想的領域。你能夠想像任何的東西，也因此你可能在他人的人生裡非常有影響力，會指引他們走向其自身無法想像的體驗。伴隨所有想像而來的，也可能是難以實現的結果，因此期望越大，失望也越大。當所有事情的結果不如你的期待時，有時甚至可能導致危機。

你有能力預先考慮到情勢，這是他人無法做到的，因此你會根據自己預期會發生的事情來形塑自身的人生旅程，以及和你最親近者的人生旅程，不論你預期的事是否奠基在能帶來成就和滿足的事情上。你可能會發現自己在追逐夢想，不顧結果地投入冒險和體驗中，彷彿這些冒險和體驗本身就能滿足你。儘管這個方法對你很有用，但別人卻不一定會認同。對於你會如何給人好印象的不切實際想法，可能會把你擊潰，特別是當你把期望放在他人的認同上時。

專注在被認定已然足夠的創意幻想上，將帶來滿足感，甚至能創造時尚且具影響力的新潮流。

然而，有時你可能只是騙自己去相信含糊空想的概念能夠帶來務實的結果。過度思考這些概念無法幫助你獲得清明。信任你的類型和內在權威，能讓你知道自己何時已經超出能帶來滿足結果的範圍，也知道自己何時是跟能帶來成就和滿足的事物同調。

41

人際人生主題

太陽在閘門41 領頭者（4）

The Interpersonal Life Theme of THE ALPHA (4)

閘門41/31/44/24

你的人生主題是要去帶領。領頭即是「群體的領導者」，而你的角色是去影響眾多在生命中尋找務實影響力的人。你擁有堅定剛毅的天賦，能夠透過頭腦檢視一個情境的所有面向，也能夠本能地辨別動機和行爲的模式。你的人生主題必然會讓你站上有影響力的位置，然而，你是否清楚知道何時要對哪些人、事、物給出承諾，則會影響你自身的生活品質和你的領導力。

你有著很廣泛的想像力，讓你能夠投入各式各樣的可能性當中，從純粹的幻想到全然務實的現實都包含在內。當你透過較具邏輯的一面來平衡你對廣泛且深刻體驗的追逐，你最強大的能力就能找到表達的途徑，因爲邏輯面要求的是確定且安全的結果。有些人會因爲猶豫和保守的傾向而受限，你則是能夠延伸觸角，去承接並超越令人畏懼的挑戰。無須輕率、莽撞地想擁有領導力，而是應該擁抱你天生的潛能，找出方法穿越你所遭遇到的一切限制。

你的意識太陽在閘門41，你的想像力對他人來說可能很迷人，而你會帶領他們進入新的冒險和體驗。你能夠想像潛在的發展並預期結果，並使他人確信會得到有意義的經歷，雖然他們未必像你一樣肯定。你可以讓責任與義務聽起來很有趣，而且能夠展現如何達成不可能的事情，這會激起人們的好奇，說服他們參與你的努力。要留意你所提議的事物是來自內在的整合，而不是源於想討好某人，或是想滿足你對他人人生的想像。與其認定你會爲任何前來尋求指引的人提供協助，或是去帶領任何在人生中看起來有些迷失的人，唯有當你記得遵循自身的類型和內在權威時，你才能眞正有所成就。

此人生主題的名人：

美國男演員保羅・紐曼（Paul Newman）
美國脫口秀主持人艾倫・狄珍妮（Ellen DeGeneres）
美國首席大法官約翰・羅伯茲（Justice John Roberts）
奧地利音樂家沃夫岡・阿瑪迪斯・莫札特（Wolfgang Amadeus Mozart）
美國女演員布莉姬・芳達（Bridget Fonda）
英國大提琴演奏家賈桂琳・杜普蕾（Jacqueline du Pré）

個人人生主題

42

*The **Personal** Life Theme of*
THE MAYA (1)

太陽在閘門42

馬雅(1)

閘門42/32/61/62

你的人生主題是要去描述發生在你世界裡的每一件事。你透過觀察成長和改變的過程，將這些與宇宙的基本原則連結，做出對所有事物的描述。你總是知道至少兩種評估和描述同一件事情的方法。你的沉思冥想是想領會到，並非每件事都像表面上看起來的那樣，儘管你或他人多麼希望它們應該要和表面一致。科學和宗教系統持續在翻新，而隨著它們從一個觀點轉移到另一個觀點，你也有天賦能體悟並描繪出替代的可能性。你對轉移的觀點保持開放的態度，這也讓你更能與生命的奧祕連結，瞭解我們在生命中的位置。

當你審慎觀察，你幾乎能夠立即看出事物的荒誕之處。除非絕對必要，否則千萬不要忍受這些謬誤。你能夠迅速看穿不可靠或單純就是不正確的「事實」、信仰和概念。很重要的是，你不僅要在自身追求真理的探索中堅定決心，過程中也要保持健康的幽默感。生命不一定要像很多人認為的那樣嚴肅，有時你必須後退一步，從直接的參與中抽離，以便得到自身真實的觀點。在你的生命中，你的沉著與改變的觀點是很重要的。

你的意識太陽在閘門42，你是成長的催化劑，透過循環和持續的體驗來擴展經歷，爲你自己和他人帶來暫時的完滿和滿足感，接著你又會轉移到其他的觀點和覺察。不論你是否體悟到關於你自身的這項本質，你總是會成爲展開體驗的媒介，給每個參與的人帶來很大的潛在助益。如果你不清楚哪些人、事、物需要你的關注，而且沒能信任自身的清明，你可能會進入停滯的體驗，不但無法帶給你滿足，在自己的人生停滯不前之際，還要看著他人一一卓越晉升。在自身缺乏清明的情況下去協助他人，最終會讓你筋疲力竭。對你而言，重點在於找到提供你的能力以及獲取相應回報之間的平衡。務必記得遵循你的類型和內在權威，因爲當你根據自身的設計來投入體驗時，其時機、參與和結果將會帶給你成就和滿足。

此人生主題的名人：

美國男演員安迪・加西亞（Andy Garcia）
美國女演員克萊兒・丹妮絲（Claire Danes）
美國脫口秀主持人大衛・賴特曼（David Letterman）
美國動作片演員史蒂芬・席格（Steven Seagal）
愛爾蘭女演員瑟夏・羅南（Saoirse Ronan）

固定人生主題

42

The ***Fixed*** *Life Theme of* COMPLETION (1)

太陽在閘門42

完成（1）

閘門42/32/60/56

你的人生主題是要爲你投入的任何體驗帶來完結，並且讓他人感激你的參與。你會受到召喚進入許多活動，因爲你不僅能讓事情進展和擴張，而且你也能讓事情完滿地結束。你經常會發現自己擔任顧問、提倡者或推廣者的角色，爲人提供有建設性的建議，讓每一件事都能以有益眾人的方式發展。

你促進成長的能力，與你對情況變化的警覺性相輔相成。你總是在爲事物把脈，留意限制，並對環境和情境保持警覺，對於他人可能忽視的必要調整也很機警。由於你能夠給每個人的人生帶來很大的助益與提升，因此你必須注意，不論是在短期或長期的協議上，在滿足他人要求的同時，也需要找到自身的滿足感和成就感。

你可能很害怕加入開放式的協議，因爲你從不確定自己是否能找到方法脫離協議，因此你總是偏好訂定明確的協議。你可能很擅長完成交易、結束合約、以及終止協議，但要小心你在私人生活中選擇抽離關係的方式，尤其是和那些珍惜你的人，特別是當他們老是拿他們的需要和請求來煩你時。對某人或某事給出個人的承諾，以及爲了自身的自由和成長而抽離，兩者之間僅有一線之隔。找到快樂的媒介，是你一生的課題。當你留意你的類型和內在權威，你就會明確得知要投入哪些事、避開哪些事，以及哪些人能滿足你的條件、哪些人不行。

此人生主題的名人：

義大利畫家拉斐爾（Raphael）

42

人際人生主題

*The **Interpersonal** Life Theme of*
LIMITATION (1)

太陽在閘門42

侷限（1）

閘門42/32/60/56

你的人生主題是要提供界線與限制，讓他人能意識到生命的許多自然侷限。你透過實際地看待成長潛能，覺察失敗的可能性，並且運用過去的教訓來對未來做預期，藉此達成使命。由於你能感受到所有情境中的限制，而且能務實地評估哪些事情可以達成，因此人們總是期盼你提供可靠的參考依據。

你持續在維持正面滿足的成長以及屈服於衰退和失敗之間尋求平衡。有時你可能會過度謹慎，有時你則可能衝動地去突破顯然被強加的不必要苛責，這些苛責會打擊成就感。你可能會扮演「倖存者」的角色，但同時也是致力維持成長的人。你的內心深處意識到生命的神聖，也知道要如何不計代價尊重、保護、以及滋養生命。當遭遇看似無法處理的情境時，只要你退一步客觀地評估一切，你便能經得起所有的挑戰和阻礙，找到出路。

你的意識太陽在閘門42，只要有可能，你完全支持擴張和發展，而且你也準備好伸出援手來協助人們成長與成功。然而，你也必須警覺，若過度熱切想跳入不是以現實為基礎的情境中，結果將會帶來失敗。當你把視野越過完成事務的混亂過程，停下來反思你的參與所帶來的助益，你便會領悟到生命的神奇，體會到有許多事物是值得讚頌的。儘管你有能力在自身未獲得多大利益的情況下帶領他人前進，但如果你沒能把自身的成就和滿足納入協議裡，你最終將會感到失望。務必記得，對你而言最好的互動是那些雙贏的承諾，而這些承諾會在你遵循自身類型和清明內在權威的情況下自然出現。

此人生主題的名人：

英國女演員艾瑪・華森（Emma Watson）
教宗本篤十六世（Pope Benedict XVI）
蘇格蘭男歌手格里・拉夫提（Gerry Rafferty）
英國女演員茱莉・克莉絲蒂（Julie Christie）
義大利女演員克勞蒂亞・卡蒂納（Claudia Cardinale）

個人人生主題

43

*The **Personal** Life Theme of*
EXPLANATION (4)

太陽在閘門43
說明(4)

閘門43/23/4/49

你的生命中常有想要告知和說明的衝動。有時，你會覺得能很好地傳達自己想要說的事情；而有些時候，你和你的聽眾可能很疑惑你到底是在說什麼，並且質疑你是如何得知你說的那些事情。你的內在存在著轉變他人人生的能力。你的天賦是能夠和各式各樣的人溝通，而你的挑戰則是要讓人聽懂你說的事情。你傾向把事情一股腦脫口而出，許多時候你會發現自己所說的事情，和別人在思考或表達的事情沒什麼關聯。發展出自在對話的能力是需要練習的，特別是當你有如此多的洞見需要去表達和說明時。

你的表達力量，以及你分享洞見的能力——分享那些能轉變你的世界的洞見——不僅存在你說話的內容當中，也存在你說話的聲音裡。語調是你在溝通時至關重要的一部分。當你很放鬆並按部就班地陳述時，你的聲音語調能最清楚地傳達資訊。跳躍式的說話方式，或是任意地穿插陳述你的洞見，特別是當你想要一股腦脫口而出的時候，就可能導致誤解和疏離。因此你會發現，發展說話技巧和對自己的聲音感到自在是非常重要的，否則你會發覺大家都很疑惑你到底在說什麼，因而不確定他們是否眞的想要或需要注意聽你說話。要記得，你所說的事情可能很有權威而且不容置疑，之所以會讓人們很困惑和擔憂，是因爲你所說的內容和他們本身或他們感興趣的事情並不相關。

你的意識太陽在閘門43，你會發現打從你出生開始，你就有著眾多關於人生和宇宙的非凡洞見，而這些洞見未必符合他人的信念和理解。將洞見轉化爲語言，對你一直是個挑戰，除非你能夠培養有效的說話技巧。那感覺就像是你的頭腦會聽見一個聲音或看見一個影像，而你最大的工作就是把這個聲音、影像、洞見轉換爲他人能夠接收且能夠理解的形式。有時這種轉換看似不可能，而且你或許寧願保持沉默，也不願去表達這些說不出來的事物。這並不是說你的洞見不正確，相反地，這些洞見很新穎、與眾不同，而且可能帶給他人啓發。信任你的類型和內在權威，你將知道他人何時已準備好要聆聽，同時你也會找到方式來傳達這些令人驚奇且持續尋求透過你來表達的洞見。

此人生主題的名人：

英國查爾斯王子（Prince Charles）　美國女演員葛麗絲・凱莉（Grace Kelly）

美國女演員琥碧・戈柏（Whoopi Goldberg）　加拿大男演員雷恩・葛斯林（Ryan Gosling）

美國女演員安・海瑟威（Anne Hathaway）　加拿大男歌手尼爾・楊（Neil Young）

固定人生主題

43

*The **Fixed** Life Theme of*
INSIGHT (4)

太陽在閘門43

洞見(4)

閘門43/23/29/30

你的人生主題是要連結、思索和表達各種洞見。如果你沒留意，你可能會有脫口而出的傾向，講出尚未完全成形的觀點，或者和身邊人們與情境不相關的事情。如果你持續用這種方式呈現自己的觀點，別人就會覺得你的表達是種干擾，甚至會導致他們忽視你或刻意疏遠你。

當你感覺沒人對你的表達感興趣，或者沒人能瞭解你說的話，你可能會因此變得沉默，並且刻意抽離。由於你在聽覺上非常敏銳，對聲音與振動頻率很敏感，因此你能夠阻絕任何傲慢、干擾、或與你的思緒不相干的人。然而如果你能安住當下，並且學習在良好時機表達的說話技巧，以及學習對自己的聲音感到自在，你會發現你的洞見不僅能讓人驚奇，也能夠給他人的人生帶來深刻的轉變。

務必瞭解，你的內在有個非凡的運作在進行著。最好的描述就是，你的頭腦會在聲音自發性地傳入時「下載」影像，形成你的「洞見」，然後你會將這些洞見轉換爲思緒，再轉化爲語言。由於有一部分的你準備隨時把腦袋中任何的靈光乍現說出來，因此，你首先要很清楚自己的表達是否符合當下情境與你的聽眾。對你而言，聲音和寂靜是兩個極端，而在這兩者之間，眞相在尋求表達。當你找到自己的聲音與時機，你傳達出的強大洞見就能引發他人人生的深度轉變。密切留意你的類型與內在權威，你就會知道是否有聽眾正準備要聆聽你的眞知灼見。

43

人際人生主題

*The **Interpersonal** Life Theme of*
DEDICATION (4)

太陽在閘門43

奉獻(4)

閘門43/23/29/30

你的人生主題是要提供有影響力的溝通，亦即對所有個人都有價值的強大溝通。你爲了每個人的利益而表達自己的洞見，結果就是人們會找尋你，接收你的智慧和闡釋。你傾向對改善他人的人生變得執迷，彷彿那是你的職責，因此你可能經常會去拯救他人，或是試圖爲他們接管和安排所有的事情。你的挑戰是瞭解到自己的極限，並且在你把自己繃得過緊前放手。指引他人去找到他們自身的力量和資源，這樣他們才能有自信地在自己的人生道路上前進。

你有著潛在的驚人洞見，並且尋求能夠立即表達。你的談話或許很深奧，並具有權威性且不容置疑，但除非你以他人能夠聽得進去的方式表達，否則你可能會發現你的聽眾都在疏遠你。因此，磨練你的說話技巧是至關重要的。當你學會衡量你對聽者造成的影響，並且將你的說話技巧和社交技巧結合，你會發現有人已準備好要聽你說話。你有能力用最簡單的措辭表達複雜的概念和強大的洞見，但這需要努力不懈地練習，才能有穩定一致的表現。你的奉獻是要提升人類，而你關注的是要讓你的洞見有效益，也就是能幫助人們成長，並且在他們的人生中賦予他們力量。有時，你必須親力親爲去協助；有時，你必須退居一旁，讓人們以自己的方式成長。

你的意識太陽在閘門43，你經常會有自發性的洞見，這些洞見透過你傾洩而出，而你也傾向衝動地表達這些洞見。然而，唯有當你使用清晰的語言，在良好的時機與正確的情境下說出，你的洞見才會對你的世界有實際的影響。年輕時，你有跳入任何承諾裡的傾向，但未必眞的有好理由讓你這麼做。隨著年歲漸長，你會對自身的體驗更有選擇性，但你潛在的思想中仍有著驅動力想要滿足自身的欲望。透過滿足你的欲望，你會發現自己的創意出口擴大了，而且你也能夠去傳達以你自身經歷的務實現實爲基礎的洞見。當你能夠以清晰、有智慧和合時宜的方式來傳達你自身的覺知，你便會大幅影響和轉變人們的生活，給他們帶來很大的助益。留意你的類型和內在權威，它們將會指引你接觸到眞正值得你全心投入的人們和體驗。

此人生主題的名人：

英國建築師彼得・庫克（Peter Cook）
美國男演員洛克・哈德森（Rock Hudson）
英國女演員潔瑪・艾特金森（Gemma Atkinson）
英國男演員強尼・李・米勒（Jonny Lee Miller）
美國電影導演馬丁・史柯西斯（Martin Scorsese）
美國藝術家喬治亞・歐姬芙（Georgia O'Keeffe）

個人人生主題

44

The Personal Life Theme of THE FOUR DIRECTIONS (WAYS) (3)

太陽在閘門44

四個方向（道路）(3)

閘門44/24/33/19

你的人生主題是要測試這世界上所有體驗的極限，然後找到內在的平靜去反思，藉此對你復甦和更新的過程提供支持。有時你可能不知道爲什麼你會被推動去投入某些體驗，或是拒絕投入某些體驗，許久之後才發現，這些全都爲你的生命帶來了意義。要注意，若試著透過你的頭腦來引導你的人生，必定會導致你感覺機會和答案都與你擦身而過。儘管你有很棒的合理解釋，但有一部分的你知道，生命很神祕，遠遠超出你的頭腦所能理解。

你這一生有許多機會能去瞭解一些深奧的眞相。你可能會回想起深鎖在記憶中的時間、地點和體驗，而這些仍持續形塑著你現在的生活。有時你很外向，會去探索與你生命交會的所有人、事、物；有些時候，你會靜坐沉思著生命和其所有令人驚嘆的事物。就像海浪有韻律地起起落落，就像月亮陰晴圓缺的不斷循環，隨著你在生命循環中成長，隨著你對生命的理解和體悟逐漸發展，你的生命模式也會持續向外和向內移動。

你的意識太陽在閘門44，你有某種程度的警覺性，能夠連結人們與環境，一瞬間就能指出你在當下的前景爲何。你能夠迅速衡量誰和你站在同一陣線，誰有資源可提供協助。觀察各種壯舉、時尚和財務持續不斷地循環，並且在循環的過程中進行調整，你也能看出世界上正在呈現的模式和趨勢。當你對於要前進或有所保留抱持懷疑時，記得要信任你的類型和內在權威，你就會找到能完美引導你的資源，投入能帶給你領悟和滿足的夥伴與情境。

此人生主題的名人：

法國皇后瑪麗・安東妮（Marie Antoinette）
美國出版商拉瑞・弗萊恩特（Larry Flynt）
澳洲女演員東妮・克莉蒂（Toni Collette）
印度女演員愛絲維婭・雷（Aishwarya Rai）
美國蘋果公司執行長提姆・庫克（Tim Cook）

44

固定人生主題

*The **Fixed** Life Theme of* ALERTNESS (3)

太陽在閘門 44

警覺(3)

閘門44/24/7/13

你的人生主題是持續處在警覺狀態，不僅對周遭的環境保持警覺，特別是也對你內在的環境保持警覺。你的感官會讓你知道，你的世界處於一切安好的狀態。你經常在確認自身對當下環境的直覺感受，特別是對環境中的人們，而你的直覺會把一切連結到過去的事件以及可能的未來。你很享受自己世界裡的秩序感，對那些看起來迷失的人，你也經常會給予指引、指導和友善的聆聽。雖說每個人都有故事，但你也瞭解到，自己未必有義務要聆聽。

你有能力去與人們連結，感受每個人的存在和投入程度。在評估當下的事件時，你也一直做得比他人迅速。你能看到被他人忽視的機會，而且可能會急著想善加利用這些機會。儘管他人會有所遲疑，但這些機會在你看來是再明顯不過了。你眞的很喜歡把自己的努力和能力，與他人的努力和能力結合。然而，你需要很清楚地傳達你的觀點，讓他人能對於你所提供的事物找到屬於他們的清明，這樣你才能獲得他們的支持與投入。

你傾向對簡單的議題過度思考，堅持把每個人的觀點都納入考量，結果給你自己和身邊的人造成困惑。的確，你很投入爲生命中的議題找到全面的解決方案，而且你有能力深切認同每個人的擔憂；然而，最重要的是，你首先要找到並信任自身的清明。當你遵循自身的類型和內在權威，你的警覺就能被導向當下情勢的關鍵本質，讓你突破對於個人未能擁有成就和滿足的恐懼。

44

人際人生主題

The ***Interpersonal*** *Life Theme of*
INCARNATION (3)

太陽在閘門44

體現（3）

閘門44/24/7/13

你的人生主題是要透過自身當下自發的存在，向他人展現出每個人都應根據自身內在的眞實來經歷人生。你有時可能會窺見或明顯地連結到另一個時代和維度，不論是過去或是未來，而這讓你覺察到生命持續的演化過程。你可以很清楚地覺察到他人以及所有生物，有時會超越所謂朋友和夥伴的正常界線，去追逐你對生命的著迷以及生活的藝術。你對生活方式的選擇，未必會和他人的生活方式相容，因爲你的內在帶有某種相異性和獨特性。

透過強大的觀察力，你有能力看出觸動他人的事物。你能夠預見人們的需求以及困擾他們的問題，經常預先想出能夠緩和他們所處情勢的解決方案或合理解釋。你可以是很棒的聆聽者，能夠連結他人的煩惱，必要時會建議、甚至執行極爲創新的方式來處理他們的問題，而這通常也會給他們的問題帶來解方。「體現」（化身）是一個人在身體形式裡最接近有覺察意識的狀態，而你這一生有大部分時間都在努力探索身體的能力和極限。

你的意識太陽在閘門44，當你選擇投入自己時，你很擅長把人們聚集在一起。你會透過超越邏輯的感官來接近人們和事物，而這屬於更爲直覺的記憶覺察，未必能夠輕易說明。你對自然和自然的產物可能有著很大的興趣，因爲這些代表著人類世界之外的維度。身爲一個嚮導和聆聽者，你會迅速衡量情境，觀察生命的模式如何微妙地交織在一起，以及這些模式朝著哪個方向發展。當你過度思考或者聚焦在久遠以前的情境上，就會限制了你在當下有效發揮的能力。信任你的類型和內在權威，會讓你連結到能夠帶給你最大成就與滿足的人們和情境。

此人生主題的名人：

美國前第一夫人蘿拉・布希（Laura Bush）
美國男演員馬修・麥康納（Matthew McConaughey）
美國男歌手吹牛老爹（Puff Daddy）
美國女演員凱西・葛蕾芬（Kathy Griffin）

個人人生主題

45

*The **Personal** Life Theme of* RULERSHIP (2)

太陽在閘門45

統領(2)

閘門45/26/22/47

你的人生主題是要去統治。人們會自然地看向你，認爲你擁有知識和資源能夠擔起重責大任。你的智慧大多來自過去行得通的事情所帶給你的廣闊視野，而且你也瞭解到，要得到持久的解決方案需要時間、毅力和決心。即使你找到了解決方法，也不保證大家會立即認同和支持，而這可能導致你在堅持自己感覺是正確的立場時躊躇猶豫。

站出來領導對你來說很容易，而且也會被你希望給予好印象的人所接納；然而，若你培養魅力和優雅，你努力的成果也會加成。身爲領導者，你肯定喜歡你生命中的人們能有百分之百的共識，因爲任何未達整體的狀態都會讓你心煩意亂。在接下這個挑戰時，謙遜是關鍵。試圖對抗「你的人民」的意志，去強加你自身的意志，或許會被容忍一段時間，但遲早會導致「不光彩」，而非讓你成爲大家都信任的領導者。領導者的位置有時是很寂寞的，特別是在不同群體有著不同的觀點和偏好，而每個人都期望你做出裁決時。當你宣告你的決定時，務必要很清楚明晰，而且要堅定！

你的意識太陽在閘門45，你會自動採取高貴莊重的姿態，在此姿態下，你對「你的人民」有種責任感。你會確保資源直接傳送給你，但你也會檢視如何運用所有的資源，給每個人都帶來助益。在你的能力範圍內，你會對朋友、家人、業務夥伴和員工做出承諾，協助安排途徑讓他們能夠累積財富和資產。你喜好提供管道讓人們學習如何擴展自身的能力和資產，而看著你的家庭和社區繁榮茁壯，會帶給你很大的喜悅。務必要遵循你的類型和內在權威，你便能知道要將注意力放在何處，藉此帶來最大的成就和滿足。

此人生主題的名人：

美國前第一夫人芭芭拉・布希（Barbara Bush）
法國海軍軍官雅克・庫斯托（Jacques Cousteau）
美國男演員強尼・戴普（Johnny Depp）
美國男演員米高・福克斯（Michael J. Fox）
美國前總統女兒娜塔莎・歐巴馬（Sasha Obama）
美國饒舌歌手肯伊・威斯特（Kanye West）
德國音樂家理查・史特勞斯（Richard Strauss）

固定人生主題

45

*The **Fixed** Life Theme of*
POSSESSION (2)

太陽在閘門45

擁有(2)

閘門45/26/36/6

你的人生主題是要辨別什麼對你是眞正重要的，不論是家庭、社群、金錢、財產、教育、或任何生命所帶來的事物。你會檢視周遭的世界，並且採取必要的行動，將人們和他們的資產吸引到你的影響範圍裡。最終，你尋求讓生命中的所有人獲益，特別是在物質層面獲益，因爲你有與生俱來的概念知道如何處理資源，以及教育人們如何處理資源。

你理解那些讓生命看似不公平的許多失衡狀態，也知道人們很容易感受到壓迫、甚至感到無助，但你同時也看到了機會，讓你和每個人都能在一同努力的情況下擴增資產。你可能刻意指引與鼓勵人們去結合彼此的努力和資源，來增加他們的財富和共同福祉。然而，你要是沒留意，可能很容易會過度控制，擅自爲他人做主張，但這些主張可能不適合他們或他們的生活方式。

你天生擁有能力去支配你的世界。在此同時，你也可能過度擔憂生命中的危險和困難，並且會就可能發生的事情做推測。你會採取行動來保護和你最親近的人，然而，因爲你很清楚明晰而去掌控，以及因爲你認爲這是你的責任而去掌控，兩者之間只有一線之隔。當你知道有問題的情況無法解決時，去掌控該情況是讓你喪失對自身能力的信任、也喪失對周遭人們的信任，最快的途徑。在你接管生命中的任何人、事、物前，務必確定你已透過自身的類型和內在權威取得清明。唯有在清明的情況下才去投入，而不是只因爲你覺得自己有義務這麼做。

45

人際人生主題

The Interpersonal Life Theme of CONFRONTATION (2)

太陽在閘門45 對抗（2）

閘門45/26/36/6

你的人生主題是要在需要改變的情況下擔任領導的角色。你有內在的驅動力要擔負起責任，特別是在物質層面上，而你的挑戰在於需要根據每個情境的需求調整你的情緒。你有很強大的能力可以教導他人事情「應該」如何進行，而且你有種急迫感和能力去大幅改變自己和他人所面臨的侷限環境。這可能讓你很難去配合那些需要你協助和領導之人的步調及時程。如果你無法滿足自身的需求，在你得到滿足前，你有可能會造成混亂，或者你可能會突然完全抽離，不理會他人的困惑以及對於你認定必要之改變無能為力的情況。

你強大的意志力可能改變你所遭遇的任何情境，並且給生活在侷限環境裡的人們帶來豐盛的物質助益。你有方法協助他人為自己的人生負起責任，藉此帶來大幅成長，因為你能夠看出他們困在哪些舊模式和傳統裡。你的重大挑戰在於你是否能分辨以下這兩種情況的差異：一種是純粹讓你看不順眼的情況，另一種是確實需要你的直接協助來為所有人修正事物的情況？當你能夠區分這兩種狀況，你便會找到共識支持所需的激進改革，進而推動你和他人突破失調的生活情境。

你的意識太陽在閘門45，你擁有影響力，能將人們聚集在一起，和你一同合作。你能夠進入任何情境中，並且負責掌控，因爲你能夠處理所有事情，也能處理任何傻到要去抗拒你的人。有時，你必須等到每個人都理解並讚賞你所提出的事情，你才能自行或代替他們執行事物。你通常有最終的決定權，而這個最終的話語權經常會教育聽者對合作能帶來社區福祉有新的認知。隨著你逐漸成熟，你處理危機情況的能力也會大幅成長，但年輕時你必定要經歷許多戲劇性的情況。你很好勝，但如果你缺乏自身類型和內在權威的清明，讓你知道哪些事物值得追求，那麼就算勝利也會很空虛。

此人生主題的名人：

美國前總統老布希（George H. W. Bush）
二戰猶太人大屠殺受害者安妮・法蘭克（Anne Frank）
美國雙胞胎女演員歐森姊妹（The Olsen Twins）
英國男演員麥坎・邁道爾（Malcolm McDowell）
美國股票經紀人喬登・貝爾福（Jordan Belfort）

個人人生主題

46

*The **Personal** Life Theme of*
THE VESSEL OF LOVE (3)

太陽在閘門46

愛的化身（3）

閘門46/25/15/10

你的人生主題是要成爲愛的典範，展現所有愛的表達形式。對生命的愛、對自我的愛、對感官享受的愛、以及去愛你的人生歷程與一路上遇見的人們，這些都是你人生道路的一部分。如果你在孩童時期受過傷害，你對愛自然純眞的表達可能就會受到侷限。生命總是一次又一次要求你去信任愛的律動，這些愛的律動會從你內心或在你身旁源源不斷湧現，且會跟隨你到任何地方。「愛」是宇宙中流動能量的固有本質，而你天生就是愛在地球上傳達的管道和媒介。

不論你有沒有覺察到，你總是會影響你所接觸的每一個人。你會讓人們敞開心房，讓他們的生命更爲輕鬆自在，並且提醒他們，我們所有人本就是相互連結的。你會促使人們意識到並且牢記，讚頌「愛」這個美妙的人生禮物是很重要的，而且你就是那個推手，讓人們能感受到彼此的連結、認同和珍惜。你協助人們度過試煉，安撫那些弱勢、邊緣和被社會排斥的人。愛是充滿光輝的，而你就是愛的使者。學著接受各種不同形式的愛的表現，不論你在那角色中是否總是感到自在。

你的意識太陽在閘門46，你熱愛你的身體，瞭解照顧好身體的重要性，如此，你的身體才能帶領你充分體驗人生。不論你到哪裡，都能全然地活在當下，任何時刻都準備好接受一切事情，藉此表現你對生命的熱愛。不論你到哪裡，都能清明地與所有的人、事、物連結，而這也強化了你的能力，讓你擅長在對的時間出現在對的地方。你非常的感官，喜好世界上的接觸、質感和吸引力。你欣賞身體，讚嘆身體能讓你與人們、環境、以及生命中眾多的驚奇直接連結。你能給所到之處帶來愛。留意你的類型和內在權威，你便能知道哪些地方最需要你的存在和參與。

此人生主題的名人：

美國男演員麥克・道格拉斯（Michael Douglas）
美國搖滾歌手布魯斯・史普林斯汀（Bruce Springsteen）
英國小說家H・G・威爾斯（H. G. Wells）
美國攝影師琳達・麥卡特尼（Linda McCartney）

固定人生主題

46

The Fixed Life Theme of SERENDIPITY (3)

太陽在閘門46

因緣際會（3）

閘門46/25/52/58

你的人生主題是要持續感謝你總是會在對的時間出現在對的地方。透過你純真的方式，同時也運用你的狡猾，你很擅長把自己移動到有著各種機會的境遇中。你帶來的活力和存在感，能帶領你進入擁有重大影響力的情境，而你會在其中激勵人們採取不同且更能獲得認同的觀點，並讚賞他們自己的人生。你可能很疑惑自己是如何且爲何會進入不尋常的情況裡，儘管如此，絕對不要偏離來自你內在權威的指引，你的內在權威會告訴你如何處在那些情境當中，以及如何以自身的條件就所遇到的挑戰做協商。

許多人會懷疑自己，因爲他們以爲要是情況如何如何，自己就能有更多成就。而你帶來保證，那就是，一個人只要改變態度，就能改變他的整個人生歷程，特別是當人們克服自身過度嚴肅的傾向時。我們對他人的言行，以及面對各種情境的態度，會影響我們接觸到的一切。當我們留意生命帶給我們的事物，並且爲我們在人生中接觸到的人們和體驗表達感激，一切就會變得有所不同。從這角度來看，你經常會指引他人更仔細地觀察他們自己和他們的人生——要有更多的樂趣，而且切記要知足！

你可能認爲自己很幸運，總是在對的時間出現在對的地方。而眞正重要的是擁有必要的元素：準備好面對並接納生命帶給你的一切人、事、物。你致力要在生命中成長，而這樣的態度讓你能輕易透過吸引你的地點和旅程中遇到的人們，讓你在生命中持續前進並提升。想要維持這樣的能力，就要隨時好好照顧身體的需求，因爲你的身體是帶領你經歷一切的載體。當你在人生中成長並提升的同時，要留意你的類型和內在權威，藉此得知何時要按兵不動，以及何時何地是你的下一個召喚。

46

人際人生主題

療癒 (3)

太陽在閘門 46

*The **Interpersonal** Life Theme of* HEALING (3)

閘門46/25/52/58

你的人生目的是要給世界帶來療癒。這有可能是以間接的方式發生，例如你自己生病，而你痊癒的過程給他人帶來了啓發。不論你是否有意識到這個效應，透過你深刻的愛與同理，你到任何地方都會給他人帶來療癒的能量。有時你單單只是走進一個房間，就能爲身邊的人觸發療癒的效應。從這個角度來看，你必須爲自身的健康福祉負責，否則你會過度承載他人的病痛，耗盡能量，甚至連你也一起生病了。你可能會認爲療癒全世界是你的責任，但如果你眞的嘗試這麼做，你會筋疲力竭，因而無法協助任何人。要記得，有時候任何人——特別是你——所能帶來的最簡單療癒，就是愉快的心情和開懷大笑。

你作爲療癒者的角色，是要給世界帶來有著愛和平靜的存在。不論你是否意識到，你都擁有潛能，能給一些當代醫療無法處理的情況帶來療癒的效果。但這並不表示你要去對任何醫療專業人士和機構發起挑戰，除非你對於要這麼做是全然清楚的。然而，你有時確實能夠帶給那些標準化程序無法治療的人幸福和撫慰。生命有非常多的層面，疾病有很多種方式能纏上我們。很有可能你並不瞭解自己帶來了什麼，但你肯定會覺察到當你介入後所發生的改變。在你生命中的所有互動裡，你都需要先照顧好自己的健康。請記得這句諺語：「醫生，請醫好自己！」如此一來，你才會夠強健，並準備好去協助他人。

你的意識太陽在閘門46，你能夠以非凡的方式觸動人生和他人。你對生命有著深切的愛，你也透過身體與生命有著深刻的連結。不論你到哪裡，你都是一種能量奇蹟，所以你必須保持警覺，知道自己是根據內在權威與人們和情境連結，否則你會發現自己筋疲力竭，持續渴望休息。人們會受到你的吸引，卻不知道爲什麼，至於是否要和他們有所連結，完全由你決定。對於你的純眞本質，不需要覺得羞愧或過度保護，因爲這樣的特質會讓他人對你更敞開，也更放鬆。愛的力量會激發透過你傳遞的療癒力量，而療癒一切則是最高層級的愛，超越了人類能夠理解的領域。

此人生主題的名人：

澳洲女歌手奧莉薇亞・紐頓—強（Olivia Newton-John）
英國女演員凱薩琳・麗塔—瓊斯（Catherine Zeta-Jones）
美國男演員克里斯多福・李維（Christopher Reeve）
印度宗教導師阿瑪（擁抱聖母）（Ammaji (The Hugging Saint)）
美國女演員琳達・漢彌頓（Linda Hamilton）
美國名模謝麗爾・鐵格斯（Cheryl Tiegs）
美國女子網球運動員小威廉絲（Serena Williams）
美國作曲家喬治・蓋希文（George Gershwin）

個人人生主題

47

The ***Personal*** *Life Theme of*
RULERSHIP (3)

太陽在閘門47

統領(3)

閘門47/22/45/26

你的人生主題是要去統治。人們會自然地看向你，認爲你擁有知識和資源能夠擔起重責大任。你的智慧大多來自過去行得通的事情所帶給你的廣闊視野，而且你也瞭解到，要得到持久的解決方案需要時間、毅力和決心。即使你找到了解決方法，也不保證大家會立即認同和支持，而這可能導致你在堅持自己感覺是正確的立場時躊躇猶豫。

站出來領導對你來說很容易，而且也會被你希望給予好印象的人所接納；然而，若你培養魅力和優雅，你努力的成果也會加成。身爲領導者，你肯定喜歡你生命中的人們能有百分之百的共識，因爲任何未達整體的狀態都會讓你心煩意亂。在接下這個挑戰時，謙遜是關鍵。試圖對抗「你的人民」的意志，去強加你自身的意志，或許會被容忍一段時間，但遲早會導致「不光彩」，而非讓你成爲大家都信任的領導者。領導者的位置有時是很寂寞的，特別是在不同群體有著不同的觀點和偏好，而每個人都期望你做出裁決時。當你宣告你的決定時，務必要很清楚明晰，而且要堅定！

你的意識太陽在閘門47，你經常試著想理解這個世界和發生的每一件事，特別是發生在你身上的事。你向過去尋找與現在相關的引據，有時會全然根據他人的前例來做主張。你的頭腦可能會與簡單的議題拉扯，想要尋找令人滿意的方式來解決這些議題。有趣的是，唯有當你不再讓你的頭腦與急迫的問題拉扯，你才能有所頓悟。放鬆和沉浸在各種替代的活動裡，有助於你做出明智的決定，這也會讓你瞭解到自身的領導是多麼廣泛和寬大。留意你的類型和內在權威，你便會接近能讓你的「宮廷」耀眼燦爛，並帶給你最大成就與滿足的人們和情境。

此人生主題的名人：

美國女演員克勞黛・考爾白（Claudette Colbert）

俄國小說家列夫・托爾斯泰（Leo Tolstoy）

英國男演員柯林・佛斯（Colin Firth）

固定人生主題

47

*The **Fixed** Life Theme of*
REALIZATIONS (OPPRESSION) (3)

太陽在閘門47
領悟（壓抑）(3)

閘門47/22/12/11

你的人生主題是要找出什麼對你是合理的，然後加以維持，直到你的感受告訴你，事情改變了。在這個世界上，你被處於許多不同困惑程度的人們所圍繞，而你會想要持續描繪自己對現實的觀點，只是沒什麼人能眞正理解你。在擁護穩穩地扎根過去的理想，以及支持滿足當下實際需求的提議之間，你會試著取得平衡。一旦你達到了平衡，你就有機會贏得許多人全心全意的信任。

你很容易迷失在自己的思緒裡，並且會仔細篩選各種概念、前例和想法，尋找適合當下情況的可用之物。當你有所突破且有所領悟，在那一瞬間，你便能夠放鬆享受偉大成就帶來的滿足感。但這種滿足感總是很短暫的，因爲你很快就會開始考量你面對的情況裡更多的層面……接著你的頭腦又開始運轉。

你充滿各式各樣的想法，有些想法很務實，有些則否。你會想將你所有的想法投入這個世界裡，並運用各種方式給予正當性。當你的想法是有效的，就能消除許多受到壓抑的觀點，讓人們擺脫壓制他們人生的過時信仰系統和教條；當你的想法無效時，你可能會堅持認定它們是有效的，最後為了賦予其正當性而陷入情緒風暴裡。務必記得，你看待生命的方式非常獨特，你看見的事情經常超越了他人的視野。當你記得你的類型這個獨特的本質，而且有耐心地遵循你的情緒權威，你就會發現自己在尋找成就和滿足的道路上獲得很大的助益。

47

人際人生主題

The Interpersonal Life Theme of INFORMING (3)

太陽在閘門47

告知(3)

閘門47/22/12/11

你的人生主題涉及互動與溝通，交換新聞和八卦，讓每個人都能跟上變換的時代。你天生是感情豐沛的人，持續在擴展流過內在的情緒，不論這些情緒是否容易被人接受。學習引導你的情緒是你一生的課題。你會把情緒帶入你表達的話語裡，你瞭解到自己所說的話未必符合邏輯，也未必能立即讓人理解，但那些話可能是很富有詩意的。你的內心是個浪漫的人，可以的話，你會看見一個開朗的世界。無畏地表達情緒，是你生命中很關鍵的元素。有時你必須獨來獨往，因他人未必會理解驅動你的因素。

你能夠給他人帶來覺察去看見生命中隱藏的部分，藉此推動他們所面對的情境。口述傳統是人類論述的一部分，能夠賦予講者與聽者力量，去跟上變化的世界。你描繪出他人沒能看見的機會和可能性，同時也鼓舞他人在生命中加快前進的步伐。你理解他人所誤解的事物，給受壓迫的人帶來力量和啓發，並且在混亂之處散播和諧。每個人都有想要在人生中獲得保證的深切希望，而透過你的話語、你的存在和你的作為，你也確實給了人們安定感。

你的意識太陽在閘門47，你有天賦能夠解決懸而未決的難題，這些難題都是他人無法解決的。事實上，你能夠找出幾乎任何事物的道理，破解奧祕，讓人們能擺脫生命中的困境。你發現自己能在他人從不覺得有可能的地方，為他們指引一條道路。你會走較少人走過的路，避開不必要的阻礙，以免阻擋你前進的路。透過你的話語和行動，你讓人們知道，運用與他們原先建構的不同方式去面對挑戰，任何形式的暴政和壓迫都能被攻破。在這一生裡，你可能給予人們許多的幫助，但要記得，你最終只是個傳訊者。你需要經常與自身的類型和情緒權威連結，才去投入人、事、物之中。

此人生主題的名人：

英國作家阿嘉莎・克莉絲蒂（Agatha Christie）
英國女歌手艾美・懷恩豪斯（Amy Winehouse）
美國男演員泰勒・派瑞（Tyler Perry）
俄羅斯前任總理迪米悌・梅德韋傑夫（Dmitry Medvedev）
紐西蘭男演員山姆・尼爾（Sam Neill）

個人人生主題

48

The *Personal Life Theme of*
TENSION (3)

太陽在閘門48
緊張(3)

閘門48/21/39/38

你的人生目的是要帶來緊張，藉此讓你周遭的生命保持在正確的頻率上。就像樂器上的弦，如果不維持在正確的張力下，就無法發出正確的聲音，因此若沒有必要的控制，生命中重要的事物也就無法成長和維持。不論他人是否認同你，你都能察覺到他人因爲制約而和他們的人生不同調之處，而要去對峙、甚至是激怒他們做出改變，對你來說是很自然的事。你經常在挑戰他人，而且你採取的方式會讓他們不自在，因爲你觸及了他們生命中缺乏清明的領域。很重要的是，你不能有針對個人的惡意或批評，否則你很容易就會失去你所珍愛之人的愛與支持。

你有憂鬱傾向。當你瞭解並且順從這項特質，它便能成爲你探索內在深度的途徑。你的內在深處蘊含著不同程度的創造力，而當你有覺知地表達時，便能夠緩解伴隨憂鬱而來的意志消沉。刻意允許你的創意能量流動，能夠引導你去接觸喜愛的事物，並且帶給你深度的成就和滿足。靜心冥想、按摩和運動能夠緩和過度緊繃的感覺，但有覺知地釋放自己總是需要是「對的」、總是需要掌控一切的感覺，則能帶給你最佳的舒緩。如果你能滿足於控制生命中那些你能夠控制的層面，諸如住哪裡、吃什麼、行爲舉止、穿什麼、做什麼事、以及你對生命的一貫態度，會有助於你在世界的侷限裡找到自己內在的平衡。

你的意識太陽在閘門48，滋養你的能力極爲重要，但學習耐心也同樣重要。你需要有耐心，直到你精通自身的天賦，並且找到擴展天賦的支持、鼓勵和內在清明。如果你稍微停下來思考，就會發現自己已擁有所有的資源，得以順利度過人生中的每一個轉折，但你通常會尋找方法來向自己和世界證明你的能力。如果驗證你的能力要花太久的時間，你可能會失去熱情，爲了無法以你所想「要是能如何如何就好了」的方式進行而感到挫折沮喪。要清楚瞭解到，證明自己這件事實際上的重要性爲何，知道你想要趕上誰或取悅誰，以及爲什麼要這麼做。辨識、允許、然後釋放任何升高的焦慮感，特別是透過固定的運動和開懷大笑，都能夠協助你在人生道路上穩定地前進。學習信任你的類型和內在權威會指引你何時要採取行動，何時要有覺知地停下腳步，這會帶給你渴望的成就和滿足。

此人生主題的名人：

美國女演員艾莉西亞・席薇史東（Alicia Silverstone）愛爾蘭男歌手鮑勃・格爾多夫（Bob Geldof）
美國女演員蘇珊・莎蘭登（Susan Sarandon）英國女演員凱特・溫斯蕾（Kate Winslet）
美國男演員傑西・艾森柏格（Jesse Eisenberg）瑞典女演員碧烈・愛蘭（Britt Ekland）

固定人生主題

48

The ***Fixed*** *Life Theme of*
FRESHNESS (DEPTH) (3)

太陽在閘門48

新鮮（深度）(3)

閘門48/21/53/54

你的人生主題是要經常重新評估並更新你自身的生活以及這個世界。你透過發展並強化你的天賦才能來達成這件事，運用審慎的策略和覺察來佈局你的世界，讓你的環境充滿擴張和活力。在你追求新知的過程，你可能選擇深度投入到體驗當中，或是短暫進入體驗中，然後就移動到下一個吸引你的事物。不論你到哪裡，你都會蒐集知識，進而提煉成內在的智慧來源，而你也尋求將這份智慧與世界分享。

你經常感受到去找到新技能的驅動力，開始新的努力，或是和人們建立新的連結，藉此提升你對生命意義的感受。有時，你可能發現自己有一堆讀到一半的書，還有各種你已經不再感興趣的友誼和企劃。這未必意味著你已經完成了每一件你開始著手的事情。回到相同的事情裡，或者試著去證明你和某些人、事、物的連結，只會干擾你，讓你覺得厭煩。當然，你的足智多謀會給人們和環境帶來很大的影響，因為你會廣泛涉獵各種興趣、考驗和挑戰。

你經常在擴張自己的才能、活動和知識，總是被推動著去發展並且深化你與生命的連結，尋求找到並穿越各種限制或界線。你把時間花在積極探索每個生命體驗，以及尋找解答，但唯有你全然投入後，解答才會出現。你會去探究生命所有精采之處，而你也提醒了人們，生命是多麼珍貴，我們有機會能夠去投入和參與，在在顯示出存在之神對我們的眷顧。不論一個人的興趣有多廣泛，或者某件事看起來有多誘人，當你在為自己的努力尋求夥伴和支持時，非常重要的是要記得你的類型，並且運用內在權威來找到你渴望的成就和滿足。

48

人際人生主題

The ***Interpersonal*** *Life Theme of*
ENDEAVOR (3)

太陽在閘門48
努力(3)

閘門48/21/53/54

你的人生主題是要做改變的先鋒，經常在催化和著手各種新的冒險行動。要是看似沒什麼事情發生，你就會設法去觸發一些事情。你內建了要有所成就的驅動力，激發你去帶領、教導、勸誘和激勵他人採取行動。你不一定總是要留下來看事情的發展和結果；你只要成爲推動企劃開跑的人就夠了。這並不是說你對於你的冒險行動如何發展不感興趣，而是因爲你很快又會投入其他的需求和企劃中。

放手以及把責任交付給有能力的幫手，對你來說是個挑戰，但這是值得的。你會收到回報，而且能在遠處關注事情的發展；但如果你選擇控制一切，如此不僅會消磨你，也會消磨和你共事的人。到頭來，每個人都必須爲自己的人生負責，因此對你和每個人來說，細緻巧妙的處理，會好過你進入「控制狂」模式。緊緊掌控你的企業和所有相關人士，以及保持客觀並相信正確的做法會帶來正確的盟友和結果，這兩者之間有著很明顯的差異。

你的意識太陽在閘門48，你經常在擴展你的天賦和才能。隨著你日益深切地投入人生，感覺你有著無限的企劃，多工進行，並且在執行當中隨時制定策略。然而並不是你展開的每一件事都能有豐盛的成果。對你而言，追逐企劃和展開事業，以及得到預期的結果，是眞正驅動你的因素。當然，達到完滿能夠帶來滿足，但透過探索和投入新的任務來運用你足智多謀的特質，也會有同樣的效果。經過一段時間，你會瞭解到，你能夠催化幾乎任何事，但事先透過自身的類型和內在權威獲得清明，會讓你知道哪些事物能眞正帶給你成就和滿足。

此人生主題的名人：

美國男演員麥特・戴蒙（Matt Damon）
美國著名黑人民權領袖傑西・傑克遜（Rev. Jesse Jackson）
美國前眾議院議員丹尼斯・庫辛尼奇（Dennis Kucinich）
俄羅斯總統佛拉迪米爾・普丁（Vladimir Putin）
英國唱片製作人西蒙・高維爾（Simon Cowell）

個人人生主題

49

*The **Personal** Life Theme of*
EXPLANATION (1)

太陽在閘門49
說明(1)

閘門49/4/43/23

你的生命中常有想要告知和說明的衝動。有時，你會覺得能很好地傳達自己想要說的事情；而有些時候，你和你的聽眾可能很疑惑你到底是在說什麼，並且質疑你是如何得知你說的那些事情。你的內在存在著轉變他人人生的能力。你的天賦是能夠和各式各樣的人溝通，而你的挑戰則是要讓人聽懂你說的事情。你傾向把事情一股腦脫口而出，許多時候你會發現自己所說的事情，和別人在思考或表達的事情沒什麼關聯。發展出自在對話的能力是需要練習的，特別是當你有如此多的洞見需要去表達和說明時。

你的表達力量，以及你分享洞見的能力——分享那些能轉變你的世界的洞見——不僅存在你說話的內容當中，也存在你說話的聲音裡。語調是你在溝通時至關重要的一部分。當你很放鬆並按部就班地陳述時，你的聲音語調能最清楚地傳達資訊。跳躍式的說話方式，或是任意地穿插陳述你的洞見，特別是當你想要一股腦脫口而出的時候，就可能導致誤解和疏離。因此你會發現，發展說話技巧和對自己的聲音感到自在是非常重要的，否則你會發覺大家都很疑惑你到底在說什麼，因而不確定他們是否眞的想要或需要注意聽你說話。要記得，你所說的事情可能很有權威而且不容置疑，之所以會讓人們很困惑和擔憂，是因爲你所說的內容和他們本身或他們感興趣的事情並不相關。

你的意識太陽在閘門49，你有著驅動力想要去表達與世界相關且帶有價值的原則。若是不留意，改革者可能經常活在情緒焦慮的狀態，特別是當他們察覺到自身擁護的原則並沒有受到社會遵從時。很重要的是要提醒你，你有三種可能的表達層級：反應、改革，以及反叛。反應是種無意識的習慣，通常是直覺地說「不！」。改革可能很激烈，但很容易就會陷入沒有贏家的衝突和僵持狀態。而身爲反叛者，你可以選擇自己的道路，符合你自身的清明和原則。當這些原則受到完全的理解，而且你也遵循自身的類型和內在權威，你就會在你的世界裡得到重生，並達到成就和滿足。

此人生主題的名人：

美國男演員詹姆士・狄恩（James Dean）

英國男演員湯姆・希德斯頓（Tom Hiddleston）

美國女歌手卡洛爾・金（Carole King）

美國女演員瑪麗・史汀伯格（Mary Steenburgen）

美國男演員尼克・諾特（Nick Nolte）

美國女歌手雪瑞兒・可洛（Sheryl Crow）

固定人生主題

49

*The **Fixed** Life Theme of*
PRINCIPLES (1)

太陽在閘門49
原則(1)

閘門49/4/14/8

你是一個有著堅定原則的人，會特別關注社會是否公平對待人們。你是第一個注意到不公義的人，也是第一個透過宣揚自身的原則來抨擊不公義的人。很重要的是要去發展自身的智慧來源，如此一來，你才能辨別自己支持的轉變是否可行，並且眞正有效提升覺察以及生活品質。否則，你就只能持續強調你的原則，認爲這些原則是唯一有效的觀點，並且堅持每個人都要認同你。採取這樣的立場會讓你惡名昭彰，最終並不會帶來滿足。

你的頭腦可能會說服你，你提出來的所有東西都是合適的「解決方案」，應該被納入考量並獲得採用。的確，你的心智能力能夠爲生命的複雜情況構思許多不同的解決方法，而且你也有執行許多計畫的熱情。你有著與生俱來的反叛特質，需要有所警覺，以避免生命成爲一連串的衝突；不然，你的努力可能只會繞著可預期的循環在兜圈，而不是具有眞正的提升力量去促成你所渴望的重生。你最大的能力是能夠越過讓他人困住的盡守本分限制，給予他們鼓勵，並協助他們調整其優先考量元素。

你的天賦有一部分是你與生俱來的能力，能夠評估人們是否擁有適當的資源。如同歷史顯示的，當人們的基本需求遭到忽視，基本生活原則遭受阻撓，這時革命就會興起。革命會以三種層級來呈現——反應：你用堅定的「不！」來拒絕每個人和每件事；改革：有原則的反對成了你的生命之道；以及反叛者：你看著現狀，決心要不計代價發揚自身樂觀的價值與原則。你一直在爲情勢把脈，而你也必須瞭解到，冷靜地採取預防性的措施，會比全面的反應和改革更有效益，特別是當你指出人們可以採取的簡單步驟來提升他們的生活時。在所有情況下，要記得你的類型和內在權威將會正確無誤地引導你得知何時何地要去投入行動——何時要堅守住自身的原則，何時則要讓世界自行釐清一切，而你不去介入。

49

人際人生主題

The ***Interpersonal*** *Life Theme of*
THE REBEL (REVOLUTION) (1)

太陽在閘門49

反叛者（革命）(1)

閘門49/4/14/8

你一直都在爲那些顯然比你不幸的人爭取權益，你認爲對抗世界上的不公義是你的責任。你忠於自己的原則，而且會實際採取行動，爲那些被社會拋棄或遺忘的弱勢族群找到有助益的解決方案。有必要的話，你會徹底改革停滯的景況，帶來新的秩序。你需要覺察到自己的人生並不是去做出反應，而是要能夠辨別哪些人、事、物眞正值得你的關注和投入。這樣的分辨能力將會帶來改變，讓你在自己的人生中感到成就和滿足，同時也能轉變那些你所支持之人的人生。你瞭解到反動革命的強烈欲求，也被鼓舞去支持反叛者的道路，但你最終並不認同大規模的動盪巨變，而是更傾向透過有意識的選擇來促進個人成長。

支持著你對世界上公義的擔憂的，是你協助人們理解繁榮興旺重要性的能力。你有方法能夠擴展人們的視野，讓他們可以窺見那看不清的眞相。你闡明潛在的自由，不論社會要大家相信什麼，這自由都是每個人與生俱來的一部分。當你質疑反叛的起因時，你會發現，反叛是源自對純眞的渴望，那是與生命純粹體驗匹配的純眞，超越了社會爲了控制人們而發展出的規範與限制。

你的意識太陽在閘門49，你會受到吸引去擁護符合世界需求的原則。帶著這樣的覺察，你能夠輕易地擔任「拯救者」的角色，而這會讓你分心，偏離了投入和你自己的人生相關的事物。需要謹愼留意的是，你自身的需求要先獲得滿足，然後才投入自己去滿足他人的需求。當你這麼做的時候，你的努力會更有效益，而你也確實革新了每個人的生活，帶來深刻的轉變。對於任何有閘門49的人，很重要的提醒是，至少有三種表達的層級：反應、改革，以及反叛。反應是一種習慣，通常透過一種被制約且反射性地「不！」來表達。改革可能很激烈，但很容易就會陷入不必要的衝突，於是就限制了任何實質且長久的改變。身爲反叛者，你能選擇自己的道路，符合自身的清明，也符合能夠帶來復興的相關原則。信任你的類型和內在權威，它們將引導你知道，你的反叛能在何時何地取得成功，並帶給你滋養自身核心的成就和滿足。

此人生主題的名人：

美國前總統亞伯拉罕・林肯（Abraham Lincoln）
英國音樂家彼得・蓋布瑞爾（Peter Gabriel）
美國脫口秀主持人傑里・斯普林格（Jerry Springer）
美國女演員珍妮佛・安妮斯頓（Jennifer Aniston）
英國生物學家查爾斯・達爾文（Charles Darwin）

個人人生主題

50

*The **Personal** Life Theme of*
THE LAWS (3)
太陽在閘門50

律法(3)

閘門50/3/56/60

你的人生主題是要在一個混亂的世界裡建立律法和秩序。要做到這一點，你需要變得有所覺察，覺察到那些對你而言很重要的價值，而這些價值都是從過去經歷的教訓以及你處理周遭人、事、物的過程中，一點一滴積累下來的。在孩童時期，很重要的是你需要讓自己去順從慣例和規範，並接受這些規範所帶來的結果。時至今日，當你去評判這些結果，你會開始在社會處理事情的方式中找到缺陷，而你或許可以帶來改善，或是找到自己的方法去避開那些你認定無法改變的阻礙。由於你具有潛在的憂鬱性格，因此，你的本質帶有轉變的能力，你的生命會持續在許多不同的現實之間轉移，同時你也會去支持那些你認爲對你所生活的世界很重要的價值與律法。

你或許已經察覺到了，在最好的情況下，法律是用來提供指引並促進公平的環境。然而，法律也需要與時俱進，隨著時間而調整。強加成爲固定教條的規範，遲早都會被打破，或遭到蓄意改寫。生命並非固定不變，而隨著改變發生，法律也需要做出調整。你會發現自己一直處在這樣的調整過程中，因而瞭解到，不僅你的人生處於持續不斷的轉變狀態，每個人的人生也都是如此，包括你的家人、朋友、事業夥伴、以及客戶。有些人非常享受在你周遭會經常經歷改變的狀況，還有些人則會找到一些理由來疏遠你。你是生命轉變的媒介，而這是你在人生中必須要去察覺體會的一個面向。

你的意識太陽在閘門50，你經常與維持世界上生命穩定的價值觀有所連結。你能感受到社會未能盡到照顧人們的責任。你很重視每個人都獲得需要的支持，特別是在食物、庇護和健康方面。爲達此目的，你可能很固執的堅持要確立律法、道德和指導方針。你希望看見世界轉變，在此同時，你自己的人生也在轉變，有時很大幅度地從「舊」轉變到「新」。當你留意你的下腹部回應，並且信任你的類型和內在權威，你便會知道自己怎樣可以最有效率，並且得到成就和滿足。

此人生主題的名人：

以色列總理班傑明・納坦雅胡（Benjamin Netanyahu）
美國電視名人金・卡戴珊（Kim Kardashian）
美國心理學家提摩西・李瑞（Timothy Leary）
美國時裝模特兒艾爾蘭・鮑德溫（Ireland Baldwin）

固定人生主題 50

*The **Fixed** Life Theme of*
VALUES (3)

太陽在閘門50
價值(3)

閘門50/3/31/41

你的人生主題是要覺察社會中失衡的價值，這樣你才有機會予以轉變。你持續在評估他人的情緒與行為，藉此確定他們的優點或是需要改善之處。在具有影響力的聲調下，你能夠突然地執行一項具轉變性的願景，因而鼓舞了必要的改進。你也能夠瓦解失衡的態度。你為個人和社會帶來了平衡，持續提醒眾人注意無益且不再必要的慣例。

在你自己的人生中，你需要一直檢視自己的環境，看看你是否有維持自己的標準，抑或屈服在生活的壓力之下。在工作和生活型態上，許多人發展出了退而求其次的習慣，而你有方法可以為他人描繪更高的標準，同時你自己也會採行那些標準。當態度改變時，一切也會跟著改變。若缺乏這樣的覺察，你會發現自己因為他人的需求和原則而妥協，但這些人並無法體悟或堅守你的價值。

儘管你持續在對抗那種把低標準當成唯一真理的情境，但你對世界的願景是所有人都能和諧共處，一同貢獻，讓價值更為豐盛。如果你太過接近擁護貧乏價值的人，而沒有努力去改變你的環境，這環境最終將會耗盡你的能量。然而如果你是在自身清明的狀態下去投入，而不是讓普遍的制約情況把你給淹沒，那麼你就能夠執行有益的新價值，進而改變世界。當你遵循自身的類型和內在權威，你就是遵循著自己的人生，而你所處的人群和情境裡，也就存在眞實成長和建立有益價值的可能性。

50

人際人生主題

*The **Interpersonal** Life Theme of*

WISHES (3)

太陽在閘門50

希望(3)

閘門50/3/31/41

你的人生主題是有個願景，可以改善那些掌管人類的條件、法律和規則。由於你來此是要超越所有自行強加或毫無必要的限制，因此，你會讓每個人都能取得並適用你的願景，這有時是透過公然與傳統唱反調的方式，並且把那些堅守舊道路的人拋在身後。儘管你對這世界帶著烏托邦式的憧憬，但你也體悟到，唯有透過務實的改變和能夠提供支持的價值，方能成功。試圖解決每個人糟糕的生活標準，必定會讓你筋疲力竭，而且還得不到你想要的成就和滿足。

想要超越自行強加或舊有傳統的界線，必須要有想像力，而且也要以他人能夠認同和追隨的方式來運用你的影響力。你經常發現自己超出了他人能夠理解的範疇，而你也必須孜孜不倦地擴展他們的視野，讓所有人都能達到你知道能夠達成的狀態。你的內在擁有各種方法能夠開展人們的眼界，去看見各種其自身無法看到的可能性。瞭解到你有這樣的能力，也會激勵你把你的夢想傳播到他人的生命裡。大部分人很少會認真思考他們想要在生命中得到什麼，他們只是滿足於順從傳統，順從他們周遭普遍的景況。他們或許也有夢想，但卻從沒想過這些夢想也能成爲現實。而你有方法能提供振奮人心並且帶來轉變的替代方案，改變這一切。

你的意識太陽在閘門50，你有著能給世界帶來最大助益的價值觀。你不怕和每個人分享這些價值觀，不論這麼做是否直接對你個人有益。你會顛覆世界上的不平衡和不公義，帶來更不偏頗且更公正的環境。你總是在尋找方法讓人們在人生中向前邁進，嘗試新的習慣和更好的標準來支持他們。要記得你的類型和內在權威，如此才能夠貼近你自身強大的能力，去鼓勵這世界更關懷和更懷抱希望，而這麼做將會帶給你很大的滿足和成就。

此人生主題的名人：

美國作家麥可・克萊頓（Michael Crichton）
英國足球員韋恩・魯尼（Wayne Rooney）
越南裔美國模特兒提拉・特基拉（Tila Tequila）
英格蘭球會切爾西俱樂部老闆羅曼・阿布拉莫維奇（Roman Abramovich）
美國男演員凱文・克萊（Kevin Kline）
美國電視節目主持人強尼・卡森（Johnny Carson）

個人人生主題

51

The ***Personal*** *Life Theme of*
PENETRATION (1)

太陽在閘門51

滲透(1)

閘門51/57/54/53

你的人生主題是要在許多層面上滲透生命。不論你到什麼地方，遇到什麼人，你都能立即與之連結，透過你的直覺，既迅速又毫不費力地直接進入他人的生命。若你多加留意的話，你能夠看出他人的動機、野心和恐懼，通常能立即瞭解到許多關於某人人生的情況。你未必知道該如何做到，但你能夠使人受到衝擊和震驚，讓他們對自身的生活環境有新的覺察，爲他們開啓可能性，對其自身的生命做出重大的調整。

你有著強大的直覺潛能，因此未必會察覺到你的滲透能力對他人造成的影響，而他人也未必和你有相同的洞察力。當你和他人連結時，要很清楚你的出發點是誠實正直的，而不是想要操弄他人，並且記得務必從愛的基礎去進入他人的人生。不必要地占人便宜，對你和他人最終都會造成衝擊，而激發彼此的成長與優勢，則會大大提升你們的人生。

你的意識太陽在閘門51，你有方法能使沉睡中的人們受到激盪，進而使他們進入對自身存在和態度有所覺察的狀態。你很快就能看穿他人的人生目的，而如果這些人堅稱他們的人生和你認爲的不同，你會給他們嚴厲的當頭棒喝，讓他們面對現實。你爲生命的奧祕著迷，而且會盡一切可能找到生命的目的究竟爲何。你會去戳弄他人，看他們如何反應，並且從中獲得很大的樂趣。提醒你注意，要確定你所傳遞的所有震盪都是遵循你的類型和內在權威，否則你可能會發現你的行爲不僅不被感謝，甚至還會引發衝突，因爲這些行爲會觸動對抗和反對你的反作用。

此人生主題的名人：

奧地利指揮家海伯特・馮・卡拉揚（Herbert von Karajan）
美籍瑞士裔精神科醫生伊莉莎白・庫伯勒—羅絲（Elisabeth Kübler-Ross）
美國男歌手菲瑞・威廉斯（Pharrell Williams）
美國女演員貝蒂・戴維斯（Bette Davis）

固定人生主題

51

*The **Fixed** Life Theme of*
SHOCK (1)

太陽在閘門51

震驚(1)

閘門51/57/61/62

你的人生主題是要成爲避雷針，突然、新穎、而且有時很震驚的事件，能透過你作爲媒介來傳遞。你未必知道自己是從哪裡獲得神祕知識的清晰細節，但這知識遲早會透過你和你的體驗來表達。你傾向一頭栽進各種情境裡，接受怪異的挑戰作爲個人任務，而這樣的挑戰只有身爲戰士的你能夠承擔。

你能跳脫框架去思考，不受他人評估自身情勢的正常方式所束縛。你經常會爲繁雜的難題提出多樣化且難以解釋的聰明解方，你會滲透並直達這些難題，而不是試著去理解它們。你受到內在的覺知所驅動，知道眞實且持久的解決方案無法在產生該問題的相同層面上找到。你運用「心的智慧」來解決問題，而非依靠單純的直覺、心智或情緒考量。

很重要的是要知道，任何的困難要能眞正地解決，都只能透過忠於自己和瞭解實際驅動你的因素：你是否想盡可能深刻地投入生命的奧祕中，抑或你是出於未滿足的意志力而去與人生和人們互動？你展現的聰明才智是否是你天賦的純粹表達，抑或只是想要挑戰那些跟不上你成就的人？不論你選擇如何解決難題，生命對你來說並不枯燥乏味，而你所追求的努力也不需要受限。密切留意你的類型和內在權威，它們總是能引導你做出正確的決定，知道要和哪些人、事、物互動，以及要如何與人生互動來取得最大的成就和滿足。

51

人際人生主題

*The **Interpersonal** Life Theme of*
THE CLARION (1)

太陽在閘門51
號角(1)

閘門51/57/61/62

你的人生主題是要鼓舞他人開放心胸，喚醒他們的直覺、內在指引、或其他能引導他們獲得內在覺察的感官。你是個傳訊者，你的工作是要讓崇高的理念變得務實，讓看不見的事物能被看見，最終要給地球帶來更多的光明和領悟。從某方面來看，你是要來登高疾呼，指向生命更高層的可能性，但你必須很清楚激起你去喚醒與引導他人的因素是什麼。

當你很清明，也找到了動機的源頭，你便能夠成爲最清楚明晰的傳訊者，去傳播那些能夠喚醒沉睡世界的洞見和啓示。如果你本身並不清明，不瞭解推動你的因素爲何，你就會引發各種的不和諧且讓人心煩意亂的影響，而且通常是無意間就這麼做了。有組織地傳播知識，能協助你傳達偉大的洞見，因爲你會觸及那些接受力最強的人。並不是每個人都能「得到」你提供的訊息，然而，表達事實和務實的細節總是能鼓舞你的受眾專心聆聽，這會讓他們看見你想傳達的事物是很實際的，而且也是改善他們生活很關鍵的元素。

你的意識太陽在閘門51，你常常透過你帶來的消息，震驚他人。有時你完全不假思索聽者的需求或理解吸收能力，就將訊息脫口而出。不論你的聽者是否和你說的事情有所連結，你都傾向繼續傳遞你認爲需要說出來的事情。人們有可能會很感激從你身上得知關於生命的「最新消息」，但也有些人可能會背離你，不願聽你說這些。有時你會用駭人的敘述來震嚇人，讓他們能繼續接近你，或者也可能是想藉此擺脫他們。不論你做什麼，你都有能力讓他人對他們自己和人生有新的覺察。給予務實、同理且清晰的訊息，是你所能帶來最好的服務。密切留意你的類型和內在權威，它們將會引導你在人生中更有效率且更滿足，讓你在受吸引而來的夥伴裡找到樂趣。

此人生主題的名人：

美國女演員派翠西亞・艾奎特（Patricia Arquette）

美國《花花公子》雜誌創刊人休・海夫納（Hugh Hefner）

美國女演員克莉斯汀・史都華（Kristen Stewart）

美國古典樂歌手賈姬・伊凡柯（Jackie Evancho）

個人人生主題

52

*The **Personal** Life Theme of*
SERVICE (2)
太陽在閘門52

服務(2)

閘門52/58/17/18

你的人生目的是要提供服務，讓社會變得更好。你對需要改進的情況，能夠做冷靜且合乎邏輯的評估，這是眾人所尋求的天賦。你可能傾向沉溺於只看到問題，變得過度挑剔，以致失去你所需的支持來執行必要的改善。你可能會受到誘惑去扮演一個持續耗盡自身能量的角色，努力卻得不到滿足感，在完全不合適的情況下仍奮力去服務和伸出援手。

對這件事很清楚，你就會對你的人生有重大的理解：服務是你生命的道路，而你的類型和權威會告訴你，什麼時候該去服務，以及如何服務。這會幫助你瞭解到，服務無關個人，而是關於改善這世界。一旦你的服務變成攸關個人，你的人生目的就喪失了純粹性。當然，你可以去關愛你生命中的人，但如果你持續清楚地理解這道理，你就能避開被視爲理所當然的情況，而不至於出現怨懟。要務實地瞭解到，完美是不可能達成的目標。你只能在你當下所做的每一件事上盡力做到最好。沒能瞭解這一點，會讓你長期陷入不滿足的情境裡。當事情出錯時，苛責自己很容易，但於事無補。

你的意識太陽在閘門52，你帶來靜止不動的特質，可以為生命的各種活動提供穩固的基礎。在投入任何人、事、物前，你的內在必須平靜且靜止；有時你甚至不願意受到任何驅策。你的靜止能帶來很高的專注力，這是在研究和檢視世界問題起因時必要的元素，讓你能夠找到修正的方式。當你在移動時，你的活動帶著某種目的和保證，讓你所做的事情都很有效益，帶領你和他人進入並經歷人生的各種情境，帶來極大的成就和滿足。要記得你的類型和內在權威是你永遠的指引，讓你知道哪些關係和努力跟你的內在有最深刻的共鳴。

此人生主題的名人：

法國作家安托萬・迪・聖─修伯里（Antoine de Saint-Exupéry）

英國名模塔瑪拉・埃克爾斯通（Tamara Ecclestone）

南非企業家伊隆・馬斯克（Elon Musk）

美國女演員凱西・貝茲（Kathy Bates）

52

固定人生主題

*The **Fixed** Life Theme of*
STILLNESS (2)

太陽在閘門52

靜止(2)

閘門52/58/21/48

你的人生主題是要體現靜止。這當然不是說你必須在生命中保持靜止不動，而是指在經常紛紛擾擾的世界裡，你仍帶著一種內在的平靜。有些人總是在移動，而你可能也會感受到一股推動力，想要讓自己也自發地活躍起來。然而，你知道冷靜的客觀性是有價值的，而它是來自在任何情境中等待正確的時機去採取行動。

當你進入一個房間，裡面的氣氛就會隨之改變。如果房間裡充滿混亂的活動，氣氛就會因爲你而轉爲平靜；或者如果有人卡在某個狀態中，此人就會因爲你而變得有建設性和充滿活力。你會給那些靜不下來的人帶來一種約束感，給那些不需被困住的人帶來重要的能量火花。單純透過你的存在和內在平靜，就會促使這一切發生。

透過你的靜止不動，你看這世界的方式就像你坐在山頂上看著下方平原的所有活動。你可能感覺到自己從他人顯然很瑣碎、步調很瘋狂的人生中抽離，但你抽離的洞見和觀點能帶來很大的助益。他人遲早會尋求你的建議和介入，而你則必須確認自身的類型和內在權威，藉此確認你是否想要介入。當你處於事件的中心，透過全然投入活動裡，同時仍保持內在完美的靜止與平靜，你便會感受到很大的喜悅。你自然的存在狀態具有沉思的特質，而這狀態會給你帶來最大的成就和滿足——當你介入事物，但沒有深陷其中；當你很忙碌，但同時保持平靜；當你全心投入，但也保持抽離。你的狀態並非懶散或漠不關心，而是一種平靜且關注的存在，這種存在會給世界帶來和平與福祉。

52

人際人生主題

*The **Interpersonal** Life Theme of* DEMANDS (2)

太陽在閘門52

要求（2）

閘門52/58/21/48

你的人生主題是要要求社會改進，但你必須要有很大的耐心，才能給這世界已經確立的狀態帶來修正。你有許多要求可能是針對個人，而且侷限在你認識的人裡頭，藉此來控制你的環境。但當你的要求不是針對個人——不是針對你的夥伴或你自己——而是針對社會的運作方式，那麼你所提出的要求就會更有效益。很重要的是，你要欣賞自身這方面的特質，否則你可能會屈服於持續的壓力，不知不覺中將這壓力散布至他人的生活中，因而更加難以放鬆。

如果你的要求顯然對這世界沒有立即或長久的效果，你可能會變得悲觀。要提醒自己平靜和喜悅、冥想和頌揚的重要本質，如此，你就能找到方法度過那些看似沒有任何成就的時期。要記得，生命是個奧祕，生活在其中，你要去擴展自身的才能和智慧。生命並不是需要經常去修正的東西。如果你失去了幽默感、耐心和同理心，你會因爲一個接著一個不滿意的情況、不愉快的互動、以及糟糕的關係而感到苦惱。如果你發現自己處在這樣的狀態，那就重新來過。生活隨時都可以重新出發。

你的意識太陽在閘門52，你帶著某種程度的平靜，讓你能等待看似無止盡的時間，最後才採取行動。那感覺就像是你坐在山頂上，看著底下的世界，評估著每個可以想見的可能性，然後才去行動。當你選擇採取行動時，你會帶著累積許久的能量和確定感，幾乎沒什麼能夠阻擋你。身處重大活動中，你也喜愛保持平靜無波瀾的狀態。事態越瘋狂，你就越平靜。你偏好讓社會自行修補其道路，進而進入更高層次的頻率，但如果你的類型和內在權威並未直接示意要讓這件事發生，你可以等待。隨它去吧！

此人生主題的名人：

美國游泳運動員麥可・費爾普斯（Michael Phelps）
美國女演員麗芙・泰勒（Liv Tyler）
加拿大女演員潘蜜拉・安德森（Pamela Anderson）
英國女演員奧莉薇亞・德・哈維蘭（Olivia de Havilland）
英國女歌手雪莉兒・柯爾（Cheryl Cole）
美國職業拳擊手麥克・泰森（Mike Tyson）

個人人生主題

53

*The **Personal** Life Theme of*
PENETRATION (2)

太陽在閘門53

滲透(2)

閘門53/54/51/57

你的人生主題是要在許多層面上滲透生命。不論你到什麼地方，遇到什麼人，你都能立即與之連結，透過你的直覺，既迅速又毫不費力地直接進入他人的生命。若你多加留意的話，你能夠看出他人的動機、野心和恐懼，通常能立即瞭解到許多關於某人人生的情況。你未必知道該如何做到，但你能夠使人受到衝擊和震驚，讓他們對自身的生活環境有新的覺察，爲他們開啓可能性，對其自身的生命做出重大的調整。

你有著強大的直覺潛能，因此未必會察覺到你的滲透能力對他人造成的影響，而他人也未必和你有相同的洞察力。當你和他人連結時，要很清楚你的出發點是誠實正直的，而不是想要操弄他人，並且記得務必從愛的基礎去進入他人的人生。不必要地占人便宜，對你和他人最終都會造成衝擊，而激發彼此的成長與優勢，則會大大提升你們的人生。

你的意識太陽在閘門53，你經常會啓動新的企劃和努力，尋求擴展自身的人生體驗。由於你感受到一股壓力，推動著你和他人去突破任何與舊概念和想法相關的約束及限制，因此你經常會進入他人的生命，研究人性之道。不論你是否有完成你啓動的企劃和活動，你仍會繼續啓動任何你感興趣的事物，許多時候你因此協助他人，把你到來之前在人生中停滯已久的事情推動向前。你著迷於觀察事情的運作方式，而且由於你有保持活躍和啓動事情的衝勁，因此很容易顯得一刻不得閒。隨著時間推進，你會變得更成熟，能辨別哪些事物眞正驅動著你，你也會找到最好的選擇，而這一切都是遵循你的類型和內在權威而來。

此人生主題的名人：

義大利時裝設計師喬治・亞曼尼（Giorgio Armani）
美國作家瑪麗安娜・威廉森（Marianne Williamson）
美國男演員湯姆・漢克（Tom Hanks）
美國女歌手寇特妮・洛芙（Courtney Love）

固定人生主題

53

*The **Fixed** Life Theme of*
BEGINNINGS (2)

太陽在閘門53

開始(2)

閘門53/54/42/32

你的人生主題是要讓事情啓動上路，並且一路看著事情完成。你對生命的許多層面都很感興趣，而且你會爲自己和任何涉入你冒險過程的人帶來轉變性的成長經歷。你觸及的所有事情都有擴張和成長的潛能。然而，你必須運用下腹部的回應來釐清眞正召喚你的是哪些人、事、物，以及要忽視或略過哪些人、事、物。

在展開新的企劃後，你可能會變得焦慮，看著企劃，希望有好結果。然而，當你自然地貼近你的本質，並且準備好取得成功所需的一切，你會培養出內在的信任感，信任你所有的努力。你會找到必要的物質，並且和他人建立必要的連結，取得他人的支持。到最後，由於你的驅動力如此強大，因此務必要很清楚每個新的努力都是眞正吸引你的，而不是對每個心血來潮的冒險採取行動，因而讓你失去了最終最想擁有的夥伴、支持和賞識。

有時你會被驅動著去介入某事或某人，隨著你開始進行，投入得越來越深，你才突然意識到那企劃的眞正規模和時程。你可能會覺得那已超過你能力所及，然而你必須相信自己會獲得必要的支持和引導來完成你開始的事情。你能夠推動、激勵、並且維持許多人的努力，但在開始任何事情前，就要確認你在每個承諾裡都能得到成就和滿足。否則由於你的慷慨貢獻，你能夠促使所有人的人生向前邁進，但卻發現自己遺落在後頭，因此變得悲傷，甚至絕望。在任何承諾的一開始，密切留意你的下腹部回應，並且信任你的內在權威，確保你是被召喚投入眞正對你有益的人、事、物。

53

人際人生主題

The ***Interpersonal*** *Life Theme of*
CYCLES (2)

太陽在閘門53

循環(2)

閘門53/54/42/32

你的人生主題是要透過你對於持續變化世界中各種情境的回應，爲他人立下典範，並提供支持。你的生命透過物質成就的循環帶來巨大的轉變，不僅會影響你自己，也會影響陪伴在你身邊的人。你能夠很自然地貼近那些位高權重者，包括社交領域和商業領域，因爲你本身就是個強大的人。透過你結交朋友和組織人際網絡的能力，你有潛能可爲他人的人生帶來大規模的發展。你的挑戰是要清楚辨別循環何時開始、何時結束，以及如何對每個新的循環做回應，讓你能在對自己而言正確的時機投入其中。這通常意味著要把某些人拋在後頭，讓不同的人能夠接近你。

你的內心深處帶著對失敗和失去的恐懼，以致你時時保持高度警覺。因此要是不注意的話，你可能會有壓力過大的情況。由於你經常生活在緊張的邊緣，經歷新的努力和體驗，因此，你可能會變得過度恐懼，可能因此過度承諾去投入無法達成的目標，或者可能會被困住，完全無法做出承諾。如果你失去平衡，很重要的是要意識到這狀況，並且知道如何迅速找回平衡。當你處於失衡狀態，你很可能會輕易投入對你無益的循環，在該循環完成之前，無法優雅地從中脫離。

你的意識太陽在閘門53，你經常被推動著進入新的體驗。你的人生似乎有源源不斷的活動，有些是關於你感興趣的事物，有些是其他人的提議，這些人想要把你帶入其中，藉此運用你的能力來推動事情。因此，你必須學會極度果斷，決定事情的優先順序，知道哪些人、事、物對你較重要，哪些則不是那麼重要。你會成爲世界改變的中樞，因爲你散發的能量和能力，可以爲和你共事的人以及你的企劃帶來轉變。因爲恐懼，或是因爲需要被看見「在做正確的事情」而顧此失彼，一直都是潛在的問題。要避免這個問題，你就必須信任自身的類型和內在權威。

此人生主題的名人：

美國哲學家巴克敏斯特・富勒（R. Buckminster Fuller）

巴基斯坦女權運動人士馬拉拉・優素福扎伊（Malala Yousafzai）

美國女演員蜜雪兒・羅德里奎茲（Michelle Rodriguez）

智利詩人巴勃羅・聶魯達（Pablo Neruda）

個人人生主題

54

*The **Personal** Life Theme of*
PENETRATION (4)

太陽在閘門54

滲透 (4)

閘門54/53/57/51

你的人生主題是要在許多層面上滲透生命。不論你到什麼地方，遇到什麼人，你都能立即與之連結，透過你的直覺，既迅速又毫不費力地直接進入他人的生命。若你多加留意的話，你能夠看出他人的動機、野心和恐懼，通常能立即瞭解到許多關於某人人生的情況。你未必知道該如何做到，但你能夠使人受到衝擊和震驚，讓他們對自身的生活環境有新的覺察，爲他們開啓可能性，對其自身的生命做出重大的調整。

你有著強大的直覺潛能，因此未必會察覺到你的滲透能力對他人造成的影響，而他人也未必和你有相同的洞察力。當你和他人連結時，要很清楚你的出發點是誠實正直的，而不是想要操弄他人，並且記得務必從愛的基礎去進入他人的人生。不必要地占人便宜，對你和他人最終都會造成衝擊，而激發彼此的成長與優勢，則會大大提升你們的人生。

你的意識太陽在閘門54，你有著內在驅動力要不計代價在人生中前進，而你會被驅動著進入許多不同的環境，在這些環境裡，你會獲得人們的注意，他們會協助你往目標邁進。你有著想要前進的動力，不論是在物質上或精神上，抑或兩者皆是。不論你在哪裡，你都在結交朋友、組織人際網絡、創造連結。你原本的社經地位，並不如你當前所呈現的形象重要，而你目前所呈現的形象可能會協助你更上一層樓。有時你會短暫結交朋友，接著又移動到其他社群，而新的社群也會帶領你在目標上繼續前進。在你想投入並取得進展的驅動力下，務必要留意你的類型和內在權威，它們總是會引導你接近有深刻意義的事物，並遇見在你一生中有著長久重要關係的人們。

此人生主題的名人：

美國男演員尼可拉斯・凱吉（Nicolas Cage）
英國理論物理學家史蒂芬・霍金（Stephen Hawking）
美國新聞主播凱蒂・庫瑞克（Katie Couric）
印度上師帕拉宏撒・尤迦南達（Paramahansa Yogananda）
美國男演員傑瑞米・雷納（Jeremy Renner）
小約翰・甘迺迪之妻卡羅琳・貝塞特—甘迺迪（Carolyn Bessette-Kennedy）

固定人生主題

54

The *Fixed* Life Theme of AMBITION (4)

太陽在閘門54

企圖心(4)

閘門54/53/32/42

你的人生主題要求你要在物質層面和心靈層面上找到認同。你開啓了很多扇門，並且走過了各種循環——希望與絕望的循環、清晰與假象的循環、成功與失敗的循環。你總是尋求能找到自身內在的平衡，同時也被推動著去成長與轉變。你對自己有非常高的期望，因此當你發現自己的希望被你能掌控的環境粉碎時，你可能會崩潰。

你對機會有著敏銳的嗅覺，能夠發掘潛在的努力和夥伴關係，而他人甚至還沒意識到這些機會的存在。然而，很重要的是，你要留意自身的下腹部回應，然後才承諾投入其中，如此，你才能在一開始就知道這機會是否能帶來正面的前景。只因爲某個冒險行動很吸引人就貿然跳入，可能會導致挫折和懊悔，因爲你會陷入一個活動的循環裡，無法在沒有嚴重後果的情況下脫離。

你可能感覺到自己被看不見而且可能是更高的力量指引，但就如同古老格言所說的：「相信上帝，但首先要繫好你的駱駝。」換句話說，當你把眼光放向更艱難的活動時，首要之務是要處理好必要的問題。你會注意到你生命中事件循環的時間，在循環中，人們和承諾都要走完整個過程後，才能進入到下一個循環。如果你夠警覺，循環便能夠成爲漩渦，推著你往上進入更高且更強大的環境，你能在這環境裡爲世界帶來更大的影響力。留意你的類型和內在權威，必定能協助你找出哪些人、事、物應成爲你人生中的一部分，爲了什麼目的，以及要停留多久。

54

人際人生主題

太陽在閘門54

循環（4）

*The **Interpersonal** Life Theme of*
CYCLES (4)

閘門54/53/32/42

你的人生主題是要透過你對於持續變化世界中各種情境的回應，爲他人立下典範，並提供支持。你的生命透過物質成就的循環帶來巨大的轉變，不僅會影響你自己，也會影響陪伴在你身邊的人。你能夠很自然地貼近那些位高權重者，包括社交領域和商業領域，因爲你本身就是個強大的人。透過你結交朋友和組織人際網絡的能力，你有潛能可爲他人的人生帶來大規模的發展。你的挑戰是要清楚辨別循環何時開始、何時結束，以及如何對每個新的循環做回應，讓你能在對自己而言正確的時機投入其中。這通常意味著要把某些人拋在後頭，讓不同的人能夠接近你。

你的內心深處帶著對失敗和失去的恐懼，以致你時時保持高度警覺。因此要是不注意的話，你可能會有壓力過大的情況。由於你經常生活在緊張的邊緣，經歷新的努力和體驗，因此，你可能會變得過度恐懼，可能因此過度承諾去投入無法達成的目標，或者可能會被困住，完全無法做出承諾。如果你失去平衡，很重要的是要意識到這狀況，並且知道如何迅速找回平衡。當你處於失衡狀態，你很可能會輕易投入對你無益的循環，在該循環完成之前，無法優雅地從中脫離。

你的意識太陽在閘門54，你的人生總是處於轉變的狀態，帶領你進入並穿越許多的情境，有時甚至連喘口氣的空檔都沒有，你又會跳入下一個回合裡。試著要抓住某個已經完成的事情，會讓你更加筋疲力竭。務必非常審慎，並依照自己的方式過生活，否則你會發現自己在原地踏步，經常把自己的能力、能量和資源供應給身邊每個人，最後卻讓自己枯竭了。要記得你有著巨大的能量和能力，同時也有著下腹部的回應，能夠提供線索讓你知道哪些事物和你最切身相關。信任你的類型和內在權威，你便能知道哪些人、事、物真正在召喚你廣大的能力。

此人生主題的名人：

英國劍橋公爵夫人凱薩琳（Duchess Catherine (Middleton)）

美國女歌手瓊・拜亞（Joan Baez）

美國前總統理察・尼克森（Richard Nixon）

英國男歌手洛・史都華（Rod Stewart）

個人人生主題

55

*The **Personal** Life Theme of*
THE SLEEPING PHOENIX (FUTURE TRANSFORMATION) (1)

太陽在閘門55

沉睡鳳凰（未來轉變）（1）

閘門55/59/34/20

你是個無可救藥的浪漫主義者，被你的探尋所驅動，想找到與生命的親密關係。除非你非常清楚自身的需求，否則你可能眞的會在所有錯誤的地方找尋愛和深刻的體驗。你總是略爲超前你所處的時代，運用各種方式追求不可能的夢想。當你伸出手去抓住夢想，在那短暫的瞬間，你不禁驚訝於它們爲何如此迷人又難以捉摸，然後就墜落燃燒，一段時間後又再度從你的經歷灰燼裡升起，接著你又再度出發，一頭栽入下一段追尋。在你的人生歷程中，你很深切地影響著他人，讓他們能體悟到你所指出的事物。

儘管你在浪漫經歷方面感到失望，但通常也因爲這些經歷，讓你進入了自我蛻變的過程。你發現隨著你的轉變，那些接近你的人，他們的人生也會跟著轉變。有些夥伴會陪伴在你的旅程裡，有些則會憤而離去，和你保持距離。不論你是否覺察到，你都會透過自身強大的魅力和充滿活力的本質吸引他人，開啓與生命的深刻連結。經過一段時間，經歷各種曇花一現的起起落落，你的天賦也因此意味著你的人生會持續蛻變。由於你的顯示生產者類型，你很可能無休止地保持活躍。然而，你的重大挑戰在於要避免只是爲了忙碌而忙碌，而是要很清楚你來到這裡是爲了什麼而忙碌。當你開始太過嚴肅地看待生命，你就即將面臨新的啓發；當你獲得新的觀點時，記得要笑著面對。生命總是想要向你揭露更多，但當你忘了自己的幽默感時，生命便會有所保留。

你的意識太陽在閘門55，你經常覺察到靈性稍縱即逝的本質，也意識到生命中有許多層面毫無道理可言。你無法否認自己的靈性，同時也覺察到許多人早已遺忘、或是被他人說服而忽視了其自身的靈性。「做政治正確的事」這樣的建議，可能促使你去做極爲有創意和／或全然不同的事，因爲你尋求著和生命有越來越緊密的連結。浪漫主義者是偉大的夢想家，而夢想家可能是最有創意的一群人，以他人無法想像的方式表達他們的獨立性。如果你有耐心地以獨特的方式平衡自身內在的靈性本質，你會發現自己能夠觸及更深刻的滿足。留意你的類型和內在權威，它們會完美地指引你接近和你的靈性本質同調的人們和努力。

此人生主題的名人：

美國女演員茱兒・芭莉摩（Drew Barrymore）

美國搖滾樂團主唱科特・柯本（Kurt Cobain）

美國藝術家格洛里亞・范德比爾特（Gloria Vanderbilt）

美國名模辛蒂・克勞馥（Cindy Crawford）

英國男演員艾倫・瑞克曼（Alan Rickman）

55

固定人生主題

*The **Fixed** Life Theme of* MOODS (1)

太陽在閘門55

情緒（1）

閘門55/59/9/16

你的人生主題是要透過你經常變化的情緒來啓發創意。你有一生的時間去探索他人所不知道的情緒低谷和高點。如果你願意這麼做，你就能釋放某種程度的創意，在自身和他人的現實當中，引發新層次的可能性和賞識。太過依附預期，可能導致情緒突然大幅轉變，尤其是當你的預期沒能實現的時候。然而，深呼吸，並且記得把自己帶回當下，你便能迅速找回自己的平衡。

你有方法能夠透過直接接觸或透過周遭的朋友，去照亮他人的生命。你有能力覺察細節，也有技巧能看見生命中他人可能忽視的有趣面向，這些能力讓你能夠強化每個人的處境。問題一直都是你要把你自己和你的能力投入到哪些人、事、物中？你可能很容易因爲心胸狹隘的人而感到惱怒，然而，你也能夠展現非凡的友誼，去擁抱絕大多數的人。你性情上的這種樣貌顯示出，你的情緒變化只是你和未知源頭之間的事情，未必是你和他人之間的情況所造成的。

你渴望自由，難以忍受任何的限制。當受到不必要的阻礙時，你很容易會變得憂鬱。很重要的是，要接受偶爾出現的憂鬱情況對你來說是很自然的。要知道你投入生命的方式不容易被社會理解，如果你聽從他人的建議和方式，而不是遵循自身的情緒本質，你深度的挫折感會因此更加嚴重。與其假裝這世界並不存在來避免這樣的情形，不如瞭解到，你有方法能觸及一個人能達到的最深切情緒，而你帶來的強大創造力會使每個人大感意外，包括你自己。要記得，生命是趟非凡的旅程，當你信任自身的類型和內在權威，你會受到指引，去接觸對你有著最大助益的人們和情境。

55

人際人生主題

*The **Interpersonal** Life Theme of*
SPIRIT (1)

太陽在閘門55
心靈(1)

閘門55/59/9/16

你的人生目的是要完全地擁抱生命，和生命一同展現，讓生命能量能夠不受阻礙地在你體內流過。你的感受越豐盛，你的心靈就越能自在翱翔，因此在所有時刻都要很清楚，什麼是推動你並最終帶給你成就和滿足的元素。你越感受到擁抱和接納，就越能夠去付出。你有自然的天賦能和他人合作，並且能夠辨別什麼事物會有成效，因此隨著你的年紀越大，你會變得更有智慧，而且對於哪些人、事、物能夠獲得你的關注與投入也會更挑剔。

在你與他人互動的過程中，若你的天賦能夠自由流動，就能爲你的生命帶來最大的滿足感。當你擁抱世俗與神聖、原始生命能量與昇華的靈性，並找到兩者間的平衡，你就會發現某種魔力。當你不受普世信念或傳統限制去經歷人生，你便能夠觸及更高層次的創意，而這幾乎是他人無法做到的。你啓發並引導他人用他們自身無法想像的方式去檢視生命，將他們從他們認爲無法超越的傳統侷限中釋放出來。有時這會讓那些想要維持僵固控制的人不滿。你渴望絕對的自由，但你也準備好與他人深度互動，前提是他們不會試圖限制你。

你的意識太陽在閘門55，你可能給他人的人生帶來深刻的影響。你在世俗與崇高之間取得平衡，將性與靈性結合，有時會運用自身的魅力毫不費力地吸引他人到你身邊，有時則堅持需要有自己不受拘束的空間。你的靈性本質不可否認，而且你也看到自己有全然不講理的一面，被驅動著去反對任何理性的「常規」。你有被擁抱的深切需求。雖然被另一個人擁抱是很美好的，但你真正的渴望是要被生命擁抱。信任你的類型和內在權威，你便會知道要承諾投入哪些人、事、物，並允許生命帶領你進入世界上一些最深刻的體驗裡。

此人生主題的名人：

美國蘋果公司創始人史蒂夫・賈伯斯（Steve Jobs）

英國吉他手喬治・哈里遜（George Harrison）

澳洲網球運動員萊頓・休伊特（Lleyton Hewitt）

加拿大女演員海倫・薛佛（Helen Shaver）

個人人生主題

56

律法(2)

太陽在閘門56

*The **Personal** Life Theme of* THE LAWS (2)

閘門56/60/3/50

你的人生主題是要在一個混亂的世界裡建立律法和秩序。要做到這一點，你需要變得有所覺察，覺察到那些對你而言很重要的價值，而這些價值都是從過去經歷的教訓以及你處理周遭人、事、物的過程中，一點一滴積累下來的。在孩童時期，很重要的是你需要讓自己去順從慣例和規範，並接受這些規範所帶來的結果。時至今日，當你去評判這些結果，你會開始在社會處理事情的方式中找到缺陷，而你或許可以帶來改善，或是找到自己的方法去避開那些你認定無法改變的阻礙。由於你具有潛在的憂鬱性格，因此，你的本質帶有轉變的能力，你的生命會持續在許多不同的現實之間轉移，同時你也會去支持那些你認爲對你所生活的世界很重要的價值與律法。

你或許已經察覺到了，在最好的情況下，法律是用來提供指引並促進公平的環境。然而，法律也需要與時俱進，隨著時間而調整。強加成爲固定教條的規範，遲早都會被打破，或遭到蓄意改寫。生命並非固定不變，而隨著改變發生，法律也需要做出調整。你會發現自己一直處在這樣的調整過程中，因而瞭解到，不僅你的人生處於持續不斷的轉變狀態，每個人的人生也都是如此，包括你的家人、朋友、事業夥伴、以及客戶。有些人非常享受在你周遭會經常經歷改變的狀況，有些人則會找到一些理由來疏遠你。你是生命轉變的媒介，而這是你在人生中必須要去察覺體會的一個面向。

你的意識太陽在閘門56，你有天賦能透過分享關於生命的典範和故事來激勵他人，而這些故事也表達了許多關於你持續在改變的信念。很重要的是要瞭解到，過著一個變化的人生，意味著你的信念必定會隨著生命的進行而有所改變，因此要避免試著根據他人的原則來調整你的信念。你是天生的理想主義者，經常描繪出一個你想看到的光明世界，並且提出支持這世界的價值觀。你經常在表達新穎的概念，看看是否有人願意接納。隨著時間推進，你會瞭解到，你所擁抱的夢想，通常是反映出你對自己的感受。當你越清楚留意自身的下腹部回應及內在權威，你就越能被指引走向令人滿足的人生。不論你怎麼看這世界與其規則，不論你對這世界有什麼樣的信念，務必記得，生命依舊是個奧祕。

此人生主題的名人：

巴西名模吉賽兒・邦臣（Gisele Bündchen）

英國劍橋喬治王子（Prince George）

美國作家厄尼斯特・海明威（Ernest Hemingway）

美國男演員艾伯特・布魯克斯（Albert Brooks）

美國男演員羅賓・威廉斯（Robin Williams）

英國男演員班奈狄克・康柏拜區（Benedict Cumberbatch）

固定人生主題 56

*The **Fixed** Life Theme of* STIMULATION (BELIEFS) (2)

太陽在閘門56

激勵（信念）(2)

閘門56/60/27/28

你的人生主題是要探索生命中各種可想見的信念和激勵形式，同時也去探索你能帶給生命的信念和激勵。你對活動和刺激的熱愛沒有極限，隨著你經歷人生，你在沿途會有許多驚奇的體驗，也會蒐集許多故事。你會嘗試各種冒險，有時全然不顧健康和財務上的顧慮，只爲了能感受刺激。最終，你會透過你所訴說的故事，以及這些故事帶給聆聽者的影響，擴展你對生命的理解。

你經常因爲投入的活動量而讓人們吃驚。你會跳入各種隨機的衝動裡，不管自己是否確實能夠完全投入或從頭到尾完成。你的生活很容易會變成多工模式。你把自己投入各種的刺激裡，不論這些刺激是否適合自己。你的蠟燭不僅兩頭燒，甚至連中間也一起燃燒！隨著你更加深入你的旅程，你的驅動力就是各種刺激，要讓自己身處在生命帶來的一切事物核心裡。旅行、研究、文化探索、宗教、人群、劇院、舞蹈、藝術、美食、品酒、以及慶典，全都是你可能涉獵的領域，你會透過各種活動深入探索生命的多采多姿。

你的生命旅程有一大部分是要去突破他人的限制所設下的界線。別人告訴你別做什麼事，只會更加增添你要去做的決心。你經常訴說著幾近幻想且虛幻到可能遭到嘲笑的故事，目的只是要看看你的聽眾會如何反應，接著你會根據他們的反應做出應對。故事的喜悅總是存在你敘述的過程中，如果你能在故事裡增添「鋌而走險」的元素，讓故事「難以置信」，你所獲得的樂趣也就更大。要記得，你的類型和內在權威一定會引導你度過生命中的各種情境，賦予你投入活動和敘述故事的正確時機和理由，帶給你最想追尋的成就和滿足。信念會永久延續，滿足只存在當下。

56

人際人生主題

*The **Interpersonal** Life Theme of*
DISTRACTION (2)

太陽在閘門56

分心(2)

閘門56/60/27/28

你的人生主題是要身處在刺激當中，讓自己的人生充滿各式各樣的體驗。有時你會因爲他人或周遭的世界而分心，有時則是你的所作所爲吸引了他人的注意。你是天生的生命讚頌者，但一不小心，你很容易就會陷入他人的需求裡。由於你經常暴露在擴展你的信仰系統的情境中，因此你會強化了你自身以及他人生命體驗的基礎。除非你的目的非常清楚明確，否則別人很可能會誤解你的意圖，而你會經常因爲不必要的關注而遭遇阻礙。你能夠輕易地激勵他人，因此你可能會太過投入於無法帶給你滿足的景況中，直到你終於覺悟到自己必須逃離，而且也確實逃離了。你有時會逃得很突然，而且隻字未留。

你的重大挑戰是要能根據自身的本質來過生活，同時也讓生活維持樂趣，不會因爲看到各種有意思的事物或者因爲他人的期望，而讓你偏離了正軌。你所相信的事物會成爲你的外在裝飾。你可能能帶領自己和他人經歷愉悅的人生，在各處尋求遊歷及其他分心的機會，不論是身體上或心理上，希望藉此找到那些遙不可及、近在咫尺、或遠在他鄉的事物。你這一生可能致力於研究文化、宗教、政治、寫作、歷史、以及各種社會行爲，藉此擴展受限制或不公義的概念或傳統。你是生命各領域演化的宇宙代言人。

你的意識太陽在閘門56，你是絕佳的說書人，而且你會分享各式各樣的故事。有些故事是來自你自身的經歷，有些來自你聽到的事情，還有些則來自廣闊的幻想領域。如果你選擇透過口頭述說你的故事，你會發現已有人準備好要聆聽，特別是喜歡聽故事的小孩子們。如果你選擇把故事寫下來，你會發現最好先把故事都架構好，免得自己敘述得太過忘我。你會發現，你的故事就是自己人生旅程的寫照，而說出這些故事，需要將驚奇的部分與實際的部分結合，將神祕與世俗結合。信任你的類型和內在權威，你便會知道，你的哪些信念能帶給你最大的成就和滿足。

此人生主題的名人：

英國男演員丹尼爾・雷德克里夫（Daniel Radcliffe）
美國男演員伍迪・哈里遜（Woody Harrelson）
美國女歌手珍妮佛・羅培茲（Jennifer Lopez）
加拿大女演員安娜・派昆（Anna Paquin）

個人人生主題

57

*The **Personal** Life Theme of*
PENETRATION (3)

太陽在閘門57

滲透（3）

閘門57/51/53/54

你的人生主題是要在許多層面上滲透生命。不論你到什麼地方，遇到什麼人，你都能立即與之連結，透過你的直覺，既迅速又毫不費力地直接進入他人的生命。若你多加留意的話，你能夠看出他人的動機、野心和恐懼，通常能立即瞭解到許多關於某人人生的情況。你未必知道該如何做到，但你能夠使人受到衝擊和震驚，讓他們對自身的生活環境有新的覺察，爲他們開啓可能性，對其自身的生命做出重大的調整。

你有著強大的直覺潛能，因此未必會察覺到你的滲透能力對他人造成的影響，而他人也未必和你有相同的洞察力。當你和他人連結時，要很清楚你的出發點是誠實正直的，而不是想要操弄他人，並且記得務必從愛的基礎去進入他人的人生。不必要地占人便宜，對你和他人最終都會造成衝擊，而激發彼此的成長與優勢，則會大大提升你們的人生。

你的意識太陽在閘門57，你有著驚人的直覺，能夠深刻地聆聽生命以及你周遭的聲音。感覺就像你有著內建的聲納，能夠察覺聲音的細微差異，也能聽到人類聽覺範圍以外的聲音，警示著環境正在改變。有時，你對他人的瞭解比他們自己還要多，這意味著你會在非常深入的層面影響著他們，特別是你有能力預估生命會帶領他們到哪裡去。如果你留意自己如何接觸他人，以及如何傳達你的直覺洞見，你會發現人們非常感激你的存在和建言。然而如果你沒留意，在互動中直言不諱，即使你直覺得知的事情極爲有益，人們還是會和你保持距離。你的類型和內在權威總是會指引你，讓你知道何時要和生命連結，以及如何投入，如此一來，你才能深入滲透，並帶給自己強大的成就和滿足。

此人生主題的名人：

英國男歌手約翰．藍儂（John Lennon）
美國男歌手西恩．藍儂（Sean Lennon）
墨西哥電影導演吉勒摩．戴托羅（Guillermo del Toro）
美國名模貝拉．哈蒂德（Bella Hadid）
義大利男高音盧奇亞諾．帕華洛帝（Luciano Pavarotti）

57

固定人生主題

*The **Fixed** Life Theme of*
INTUITION (3)
太陽在閘門57
直覺(3)

閘門57/51/62/61

你的人生主題是要透過運用和擴張自身的直覺，深入解讀人生。你對事物的觀察入微，經常遠遠超出他人能做到的範圍。但若沒有大量的練習和鼓勵，你所觀察到的事物可能很難被表達出來。事實上，你的「跳脫框架思考」模式，可能讓你找不到太多聽眾。你甚至可能會屈服而選擇保持沉默，而非受到吸引去試著解釋他人沒能瞭解的東西。這並不是說你不聰明或者沒有強大的洞見，而是你必須找到他人能夠接受的方式來分享你的觀點。

你經常在尋求向世界表達你的眞實，卻發現他人因爲沉睡、受到制約、過度傳統，以致無法接收到資訊。你雖有洞見，但經常找不到詞彙或方法加以描述，因此會引起聽者的擔憂和質疑。這並不是因爲你的觀點有問題，而比較是因爲你溝通觀點的方式可能會造成誤解。你會學習到有些事情可以說，有些事情就是不能說；有些人已準備好接收你的非凡洞見，有些人可能只會展現短暫的興趣，然後很快又會回到他們習慣的模式裡。

你永遠都會被自身對眞理的觀點所吸引。透過你連結「寂靜之聲」的能力——也就是你透過自身獨特且神祕的方式所接收到的生命震動——你會接觸到生命中一些最奧祕的層面。這能力最終將揭示出，他人並不像你這樣讚賞生命。然而，當你留意自身的類型和內在權威，你將會找到機會，讓你能傳達出眞正令人驚奇的洞見和觀點，而這會粉碎幻象，並且在急需之處透出一線曙光。即使僅對有限的聽者傳播你的觀點，也能帶給你很大的滿足。然而，不論他人是否能夠瞭解，絕對不要忘記維持自身平衡和自我欣賞的重要性。

57

人際人生主題

*The **Interpersonal** Life Theme of*
THE CLARION (3)
太陽在閘門57
號角(3)

閘門57/51/62/61

你的人生主題是要鼓舞他人開放心胸，喚醒他們的直覺、內在指引、或其他能引導他們獲得內在覺察的感官。你是個傳訊者，你的工作是要讓崇高的理念變得務實，讓看不見的事物能被看見，最終要給地球帶來更多的光明和領悟。從某方面來看，你是要來登高疾呼，指向生命更高層的可能性，但你必須很清楚激起你去喚醒與引導他人的因素是什麼。

當你很清明，也找到了動機的源頭，你便能夠成爲最清楚明晰的傳訊者，去傳播那些能夠喚醒沉睡世界的洞見和啓示。如果你本身並不清明，不瞭解推動你的因素爲何，你就會引發各種的不和諧和讓人心煩意亂的影響，而且通常是無意間就這麼做了。有組織地傳播知識，能協助你傳達偉大的洞見，因爲你會觸及那些接受力最強的人。並不是每個人都能「得到」你提供的訊息，然而，表達事實和務實的細節總是能鼓舞你的受眾專心聆聽，這會讓他們看見你想傳達的事物是很實際的，而且也是改善他們生活很關鍵的元素。

你的意識太陽在闡門57，你有著強大的直覺，經常在檢視環境，總是在感受自己和他人生命中持續改變的環境。你的生命中不乏機會會被吸引去扮演八卦提供者的角色，但你必須留意自己透露了多少事情，因爲你的直覺能夠擷取許多細節，可能超出人們能理解或想聽的範圍。如果你跳躍式的揭露訊息，很容易會讓他人感到震驚和不安。當你瞭解你的聽眾，而且也知道如何最佳地呈現你所知的事，你就會找到致勝公式。密切留意你的類型和內在權威，謹愼行事，你便會知道誰已經準備好聆聽你要揭露的事情，知道他們何時願意接收資訊，也知道他們能夠消化和吸收多少資訊。

此人生主題的名人：

英國神祕學家阿萊斯特・克勞利（Aleister Crowley）
英國前首相柴契爾夫人（Margaret Thatcher）
英國男演員薩夏・拜倫・柯恩（Sacha Baron Cohen）
美國女演員凱莉・普雷斯頓（Kelly Preston）
英國女演員凱特・沃許（Kate Walsh）

個人人生主題

58

*The **Personal** Life Theme of*
SERVICE (4)

太陽在閘門58

服務(4)

閘門58/52/18/17

你的人生目的是要提供服務，讓社會變得更好。你對需要改進的情況，能夠做冷靜且合乎邏輯的評估，這是眾人所尋求的天賦。你可能傾向沉溺於只看到問題，變得過度挑剔，以致失去你所需的支持來執行必要的改善。你可能會受到誘惑去扮演一個持續耗盡自身能量的角色，努力卻得不到滿足感，在完全不合適的情況下仍奮力去服務和伸出援手。

對這件事很清楚，你就會對你的人生有重大的理解：服務是你生命的道路，而你的類型和內在權威會告訴你，什麼時候該去服務，以及如何服務。這會幫助你瞭解到，服務無關個人，而是關於改善這世界。一旦你的服務變成攸關個人，你的人生目的就喪失了純粹性。當然，你可以去關愛你生命中的人，但如果你持續清楚地理解這道理，你就能避開被視為理所當然的情況，而不至於出現怨懟。要務實地瞭解到，完美是不可能達成的目標。你只能在你當下所做的每一件事上盡力做到最好。沒能瞭解這一點，會讓你長期陷入不滿足的情境裡。當事情出錯時，苛責自己很容易，但於事無補。

你的意識太陽在閘門58，需要透過讓你的存在與生活中的活動維持新鮮有趣，來滋養你對生活的熱情。在任何企劃中，如果你踏出正確的第一步，你就占了很大的優勢；但如果你在沒有百分之百清楚的情況下就對某人或某事做出承諾，而且是帶著「總得有人來做」的勉強態度，那麼你很快就會失去興趣，也會喪失重要的投入意願。當你每天醒來，或是來到任何新努力的起點，不妨先停下來一會兒，檢視自身內在的態度。你的態度不僅描繪了你的動機如何受到影響，同時也會觸發他人的活力（或是呆板乏味）。你喜歡站在有良好目標的活動最前線，藉此帶來實質的改善。但唯有當你留意自身的類型和內在權威，並且信任它們告訴你的事情，你才能確定自己是全心投入這樣的追逐之中。

此人生主題的名人：

中華人民共和國前主席毛澤東（Mao Tse-tung）
法國男演員傑哈・德巴狄厄（Gérard Depardieu）
德國女演員瑪琳・黛德麗（Marlene Dietrich）
法國鋼琴演奏家理查・克萊德門（Richard Clayderman）

58

固定人生主題

*The **Fixed** Life Theme of* VITALITY (4)

太陽在閘門58

活力(4)

閘門58/52/48/21

你的人生主題是要允許自己被吸引進入能夠觸發活力和帶來喜悅的情境。安住當下，讓你自己獲得提升，讓你生命中的每個面向都得到滋養，使你的興趣保持新鮮生動，將會帶給你渴望的成就和滿足。然而如果你堅持要控制和指揮你的環境和其中的每個人，很快你就會發現自己對情勢的發展感到不滿，最後你會對自己所做的事情失去興趣，在過程中變得筋疲力竭，甚至灰心沮喪。

你經常是第一個看到機會的人，而且會找到方法投入這些機會。由於你輕易就會自發地跳進任何的機會裡，經常不顧一切，接著很快就發現一切超過自己所能負荷，因此你總是很難保持內在的平靜。任何活動的開始，通常預先已決定了結果會如何。例如當你每天醒來，如果你停下腳步，有覺知地瀏覽當天的事情，期待那些最有可能帶來喜悅的事件，評估該如何投入這些事件，這麼做對你會有很大的助益。生活在一個恆常充滿喜悅的狀態，可能是你的生活方式，而當你感到喜悅時，也會不由自主地感染身邊每一個人。

你的存在很容易獲得他人的注意力和參與，而你充滿活力的驅動力則能提升每個人的能量。擔任活動的催化劑，同時也成爲活動裡平靜的來源，是你一生的想望。在任何承諾中，隨著每個人和每件事都圍繞著你轉，當你刻意將自己置身於活動的中心，你會在所體驗到的平靜裡，找到很大的喜悅和樂趣。你天生欣喜的本質會觸發每個人的情緒。若你在對任何人、事、物做出承諾前，能夠留意自身的類型和內在權威，你維持高度活力的能力將會獲得強化。

58

人際人生主題

*The **Interpersonal** Life Theme of*
DEMANDS (4)

太陽在閘門58

要求(4)

閘門58/52/48/21

你的人生主題是要要求社會改進，但你必須要有很大的耐心，才能給這世界已經確立的狀態帶來修正。你有許多要求可能是針對個人，而且侷限在你認識的人裡頭，藉此來控制你的環境。但當你的要求不是針對個人——不是針對你的夥伴或你自己——而是針對社會的運作方式，那麼你所提出的要求就會更有效益。很重要的是，你要欣賞自身這方面的特質，否則你可能會屈服於持續的壓力，不知不覺中將這壓力散布至他人的生活中，因而更加難以放鬆。

如果你的要求顯然對這世界沒有立即或長久的效果，你可能會變得悲觀。要提醒自己平靜和喜悅、冥想和頌揚的重要本質，如此，你就能找到方法度過那些看似沒有任何成就的時期。要記得，生命是個奧祕，生活在其中，你要去擴展自身的才能和智慧。生命並不是需要經常去修正的東西。如果你失去了幽默感、耐心和同理心，你會因爲一個接著一個不滿意的情況、不愉快的互動、以及糟糕的關係而感到苦惱。如果你發現自己處在這樣的狀態，那就重新來過。生活隨時都可以重新出發。

你的意識太陽在閘門58，你有翻轉情勢所必須的精力，可讓幾乎無法運作的狀況變成令人驚奇的事情。你的活力會帶動幾乎所有的事物，但務必確定你是準備好要投入的。透過經驗的累積，你會更清楚知道，如果你要把自身的能量投入一項企劃，你本身的需求也必須要被滿足。在做出承諾前先確定這點是非常重要的，否則你會耗盡自身的資源，並且失去興趣和熱忱，放任一切自行發展。任何事的起點，通常就預示了對你而言會有什麼結果，因此務必有意識地遵循自身的類型和內在權威，然後才對任何人或任何事做出承諾，如此，你就會知道要在什麼時候投入去連結哪些人、事、物。

此人生主題的名人：

美國高爾夫球運動員老虎伍茲（Tiger Woods）
美國籃球運動員勒布朗・詹姆士（LeBron James）
美國作家帕蒂・史密斯（Patti Smith）
英國女歌手艾麗・高登（Ellie Goulding）
印度靈性導師拉瑪那・馬哈希（Ramana Maharshi）

*The **Personal** Life Theme of*
THE SLEEPING PHOENIX (FUTURE TRANSFORMATION) (3)

太陽在閘門59

沉睡鳳凰（未來轉變）(3)

閘門59/55/20/34

你是個無可救藥的浪漫主義者，被你的探尋所驅動，想找到與生命的親密關係。除非你非常清楚自身的需求，否則你可能眞的會在所有錯誤的地方找尋愛和深刻的體驗。你總是略爲超前你所處的時代，運用各種方式追求不可能的夢想。當你伸出手去抓住夢想，在那短暫的瞬間，你不禁驚訝於它們爲何如此迷人又難以捉摸，然後就墜落燃燒，一段時間後又再度從你的經歷灰燼裡升起，接著你又再度出發，一頭栽入下一段追尋。在你的人生歷程中，你很深切地影響著他人，讓他們能體悟到你所指出的事物。

儘管你在浪漫經歷方面感到失望，但通常也因爲這些經歷，讓你進入了自我蛻變的過程。你發現隨著你的轉變，那些接近你的人，他們的人生也會跟著轉變。有些夥伴會陪伴在你的旅程裡，有些則會憤而離去，和你保持距離。不論你是否覺察到，你都會透過自身強大的魅力和充滿活力的本質吸引他人，開啓與生命的深刻連結。經過一段時間，經歷各種曇花一現的起起落落，你的天賦也因此意味著你的人生會持續蛻變。由於你的顯示生產者類型，你很可能無休止地保持活躍。然而，你的重大挑戰在於要避免只是爲了忙碌而忙碌，而是要很清楚你來到這裡是爲了什麼而忙碌。當你開始太過嚴肅地看待生命，你就即將面臨新的啓發；當你獲得新的觀點時，記得要笑著面對。生命總是想要向你揭露更多，但當你忘了自己的幽默感時，生命便會有所保留。

你的意識太陽在閘門59，你和他人會有密切的接觸，有時會變得非常親密，有時則會刻意疏遠。你在本質上是很忙碌的，能夠在許多密切接觸中進出。儘管你總是尋求盡可能的緊密接觸，但你也瞭解到，當你的夥伴有著不同的時間感和不同的親密接受度，想要擁有長久的連結會變得很困難。你在人生中會有非常多的覺醒，透過你與人生伴侶的互動，以及你對自然和各種形式生命力表現的欣賞，都會帶給你啓發。要記得你的顯示生產者類型本質和內在權威，當你的人生出現必然的不尋常轉折，它們將協助你找到安定感。

此人生主題的名人：

印度瑜伽大師尤吉・巴贊（Yogi Bhajan）

蘇格蘭男演員史恩・康納萊（Sean Connery）

德蕾莎修女（Mother Teresa）

美國前總統林登・詹森（L. B. Johnson）

美國男演員克里斯・派恩（Chris Pine）

固定人生主題

59

*The **Fixed** Life Theme of* STRATEGY (3)

太陽在閘門59

策略(3)

閘門59/55/16/9

你的人生主題圍繞在所有可能的層面上連結、創造和探索關係，從朋友到情人，再到靈魂伴侶。你是天生的媒人，總是在尋求薦骨與聖潔之間的平衡、務實與浪漫之間的平衡、身體連結與心靈連結之間的平衡。你經常在自己的人生和他人的人生中制定策略，你把人聚集在一起，一同讚賞生命，藉此在所有人之間培養出對友誼更廣泛的理解。

由於你受到連結需求的強力推動，因此當你感受到拒絕時，可能會急著要突破阻礙，打進局勢內。你與生俱來的驅動力很難加以克制。然而，若你能夠留意一切互動的實際需求，便能避免做出不受歡迎的推進舉動。你充滿靈性的本質能夠看見別人可能看不到的機會，有時你需要非常機靈，才能成功地引導他人看到對你來說顯而易見的事物。

有時你會竭盡所能與某人結爲朋友，找到一切方法去接近他們，去感受他們與你之間的特殊連結，去感受他們的世界。一旦你建立了那個連結，你就會去尋找還有誰是在相同的頻率上。你可以安排詳細的會面計畫，制定策略讓每個人都能看到彼此的個人特質。最終，你從自身類型和內在權威接收到的指引，將會告訴你要和誰互動，以及要避開哪些人。你可以成爲所有人最好的朋友，但要很清楚少數哪些人對你具有特別的意義。

59

人際人生主題

*The **Interpersonal** Life Theme of*
SPIRIT (3)

太陽在閘門59

心靈(3)

閘門59/55/16/9

你的人生目的是要完全地擁抱生命，和生命一同展現，讓生命能量能夠不受阻礙地在你體內流過。你的感受越豐盛，你的心靈就越能自在翱翔，因此在所有時刻都要很清楚，什麼是推動你並最終帶給你成就和滿足的元素。你越感受到擁抱和接納，就越能夠去付出。你有自然的天賦能和他人合作，並且能夠辨別什麼事物會有成效，因此隨著你的年紀越大，你會變得更有智慧，而且對於哪些人、事、物能夠獲得你的關注與投入也會更挑剔。

在你與他人互動的過程中，若你的天賦能夠自由流動，就能爲你的生命帶來最大的滿足感。當你擁抱世俗與神聖、原始生命能量與昇華的靈性，並找到兩者間的平衡，你就會發現某種魔力。當你不受普世信念或傳統限制去經歷人生，你便能夠觸及更高層次的創意，而這幾乎是他人無法做到的。你啓發並引導他人用他們自身無法想像的方式去檢視生命，將他們從他們認爲無法超越的傳統侷限中釋放出來。有時這會讓那些想要維持僵固控制的人不滿。你渴望絕對的自由，但你也準備好與他人深度互動，前提是他們不會試圖限制你。

你的意識太陽在閘門59，你能夠爲人們釐清許多困惑，特別是關於他們的親密關係和性生活議題。你通常能看出他人的特質是否適合彼此，而你也被驅動著要去尋找靈魂伴侶，一個能在心智、身體、情感和心靈上全然擁抱你的人。你經常在尋求方法，以能和生命中的許多人保持親近的關係，而這最終會回歸到你與自己的親密關係，以及和那些最能反映出你本質的人的相處關係。你可能會融入愛裡頭，透過深刻的表達和連結，由你的靈性本質帶來轉變。當你遵循自身類型和內在權威爲你鋪設的神祕道路，你會找到最大的成就和滿足，那就是「瞭解自己」。

此人生主題的名人：

加拿大女歌手仙妮亞・唐恩（Shania Twain）
美國男演員傑克・布萊克（Jack Black）
波多黎各男演員路易・古茲曼（Luis Guzmán）
美國福音歌手尤蘭妲・亞當斯（Yolanda Adams）
美國女歌手黎安・萊姆絲（LeAnn Rimes）

個人人生主題

60

*The **Personal** Life Theme of*
THE LAWS (4)

太陽在閘門60

律法(4)

閘門60/56/50/3

你的人生主題是要在一個混亂的世界裡建立律法和秩序。要做到這一點，你需要變得有所覺察，覺察到那些對你而言很重要的價值，而這些價值都是從過去經歷的教訓以及你處理周遭人、事、物的過程中，一點一滴積累下來的。在孩童時期，很重要的是你需要讓自己去順從慣例和規範，並接受這些規範所帶來的結果。時至今日，當你去評判這些結果，你會開始在社會處理事情的方式中找到缺陷，而你或許可以帶來改善，或是找到自己的方法去避開那些你認定無法改變的阻礙。由於你具有潛在的憂鬱性格，因此，你的本質帶有轉變的能力，你的生命會持續在許多不同的現實之間轉移，同時你也會去支持那些你認爲對你所生活的世界很重要的價值與律法。

你或許已經察覺到了，在最好的情況下，法律是用來提供指引並促進公平的環境。然而，法律也需要與時俱進，隨著時間而調整。強加成爲固定教條的規範，遲早都會被打破，或遭到蓄意改寫。生命並非固定不變，而隨著改變發生，法律也需要做出調整。你會發現自己一直處在這樣的調整過程中，因而瞭解到，不僅你的人生處於持續不斷的轉變狀態，每個人的人生也都是如此，包括你的家人、朋友、事業夥伴、以及客戶。有些人非常享受在你周遭會經常經歷改變的狀況，有些人則會找到一些理由來疏遠你。你是生命轉變的媒介，而這是你在人生中必須要去察覺體會的一個面向。

你的意識太陽在閘門60，你會發現有時候很難超越一些傳統和價值觀，這些傳統和價值觀持續引導著你的人生，而且也對社會和你的世界貢獻了重要的益處。你能夠堅定地守住較保守的做法，不願改變你的信念，除非你有無庸置疑的證據顯示你能夠帶來值得的轉變。你不容易被新穎的事物動搖。然而，如果改變能帶來明顯的實質助益，你會讓舊有的限制迅速變成有建設性的創新跳板。要瞭解到你的人生持續在轉變，而且你無法停止這種轉變，因此就讓自己遵循你的下腹部回應和內在權威，你會發現轉變過程變得更順利，也讓人更容易接受。

此人生主題的名人：

美國拳擊手穆罕默德・阿里（Muhammad Ali）

美國男演員凱文・科斯納（Kevin Costner）

美國前第一夫人蜜雪兒・歐巴馬（Michelle Obama）

美國女歌手桃莉・巴頓（Dolly Parton）

固定人生主題

60

*The **Fixed** Life Theme of*
LIMITATION (4)

太陽在閘門60

限制(4)

閘門60/56/28/27

你的人生主題是要在生命帶給你的各種侷限中，辨別並找出你的道路。生命充滿各種可能的限制和不公義，這些限制和不公義涉及許多不可缺少的東西，例如食物、庇護、健康、財務和氣候，以及法律、政治和宗教上的指責及爭論。你會意識到與你的人生和他人人生相關的所有潛在限制。當你指出這些限制，感覺可能很像是你想要讓人生停下腳步。然而，你是在運用你所有可用的方法，包括挑戰人們的信仰系統，來放慢持續前進的改變，讓每個人都能看出必須先處理哪些事情，才能讓前進的步伐更合時宜。一旦確認了一個景況的實情，你就能在任何限制中找到有創意的方式來建立基礎，建立新努力的起點。

你總是擔憂著，認爲人們應該避開或改變對他們無益的制度和傳統。有一部分的你是靜不下來的，經常在尋找刺激，消除那種你或任何人受到侷限或牽制的感覺——儘管你已經做好功課，確定可以怎麼處理那些限制。你可能會非常擔憂，並且全心投入尋找能夠改善所有人生活情況的方式，以至於沒能把自己照顧好。有時，你可能會拿自己的福祉來冒險，事後回想才發現這是毫無道理的做法。

如果你能自我克制，而不是習慣性地以固定的方式來面對挑戰，你會發現自己能夠獲得更大的滿足感。自我克制能帶來客觀性，讓你找到實際且明智的機會，使所有相關的人都受益。由於你持續在質疑生命的目的，會從許多不同的資源、文化和信仰系統取得各種觀點，因此你必須時不時提醒自己，生命是很神祕的，而挑戰是發揮創意的契機。當你發現自己投入得過深，或太過嚴肅認真，記得要放輕鬆，然後慶祝一下。遵循你的類型和內在權威會帶給你清明，有助你做出各種調整，進而帶給你成就和滿足。

60

人際人生主題

The ***Interpersonal*** *Life Theme of*
DISTRACTION (4)

太陽在閘門60

分心(4)

閘門60/56/28/27

你的人生主題是要身處在刺激當中，讓自己的人生充滿各式各樣的體驗。有時你會因爲他人或周遭的世界而分心，有時則是你的所作所爲吸引了他人的注意。你是天生的生命讚頌者，但一不小心，你很容易就會陷入他人的需求裡。由於你經常暴露在擴展你的信仰系統的情境中，因此你會強化你自身以及他人生命體驗的基礎。除非你的目的非常清楚明確，否則別人很可能會誤解你的意圖，而你會經常因爲不必要的關注而遭遇阻礙。你能夠輕易地激勵他人，因此你可能會太過投入於無法帶給你滿足的景況中，直到你終於覺悟到自己必須逃離，而且也確實逃離了。你有時會逃得很突然，而且隻字未留。

你的重大挑戰是要能根據自身的本質來過生活，同時也讓生活維持樂趣，不會因爲看到各種有意思的事物或者因爲他人的期望，而讓你偏離了正軌。你所相信的事物會成爲你的外在裝飾。你可能帶領自己和他人經歷愉悅的人生，在各處尋求遊歷及其他分心的機會，不論是身體上或心理上，希望藉此找到那些遙不可及、近在咫尺、或遠在他鄉的事物。你這一生可能致力於研究文化、宗教、政治、寫作、歷史、以及各種社會行爲，藉此擴展受限制或不公義的概念或傳統。你是生命各領域演化的宇宙代言人。

你的意識太陽在閘門60，你傾向回顧過去，透過回顧來尋找如今生命樣貌的根本原因。你經常在調查問題的起因，而不是隨波逐流，直到你看到一個轉向，便會跳進去。對此，你可能給出的合理辯解是，當生命中出現機會，意味著你注定要去嘗試這些機會。你很擅長用他人做不到的創意方式來化解挑戰，而且你也喜歡能被賦予空間和信任來處理這件事。你通常會避開世俗的議題，以及社會認爲很重要的虛僞做作。當你在挑戰潛在的限制並設法突破時，你能爲自己做的最重要的事就是，信任自身的類型和內在權威來爲你提供指引。

此人生主題的名人：

法國時尚設計師克麗絲汀・迪奧（Christian Dior）
美國女演員吉娜・戴維斯（Geena Davis）
俄羅斯神祕主義者格里戈里・拉斯普丁（Grigori Rasputin）
美國女演員琳達・布萊爾（Linda Blair）

個人人生主題

61

*The **Personal** Life Theme of*
THE MAYA (4)

太陽在閘門61

馬雅(4)

閘門61/62/32/42

你的人生主題是要去描述發生在你世界裡的每一件事。你透過觀察成長和改變的過程，將這些與宇宙的基本原則連結，做出對所有事物的描述。你總是知道至少兩種評估和描述同一件事情的方法。你的沉思冥想是想領會到，並非每件事都像表面上看起來的那樣，儘管你或他人多麼希望它們應該要和表面一致。科學和宗教系統持續在翻新，而隨著它們從一個觀點轉移到另一個觀點，你也有天賦能體悟並描繪出替代的可能性。你對轉移的觀點保持開放的態度，這也讓你更能與生命的奧祕連結，瞭解我們在生命中的位置。

當你審慎觀察，你幾乎能夠立即看出事物的荒誕之處。除非絕對必要，否則千萬不要忍受這些謬誤。你能夠迅速看穿不可靠或單純就是不正確的「事實」、信仰和概念。很重要的是，你不僅要在自身追求眞理的探索中堅定決心，過程中也要保持健康的幽默感。生命不一定要像很多人認爲的那樣嚴肅，有時你必須後退一步，從直接的參與中抽離，以便得到自身眞實的觀點。在你的生命中，你的沉著與改變的觀點是很重要的。

你的意識太陽在閘門61，你有著強烈的渴望想要知道宇宙是如何運行的，而且你在追尋的過程中，經常會把自己推入不尋常的處境。有時你會得到驚人的洞見，協助你重整先前的觀點，並開啓新的可能性和視野。在經常的尋找之下，你的頭腦與你認爲的眞相同步，但你也瞭解到，儘管你的頭腦能讓你接近眞相，但你並無法實際碰觸到眞相。你越努力嘗試，你對眞理的追尋就越不成功，直到你放輕鬆去遵循自身的類型和內在權威，並且允許這個內在的指引帶領你去到你眞正在尋找的地方，這時，你追求實現和滿足的旅程，會讓你比自己認爲的更接近眞相。

此人生主題的名人：

英國男演員奧蘭多・布魯（Orlando Bloom）
美國電台主持人霍華德・斯特恩（Howard Stern）
俄羅斯哲學家喬治・葛吉夫（George Gurdjieff）
美國女演員茱莉・路易絲—卓佛（Julia Louis-Dreyfus）
美國女演員潘妮洛普・安・蜜勒（Penelope Ann Miller）

固定人生主題

61

The *Fixed Life Theme of* TRUTH (THINKING) (4)

太陽在閘門61

眞理（思考）(4)

閘門61/62/50/3

你的人生主題是要持續追尋眞理，不論你會在什麼地方找到眞理。你非常專注思考你的人生和每一個體驗，深知眞理是存在的，只是從來沒能完全掌握。你總是期待若自己更認眞地思考，眞理就會浮現，但你卻持續感到失望。你可能說服自己說，只要腦袋經常轉動，遲早能獲得眞理。然而如果你能目睹自己的思緒，你會看到你的腦袋總是在兜圈，而且持續在一個議題的兩面之間游移。眞理會在突然之間無預警地默默到來，而且一直停留著，直到你的心智能夠理解它，而這時它又會離開了。

你幾乎能夠立即辨認出虛假和不眞實。不需怎麼努力，你就能從獲悉的事物中辨認出謊言，特別是你也能從聲音、說話和他人的行爲舉止中辨別出來。你能夠短暫容忍謊言和誇大，接著就會堅持要有所改變，否則你就會疏離。在創意和靈感爲常態的氛圍下，你能夠發光發熱。任何較次等的情境，最終都會消磨你。你是個創新者，追求著對生命新鮮且突破的觀點。

有一件事是很清楚的：不論你思考什麼或做什麼，不論你運用傳統或創新，真理總是存在你之內。當你符合生命的流動時，你便能夠透過清明且精細的方法，實現改善的力量，給世界帶來巨大的效應。想要擺脫腦袋裡的喋喋不休，會需要一些紀律，但當你做到時，深奧的洞見會不知從何而來地向你顯現，而你也會讚嘆這些時刻。這經歷是如此驚人，你會認眞考慮更常抽離腦袋的頻繁活動，挪出時間和空間來見證你的被動思緒。遵循你的類型和內在權威，你便能得知在所有的時刻裡，哪些人、事、物值得你的關注。

61

人際人生主題

遮蔽（隱藏）(4)

太陽在閘門61

*The **Interpersonal** Life Theme of*
OBSCURATION (CONCEALING) (4)

閘門61/62/50/3

你的人生主題是要以他人無法輕易看透的方式過生活。你透過認可社會擁護的僵固價值以及可變價值，來安排你的人生和活動。透過瞭解這些基本價值，你能找到新穎的方式帶來轉化和改變，但你隨時都隱藏著自己的方法和意圖。因著你的興趣和步驟，你會丟給人們一些模糊不清的細節，並且暗示你是爲了眾人的利益而這麼做，也因此讓人們摸不著頭緒。由於你是許多層面上轉變的媒介，因此很重要的是你要抗拒誘惑，不能說服自己，生命中的某些特例是唯一有長久意義的事物。相反地，要運用你的影響力去找到能賦予他人力量的價值和議題，而且不讓這些個人對你產生依賴。

你有天賦能夠跳脫框架思考，這是他人在沒有你的直接介入下無法自行做到的。你也有巧思能夠輕易避開固定的界限，但除非你能加以說明，否則他人無法理解你是如何做到的。這些能力可能會吸引他人堅持要你向他們透露你的祕密，但這麼做總是會帶來後果。當然，你能夠帶來協助、紓困，爲許多人提供清楚的指示，但很重要的是，你要用自己的方式做到這些事，不能有所妥協。眞理只有一個，但要傳遞眞理需要一些特別的巧思，你必須非常清楚自己要怎麼做。

你的意識太陽在閘門61，你能帶來很大的靈感啓發。你輕易就能吸引人們到你身邊，也很容易就會沉浸在他人對你的興趣當中，這可能會讓你很容易遭到利用。如果你答應人們的請求，他們會認定你總是會伸出援手來改善他們的人生，但總是隨傳隨到是很累人的，而且會讓你偏離了自身眞正的興趣和靈感。掩蓋你的道路，讓人們很難跟隨你和你做的事，這麼做或許看來「政治不正確」，但這必須成爲你的生活方式。當你留意自身的類型和內在權威時，你會感到最爲踏實，而且它們會清楚引導你接近能夠帶給你助益和滿足的人與啓發。

此人生主題的名人：

美國人權運動領袖馬丁・路德・金恩（Martin Luther King）
美國脫口秀主持人蘿拉・史萊辛潔（Dr. Laura Schlessinger）
美國女演員費・唐娜薇（Faye Dunaway）
美國男演員傑森・貝特曼（Jason Bateman）

個人人生主題

62

*The **Personal** Life Theme of*
THE MAYA (2)

太陽在閘門62

馬雅(2)

閘門62/61/42/32

你的人生主題是要去描述發生在你世界裡的每一件事。你透過觀察成長和改變的過程，將這些與宇宙的基本原則連結，做出對所有事物的描述。你總是知道至少兩種評估和描述同一件事情的方法。你的沉思冥想是想領會到，並非每件事都像表面上看起來的那樣，儘管你或他人多麼希望它們應該要和表面一致。科學和宗教系統持續在翻新，而隨著它們從一個觀點轉移到另一個觀點，你也有天賦能體悟並描繪出替代的可能性。你對轉移的觀點保持開放的態度，這也讓你更能與生命的奧祕連結，瞭解我們在生命中的位置。

當你審慎觀察，你幾乎能夠立即看出事物的荒誕之處。除非絕對必要，否則千萬不要忍受這些謬誤。你能夠迅速看穿不可靠或單純就是不正確的「事實」、信仰和概念。很重要的是，你不僅要在自身追求眞理的探索中堅定決心，過程中也要保持健康的幽默感。生命不一定要像很多人認爲的那樣嚴肅，有時你必須後退一步，從直接的參與中抽離，以便得到自身眞實的觀點。在你的生命中，你的沉著與改變的觀點是很重要的。

你的意識太陽在閘門62，你擅長專注在細節與表達細節。當你在引導人們的注意力時，你能夠非常清楚地表達事情，因此你可能認爲自己說的事不會被誤解。至於你所表達的事情是否「正確」，則是另一回事了。你說的事能讓人滿意，因爲你對生命清晰又有邏輯的說明，預測著未來的可能性。透過你所提出的論述，事情能夠往前推進，而且人們也能爲你所說必定會到來的改變做好準備。密切留意你的類型和內在權威，你便會知道哪些人、事、物最值得你投入能量和關注。

此人生主題的名人：

美國女歌手琳達・朗絲黛（Linda Ronstadt）
康瓦爾公爵夫人卡蜜拉（Camilla Bowles）
美國女作家亞利安娜・赫芬頓（Arianna Huffington）
德國女演員黛安・克魯格（Diane Kruger）
荷蘭畫家林布蘭（Rembrandt）
美國男演員佛瑞斯・惠特克（Forest Whitaker）

固定人生主題

62

*The **Fixed** Life Theme of*
DETAILS (2)

太陽在閘門62

細節(2)

閘門62/61/3/50

你的人生主題是要檢視並表達你在生命中遭遇的所有事物的細節。你有著敏銳的觀點，能夠迅速分辨各種情境的所有層面，有時遠遠超越眾人。要注意自己表達的事情並不是去批評他人、批評他人的價值觀、以及批評他人做事的方式，而是分享關於你對生命的理解。你經常在確認自己觀察到的細節是否符合他人的看法，若符合，你就會用這些細節有建設性地組織你的世界。

所謂有邏輯的事物是經常在改變的，因爲新的發現與理解會取代原先的事實。同樣地，哲學也經常在引人入勝的思維運作下調整更新，而你則熱中於跟上最新的思想和觀點。眞理是固定不變的，但要找到方法來表達眞理，或者將眞理結合至你人生的理路中，一直都是有意思的挑戰。有組織與精確的思緒，會帶給你很大的滿足感；然而，很重要的是，你也需要與生命活躍的動能連結，而非只侷限在純粹心智的運作與資訊的傳遞裡。

你能夠就幾乎所有的事情說出一番大道理，可以成爲某個特定觀點或論述的強大盟友或抨擊者。你能埋首在各種事實和證據中，並且爲你想表達的所有事情提供佐證，指出你的立場所帶來的助益，呈現一個非常強有力且合乎邏輯的論述。然而如果你只執著在邏輯、事實和細節上，這樣的做法可能不是每個狀況都適用，特別是當他人擁抱你認爲過時的傳統價值時。要留意你的類型和內在權威，它們能讓你得知何時去提出自己的觀點，何時要保持沉默、傾聽、開放蒐集更多細節。

62

人際人生主題

The ***Interpersonal*** *Life Theme of*
OBSCURATION (CONCEALING)

太陽在閘門62

遮蔽（隱藏）(2)

閘門62/61/3/50

你的人生主題是要以他人無法輕易看透的方式過生活。你透過認可社會擁護的僵固價值以及可變價值，來安排你的人生和活動。透過瞭解這些基本價值，你能找到新穎的方式帶來轉化和改變，但你隨時都隱藏著自己的方法和意圖。因著你的興趣和步驟，你會丟給人們一些模糊不清的細節，並且暗示你是爲了眾人的利益而這麼做，也因此讓人們摸不著頭緒。由於你是許多層面上轉變的媒介，因此很重要的是你要抗拒誘惑，不能說服自己，生命中的某些特例是唯一有長久意義的事物。相反地，要運用你的影響力去找到能賦予他人力量的價值和議題，而且不讓這些個人對你產生依賴。

你有天賦能夠跳脫框架思考，這是他人在沒有你的直接介入下無法自行做到的。你也有巧思能夠輕易避開固定的界限，但除非你能加以說明，否則他人無法理解你是如何做到的。這些能力可能會吸引他人堅持要你向他們透露你的祕密，但這麼做總是會帶來後果。當然，你能夠帶來協助、紓困，爲許多人提供清楚的指示，但很重要的是，你要用自己的方式做到這些事，不能有所妥協。眞理只有一個，但要傳遞眞理需要一些特別的巧思，你必須非常清楚自己要怎麼做。

你的意識太陽在閘門62，你能夠很有邏輯地說明生命中的幾乎任何事。你不喜歡別人強力反駁你的觀點，特別是當他們的邏輯只是出於猜疑時；若有這樣的情況發生，你可能會採用非常手段來避開或重擊他們的觀點。你喜好投入晦澀難懂的知識，論證其重要性，但通常又沒能讓他人也瞭解其有效性與意義。這並不意味著那些知識無關緊要，而是你需要更加努力去說服他人看見其正當性，否則你就只能在沒人協助和貢獻的情況下，獨自進行你的冒險行動。務必記得你的類型和內在權威會引導你去投入眞正對你和你的人生旅程很重要的事物。

此人生主題的名人：

美國女演員黛安・卡洛（Diahann Carroll）
英國企業家理查・布蘭森（Sir Richard Branson）
美國男演員詹姆斯・賈格納（James Cagney）
印度女演員琵豔卡・喬普拉（Priyanka Chopra）

63

*The **Personal** Life Theme of*
CONSCIOUSNESS (1)

太陽在閘門63

意識(1)

閘門63/64/5/35

你的人生目的是要去探詢我們來到這世界上要做什麼，並且試著去發掘一切事物的意義。透過批判性的觀察以及對過往歷史的反思，你能找出模式中的模式，也就是支撐所有生命歷程的基礎。你透過持續的見證，以及謹慎地根據自身諸多經歷來調整生活，藉此逐漸喚醒你的意識。你會觸發他人去質問，讓他們找到方式去擴展自身對生命的理解。透過喚醒你自身的意識，你也將這火炬傳遞給和你契合的人，讓他們也能發掘喚醒自身意識的方式。

你通常會向他人點出他們所忽視的自身生命重要特質。不論你是否瞭解這麼做所帶來的意涵和結果，你都藉此協助其他人理解到，他們原先以爲已經完整的思考過程，實際上缺少了至關重要的概念和領悟。意識總是處於成長的狀態，你見證了意識的成長，而且經常也促進了意識的成長。有時你會積極地宣揚新的理解，有時你則是個安靜的觀察者，觀察著周遭正在發展的擴張情況。不論是哪種狀態，你都讚賞生命中的這些體驗，甚至在某種程度上融入了體驗當中。

你的意識太陽在閘門63，你會對人生和值得你關注的事物建構合乎邏輯的理論，勾畫出前進的方式，以眾人可理解的概念加以分享。由於你受到頭腦的質疑所驅動，要在世界的運行中找到符合邏輯的模式，因此你會沉浸在懷疑中，以此當作找出並建構邏輯解方的途徑。儘管你本身就能為生命中的問題找出對應的解決方案，但你也會觸發他人的思考過程，如此一來，你所分享的知識，以及你對社會福祉的考量，便會激起對眞理的追尋，而眞理就存在懷疑之外。你會建立起比社會上常見模式更廣泛的參考架構。儘管你有著聰明的頭腦，仍舊要記得你的類型和內在權威會持續引導你去連結值得你參與的人們和人生議題。

此人生主題的名人：

美國男歌手邦・喬飛（Jon Bon Jovi）
美國女演員潔西卡・貝兒（Jessica Biel）
澳洲男歌手安迪・吉布（Andy Gibb）
美國女演員伊娃・曼德絲（Eva Mendes）
美國傳教士約爾・歐斯汀（Joel Osteen）
法國企業家貝爾納・阿爾諾（Bernard Arnault）

固定人生主題

63

*The **Fixed** Life Theme of*
SUBSTANTIATION (DOUBTS) (1)

太陽在閘門63

證實（懷疑）(1)

閘門63/64/26/45

你的人生目的是要質疑並測試所有事物之後，才給予你的認可。人們可能會說你很挑剔、很難取悅，但在你的質疑和擔憂都得到考量和解答前，堅守你的立場是很重要的。你會檢視生命中的一切，從物理到當前的科學觀點，再到宗教概念以及對更高智慧的信仰，而且你會在任何哲學、論點和意見當中挑出漏洞。你擁有心智能力去解構所有的態度、主張或論證，並且將每個人的注意力導向先前沒什麼人考量到的因素。

特別是當你發現沒人對分享你的擔憂和觀點感興趣時，以及你覺得孤立和被遺棄時，你可能會懷疑自己，也懷疑自己所代表的一切。生命中沒有什麼是絕對的，因爲事實總是持續在重新調整，而你的人生旅程則是持續的心智變遷狀態。唯有當你提升了心智有限的能力時，你才能獲得眞理。儘管你的心智能力極爲出色，但在侷限之外還有更大一片天。

當你透過冥想讓自己與心智的謀略保持距離時，你便會在邏輯與非邏輯之間、已知與未知之間、以及理性與非理性之間的缺口找到平衡。信任並學會自在地處於這「缺口」中，會帶來許多的可能性，讓你擴展智能，欣賞所有的生命形式。因此，切記不要嘗試只透過頭腦來解決所有的情況。能找到你的清明，最可靠的方式就是留意你的類型和內在權威，它們將默默引導你接近那些真正值得你關注和投入的人們與人生議題。

63

人際人生主題

*The **Interpersonal** Life Theme of*
DOMINION（1）

太陽在閘門63

主控（1）

閘門63/64/26/45

你的人生目的是要獲得掌控，擔任領導者，藉此透過你強大的能力影響他人並累積支持。你的頭腦努力不懈地想要找到最好的方式，去說服和鼓舞那些對你的觀點有任何抗拒跡象的人。當獲得掌控時，你是否擁有效率，端看你是否能以智慧和謙卑，從過去的教訓中學習。而當你提供了所需的事物來聚集人們的支持時，也會大大強化你的效率。

你在評估他人時，能迅速看出他們可能欠缺的部分，而你也會協助或建議他們能夠大大改善生活的方式。帶著廣泛的想像力，以及有能力讓人們投入人生中以前未必感興趣的領域，你能夠輕易地掌控局勢，展現出你的影響力，並提出能如何改善景況的建議。你很巧妙地爲他人建構具吸引力的情景，但你也必須訓練耐心，等待自己的建議得到驗證，否則那些建議便只是你腦袋中構思的可能性而已。要小心別去操弄各種情況，因而忽視了人們真實的需求和喜好，否則最終對你和他們都沒有助益。

你的意識太陽在閘門63，你能爲他人提供很棒的指引，但你也可能會盡一切努力把所有人維持在你的影響之下。要記得，心智是有限的，可能受到懷疑的侷限，分散了你的注意力，讓你誤以爲未來的結果遠比當下的現實更重要。你可能很容易會根據對未來的承諾來過生活，而且會大膽地說服他人也這麼做。不論是關於過去、現在或未來，眞理都是恆常不變的。透過信任你的類型和內在權威，你會找到符合自身本質的生活方式，同時也能服務那些向你尋求指引和協助的人。

此人生主題的名人：

英國音樂家大衛・吉爾摩（David Gilmour）
美國前任聯邦準備理事會主席艾倫・葛林斯潘（Alan Greenspan）
美國籃球運動員俠客・歐尼爾（Shaquille O'Neal）
英國女演員瑞秋・懷茲（Rachel Weisz）
蘇聯女太空人范倫蒂娜・泰勒斯可娃（Valentian Tereshkova）

64

*The **Personal** Life Theme of*
CONSCIOUSNESS (3)

太陽在閘門64

意識（3）

閘門64/63/35/5

你的人生目的是要去探詢我們來到這世界上要做什麼，並且試著去發掘一切事物的意義。透過批判性的觀察以及對過往歷史的反思，你能找出模式中的模式，也就是支撐所有生命歷程的基礎。你透過持續的見證，以及謹慎地根據自身諸多經歷來調整生活，藉此逐漸喚醒你的意識。你會觸發他人去質問，讓他們找到方式去擴展自身對生命的理解。透過喚醒你自身的意識，你也將這火炬傳遞給和你契合的人，讓他們也能發掘喚醒自身意識的方式。

你通常會向他人點出他們所忽視的自身生命重要特質。不論你是否瞭解這麼做所帶來的意涵和結果，你都藉此協助其他人理解到，他們原先以爲已經完整的思考過程，實際上缺少了至關重要的概念和領悟。意識總是處於成長的狀態，你見證了意識的成長，而且經常也促進了意識的成長。有時你會積極地宣揚新的理解，有時你則是個安靜的觀察者，觀察著周遭正在發展的擴張情況。不論是哪種狀態，你都讚賞生命中的這些體驗，甚至在某種程度上融入了體驗當中。

你的意識太陽在閘門64，你經常警覺到生命中新的可能性，彷彿就像你接受到閃耀的靈感啓發，被驅動著去進行探索，找出它們從何而來，以及代表什麼意義。人生是個無止盡的探索，你在其中苦苦追求眞相，但要完全釐清和理解是不太可能的。你經常會點出別人看不見的可能性，但你對自己的人生可能仍處於困惑的狀態。重要的是，要記得你的心智是有限的，它只能理解意義。在你持續擴張的現實裡，要密切留意自身的類型和內在權威，讓它們引導你去接近能帶給你成就和滿足的人們與環境。允許自己成爲見證一切的意識，是你這一生能夠擁有最寶貴的經歷。

此人生主題的名人：

美國女演員拉蔻兒・薇芝（Raquel Welch）

德國政治家弗朗茨・約瑟夫・施特勞斯（Franz Josef Strauss）

美國女歌手碧昂絲（Beyoncé）

美國饒舌歌手傑斯（Jay Z）

64

固定人生主題

多樣性（困惑）(3)

太陽在閘門64

*The **Fixed** Life Theme of*
MULTIPLICITIES (CONFUSION) (3)

閘門64/63/45/26

你的人生主題是要去細究生命持續帶來的多樣可能性。你感受到人們的生命缺乏可能的深度與各種機會，但要向他們清楚傳達這一點會是個挑戰。你經常在問：「你有考慮這點嗎？或者你有研究過那件事嗎？」你時時刻刻都在嘗試擴展人們的視野和想像力。你幾乎就像是座圖書館，蘊藏著各式各樣的生命可能性與體驗，運用歷史前例爲自己提供佐證，而且你也持續尋找準備好要聽你分享觀點的聽眾。

瞭解到觀察生命有許多可能的方式，可能導致你進入一個幾乎是永久的困惑狀態，特別是當你允許你的心智來掌控你的人生時。你的想像力能夠往非常多不同的方向奔馳，你會追著一個又一個「閃亮亮的物體」，試著要找出意義和解答。允許你自己退後一步脫離心智的活動，透過冥想找到平靜，藉此觀察心智的運作。透過這個角度，你有機會看到你的心智是要來爲你服務，而不是來帶領你的。當你允許你的心智來爲你服務，你就有可能體驗到與生命多樣性啟發和經歷的連結。

如果沒人對你的觀點感興趣，你可能會對自己的人生目的感到困惑。你可能會開始更深入地探索過去，研究歷史的事實與虛構事物、政治與宗教系統、遠古文化、藝術形式和金融政策。儘管你可能從過去中找到有興趣的議題，但當下才眞正值得你關注。當你找到方式把過去的範例帶入當下的現實裡，你會在人生旅途中體驗到很大的成就和滿足。留意你的類型和內在權威，因爲它們能讓你清楚哪些人、事、物眞正值得你投入精力和考量，哪些不值得。

此人生主題的名人：

英國男演員彼得．塞勒斯（Peter Sellers）

人際人生主題

64

The *Interpersonal* Life Theme of DOMINION (3)

太陽在閘門64

主控（3）

閘門64/63/45/26

你的人生目的是要獲得掌控，擔任領導者，藉此透過你強大的能力影響他人並累積支持。你的頭腦努力不懈地想要找到最好的方式，去說服和鼓舞那些對你的觀點有任何抗拒跡象的人。當獲得掌控時，你是否擁有效率，端看你是否能以智慧和謙卑，從過去的教訓中學習。而當你提供了所需的事物來聚集人們的支持時，也會大大強化你的效率。

你在評估他人時，能迅速看出他們可能欠缺的部分，而你也會協助或建議他們能夠大大改善生活的方式。帶著廣泛的想像力，以及有能力讓人們投入人生中以前未必感興趣的領域，你能夠輕易地掌控局勢，展現出你的影響力，並提出能如何改善景況的建議。你很巧妙地爲他人建構具吸引力的情景，但你也必須訓練耐心，等待自己的建議得到驗證，否則那些建議便只是你腦袋中構思的可能性而已。要小心別去操弄各種情況，因而忽視了人們眞實的需求和喜好，否則最終對你和他們都沒有助益。

你的意識太陽在闡門64，你傾向以過去作爲參考來爲當下辯證，當然你確實能找到許多歷史上的例子，協助支持你的地位和維持你在當下環境中的主控權。由於你能夠輕易地重組事實和信念，做出對你的獨占利益有幫助的論述，因此你也身負重大責任。你有潛能可以知道人們希望或期待在生命中達成的事，透過這樣的優勢，你能夠引導他人，協助每個人做出好的決定。到最後，當你看見你的努力、你的管理和你的投入，協助了人們在其人生中成長，你也會因此體驗到很大的滿足感。不論你的人生走在哪條路上，你的類型和內在權威都會引導你辨別要將注意力和努力投注在什麼地方，藉此獲取自身的成就和滿足。

此人生主題的名人：

美國參議員伯尼・桑德斯（Bermie Sanders）
捷克音樂家安東寧・德弗扎克（Antonín Dvořák）
美國女歌手粉紅佳人（Pink）
美國女演員蜜雪兒・威廉絲（Michelle Williams）
美國男演員亞當・山德勒（Adam Sandler）

人類正進入一個新的階段；一種新的意識漸露曙光。在人類的意識層面，至少已經有一萬年的時間沒有新的進展。我們曾經出現過佛陀、曾經出現過愛因斯坦，但我們仍在等待一個帶有愛因斯坦特質的佛陀，或是帶有佛陀特質的愛因斯坦。這天已經越來越近。

請屏息以待。

——奧修

致謝

如果我們退後一步，抽離地看著這本書，會看到書中包含了許多發生在這世界上的故事，以及許多獨特的個人在這世代裡提供給我們的機會。在我們敘述這些故事的過程中，有許多的參與者和帶來影響的人、情人、朋友、小孩、嚮導、教師、學生和旅人，這些人全都透過他們的存在和經歷，以他們完美且獨特的方式帶給我們助益。我很開心也很享受這個過程，能把這些故事以文字的形式記錄下來，我倍感榮幸。

首先，我要感謝我的摯愛卡蘿拉。我不太確定你是如何培養出耐心，支持著這本書的進展，提供了各種清晰的審視、編輯和闡明，一路上花了無數小時撰寫與投入。我由衷地感謝你。很快地，這世界就要來享用這本書，享用你所帶來的故事和啓發。像我就已經等不及啦！

我在一九七九年被告知關於這些資訊和其他書籍，而且如果沒有已故的拉．烏盧．胡（Ra Uru Hu，本名羅伯特．亞倫．克拉柯爾〔Robert Alan Krakower〕）所灌輸的資訊，《人類圖輪迴交叉全書》就不會存在了。拉．烏盧．胡在一九八七年的激烈經歷中存活下來，他在八天內被灌注了整個人類圖系統的資訊，而且是在沒有任何使用指南的情況下接收到整個知識。拉，不管你現在在哪裡、在做什麼，我們都由衷地愛你、感謝你。

感謝世界各地數以千計的人信任我爲他們解讀人類圖，也很感謝數以百計跟隨我們學習的學生，感謝你們給予回饋以及分享你們的體驗。另外，感謝數以千計的客戶，信任卡蘿拉帶領你們經歷一段轉變人生的過程，我們眞誠地感謝你們。我們相信，你們是眞心享受能夠更進一步瞭解自己的人生主題，或許，也在文本中找到了與眞實人生經歷的連結。

能找到一間非常棒的出版社來協助我們，是此生最大的幸運。打從第一天起，新世界出版社（New World Library）就和我們站在一起，支持著這本書。那感覺就像和家人共事。傑森．加德納（Jason Gardner）帶領我們走過整個過程，安排好一切事務，並且在過程的每一步都給予我們最大的支持。我們的編輯傑夫．坎貝爾（Jeff Campbell），協助梳理清楚我們在書中遭遇瓶頸的部分。傑夫，你眞是個舞文弄墨的藝術家！只要有機會，金．柯賓（Kim Corbin）就會給整個宣傳過程帶來歡笑和能量，和她共事的每一天都是個愉快的經歷。丹妮爾．加拉特（Danielle Galat）、莫妮克．米倫坎普（Monique Muhlenkamp）和蒙羅．馬格盧德（Munro Magruder）的傾力相助，讓其他出版社也能看見本書的潛力。崔西・康寧漢（Tracy Cunningham）的封面設計與排版都非常出色。也非常感謝亞歷山大・羅伯茲（Alexander Roberts）和瑪肯迪雅・哈夏（Markandaiya Harsha）的圓輪及其他圖樣設計。

特別感謝史帝夫・丹尼斯（Steve Dennis），他在二〇〇七年時還曾經是個不情願的客戶，他當時的女友給了他一份他的人類圖，還讓我幫他做解讀。結束時他告訴我說：「這應該要出一本書！」在經歷了二十八年的等待後，這句話聽在我耳中格外令人振奮。史帝夫不僅協助我把第一本書的文字修潤得更簡潔易讀，更把我介紹給他在倫敦的出版經紀人強納森・洛伊德（Jonathan Lloyd）。透過強納森的引介，我們來到哈珀柯林斯出版社（Harper Collins）會見當時非小說部門的主管貝琳達・巴奇（Belinda Budge），貝琳達後來也成了我事業的強力支持者與顧問。透過貝琳達的引介，我們會見了庇護港出版社（Shelter Harbor Press）的珍妮特・利蒙吉安（Jeanette Limondjian），她給了我們許多寶貴的建議，協助我們把著作推向世界。

葛倫・西斯克（Glenn Sisk）對於我們的事業總是充滿各種鼓勵，由於我們有著類似的幽默感，因此幾乎每次聚首總是開懷暢笑。非凡生活（Divine Living）的吉娜・戴維（Gina DeVee）總是隨時準備好要幫我們牽線人脈，而且多年來一直給予我們最大的支持和友誼。大衛・內格爾

（David Neagle）和他的團隊帶給我們突破性的教練指引，爲此我們永遠感激。寇比．班森（Kirby Benson）和亞倫．奧肯（Alan Oken）給予卡蘿拉出色的訓練和指導，協助她的轉變人生專業教練事業起步。卡蘿拉也要感謝潘妮洛碧．楊．安德拉德（Penelope Young-Andrade）給予她轉變人生諮詢以及心理綜合療法的專業訓練。

德爾森．阿姆斯壯（Delson Armstrong）以及格雷戈．哈本（Greg Halpern）與其家人，這些年來一直是我們的摯友，我們都正在爲多年來努力的企劃收尾，準備把成果推向世界。

貝琪．羅賓斯（Becky Robbins）是我們一輩子的朋友和盟友。荷莉．伯格（Holly Burger）總是在需要時協助我們找到擴展視野的方式。芝諾．狄克森（Zeno Dickson）和柴坦尼歐．丹尼爾（Chaitanyo Daniel）向美國（和全世界）敞開人類圖的大門，我們非常感激你們無私地維持那扇門的敞開，並且以無人能及的方式賦予這套系統一個形體。艾瑞克．梅默特（Erik Memmert）是最棒的朋友，持續無私地更新其微中子軟體（NewSunWare.com），讓軟體更切合人類圖的各個面向。艾瑞克的足智多謀與幽默感，總是能給人帶來驚喜。

有些朋友和家人雖然並不清楚我們在做的事情，但仍信任我們，並且給予鼓勵，這是我們修來的福氣。特別感謝謝頓的朋友和家人：薩特亞達瑪．基斯（Satyadharma Keyes）是和我一起嬉鬧的夥伴，總是能不費吹灰之力隨時在任何事物中找到樂趣；馬克・特爾弗（Mark Telfer）是我最老的朋友，經常扮演我的法律和運動顧問；開朗的亞當・威廉森（Adam Williamson）現在已經離開我們了；還有我的兄弟姊妹尚恩（Shaun）、莎莉（Sally）、海瑟（Heather）、愛德華（Edward，他最近也到另一個世界去照顧農場了）、席拉（Scylla）、以及巴比（Bobbie）。我很感謝你們每個人存在我的生命中。

給卡蘿拉的家人，能成爲你們的一份子，我們無比感激。比爾（Bill）、科利斯（Kollis）、科里（Corey）、史蒂芬（Stephen）和其家人、茱蒂（Jodie）、傑米（Jamie）、潔絲敏（Jasmine）、大衛（Dave）、克里斯（Kris）、凱西（Casey）、派珀（Piper）、蓋布瑞（Gabriel）、密絲蒂（Misty）、喬伊（Joey）、以及安娜（Anna），不需懷疑，你們每個人都給這本書的寫作過程帶來了重要的影響。卡蘿拉由衷地感謝她的媽媽和爸爸：安妮塔（Anita）和哈里遜・伊斯特伍德（Harrison Eastwood）；卡蘿拉也要感謝她的五個小孩給她的人生帶來了意義。

最後，我，謝頓，認爲這是非常幸運的一生。很幸運能擁有這些令人驚奇的冒險，很幸運一路上認識許多友人。要是我沒有這個福氣和奧修一同修行，在那個彷彿暫停的時空裡吸收他非凡的智慧和幽默，我是不可能寫出這本書的。無盡地感激。

國家圖書館出版品預行編目（CIP）資料

人類圖輪迴交叉全書：發現你的人生使命，192 種人生主題大公開 / 謝頓．帕金（Chetan Parkyn），卡蘿拉．伊斯特伍德（Carola Eastwood）著；王冠中譯. -- 初版. -- 臺北市：橡實文化出版：大雁出版基地發行, 2020.10
面； 公分
譯自：The book of destinies : discover the life you were born to live.
ISBN 978-986-5401-37-5（平裝）

1. 占卜

292 109012893

BC1082

人類圖輪迴交叉全書：發現你的人生使命，192 種人生主題大公開

The Book of Destinies: Discover the Life You Were Born to Live

---

作　　者　謝頓．帕金（Chetan Parkyn）、卡蘿拉．伊斯特伍德（Carola Eastwood）
譯　　者　王冠中
責任編輯　田哲榮
協力編輯　劉芸蓁
封面設計　斐類設計
內頁構成　歐陽碧智
校　　對　蔡昊恩

發 行 人　蘇拾平
總 編 輯　于芝峰
副總編輯　田哲榮
業務發行　王綬晨、邱紹溢、劉文雅
行銷企劃　陳詩婷
出　　版　橡實文化 ACORN Publishing
地址：231030 新北市新店區北新路三段 207-3 號 5 樓
電話：（02）8913-1005　傳真：（02）8913-1056
網址：www.acornbooks.com.tw
E-mail 信箱：acorn@andbooks.com.tw
發　　行　大雁出版基地
地址：231030 新北市新店區北新路三段 207-3 號 5 樓
電話：（02）8913-1005　傳真：（02）8913-1056
讀者服務信箱：andbooks@andbooks.com.tw
劃撥帳號：19983379　戶名：大雁文化事業股份有限公司

印　　刷　中原造像股份有限公司
初版一刷　2020 年 10 月
初版七刷　2024 年 4 月
定　　價　620 元
I S B N　978-986-5401-37-5

版權所有．翻印必究（Printed in Taiwan）
如有缺頁、破損或裝訂錯誤，請寄回本公司更換。

THE BOOK OF DESTINIES: DISCOVER THE LIFE YOU WERE BORN TO LIVE by CHETAN PARKYN
Copyright © 2016 by CHETAN PARKYN
This edition arranged with NEW WORLD LIBRARY through Big Apple Agency, Inc., Labuan, Malaysia.
Traditional Chinese edition copyright © 2020 by Acorn Publishing, a division of AND Publishing Ltd.
All rights reserved.